JN491958

기업사 시리즈 제1부

기업가와 유토피아

-기업가는 무엇을 꿈꾸는가-

이정희·장문석·은은기·황보영조
김성룡·양재열·김건우·최현미 지음

영남대학교출판부

프롤로그

기업사는 business history로 일컫지만 기업가는 entrepreneur라고 부른다. 새로운 것의 착수를 의미하는 enterprise라는 말 속에는 그만큼 기업가 개인의 존재는 끊임 없이 새로운 것의 창조, 즉 無에서 창의적인 아이디어와 투자를 통해 상상 이상의 부와 행운을 창조하는 혁신자라는 의미를 내포한다. 실제로 산업혁명 이후 사회의 부의 창조에서 기업과 기업가들이 담당하는 역할은 점점 커져 이제는 거의 공룡의 모습처럼 압도적인 수준에 이르렀다.

역사 속에서 우리는 인류 사회가 항상 '어떻게 하면 부자가 될 수 있을까?' 혹은 좀 더 고상하게 표현한다면, '어떻게 하면 좀 더 많은 사람들이, 좀 더 나은 물질적인 삶과 문화를 향유할 수 있을까'라는 목표를 향해 얼마나 치열하게 달려 왔는가를 알고 있다. 지금껏 우리나라 서양사학계는 이런 목표를 향한 과거의 여러 국가들의 정책, 또는 경제적으로 우월한 지위와 결정권을 가진 사회 상층부의 집단의 성장의 역사, 아니면 기저층의 노동자나 여성들의 저항적인 운동 등을 통해 이러한 노력에 관한 많은 연구들을 탐색해 왔다. 그러나 우리는 정작 의외로 경제적 부와 이익 창출에 가장 강렬하게 집중해 온 기업가들 개인 자체의 개인적 특성이나 그들의 의지, 열정이나 동기에 대한 주관적 연구나 심층적 탐색은 이상하리만치 관심을 쏟지 못했다. 그것은 어쩌면 소위 부자들의 이윤과 부의 축적의 스토리는 경쟁과 질시의 대상이 되었기 때문에 은밀하게 감추어 왔거나 혹은 미화되거나 포장되어 있었기 때문에 보다 깊숙이 감추어진 진실에 접근하기가 어려웠을 지도 모른다.

대구사학회에 소속된 우리 여덟 명의 서양사학자들인 김건우, 김성룡, 장문석, 양재열, 은은기, 이정희, 최현미, 황보영조는 각자 청춘과 중년 시절을 합쳐 거의 평생 동안 관심 영역의 주제로서 사회 구조의 변화나 문화적 변화를 연구해 왔다. 실제로 우리는 1990년 초부터 2008년 사이 불과 20년 간에 하이테크 발전으로 인하여 빠르게 변화하는 산업구조, 경기 변동, 문화적 변화 그리고 금융 상의 위기 탓으로 우리의 일상생활이 거의 송두리째 뒤집히는 변화를 직접 목격하거나 타격을 받기도 했다. 이것은 전쟁이나 이념 대립과 달리 평범한 생활 속에서 기업과 기업가들이 일으킨 폭풍 같은 충격들이었다. 그러나 그때까지도 기업사가 주요 학문적 영역이 될 수 있다는 생각은 절실하지 않았다. 그러던 중, 2008년 말 리만 브러더스 사태로 인하여 또 다시 한국사회는 제 2의 IMF 충격을 겪으면서 기업사business history와 기업가entrepreneur의 역사의 중요성에 대하여 깊은 관심을 갖게 되었다. 이런 변화상의 충격 속에 우리는 『기업가와 유토피아』라는 큰 주제 하에 서양사학계에서는 처음으로 기업사 시리즈를 공동 연구하기로 의견을 모으게 되었다.

이러한 문제의식에서 본 연구서는 기업가의 사회적 영향력의 성장과 그들의 주관적 동기에 초점을 맞춰 기업가와 사회의 복합적인 관계를 고찰 해보고자 한다. 물론 지금까지의 유토피아 장르는 주로 사상가들을 중심으로 연구되어온 것이 사실이다. 그러나 본 연구는 사상가들만이 유토피아를 독점한 것은 아니며 기업가들도 중요한 유토피아 생산자들이었다는 점을 제시하고 있다. 그런 만큼 기업가는 새로운 미래 사회의 원리를 선전함으로써 지식인과 유사한 기능을 자처하기도 한다. 물론 그러한 유토피아적 실천은 많은 경우에 참담한 실패로 끝났다. 또한 기업가에게 유토피아인 것이 노동자에게는 끔찍한 디스토피아이기도 했다. 그러나 때때로 유토피아는 기업의 성공 신화를 창조하여 기업가들에게 막대한 부를 가져다주고, 나아가 한 사회의 문화적 기호 체계를 혁명적으로 뒤바꾸기도 했다. 실패한 경우라도 기업가들의 꿈과 야심은 후대에 변형된 형태로 현실이 되거나, 최소한 낡은 문서와 희미한 사진, 그리고 기억으로 남아 우리에게 영감을 준다.

미국을 위시한 유럽 각국에서는 이미 1930년대부터 기업사의 연구가 진행되어 왔음을 볼 때 부끄럽게도 우리의 관심은 거의 80여년이나 늦은 셈이다. 어느 의미로 우리 사회 변화에서 기업의 역할에 대한 인식의 정도나 기업의 흥망 성쇠가 주는 충격의 강도를 그만큼 늦게 절감한 데에서도 비롯되었다고 볼 수 있다. 부와 풍요의 유토피아를 꿈꾸는 기업가의 성장의 스토리가 과연 유토피아를 만드는데 성공한 것인지 아니면 새로운 디스토피아로 이끄는 노정인지 이것은 끊임 없는 우리의 비판적 관심의 대상이 될 것이다.

우리는 20세기 전후하여 시작된 서양 7개 나라의 대표적인 기업과 기업가들의 역사를 종합적인 문제의식을 갖고 연구하면서 전체적으로 3부작을 계획하고 있다. 1부에서는 먼저 기업과 기업가들의 최초의 성장 배경과 성공으로 이끈 그들의 내면적인 동기와 이것이 만들어낸 그들의 기업 문화의 특성을 이야기를 할 것이다. 각자 연구한 각국의 사례들을 모으면 자연스레 비교사적 안목을 우리에게 제공해 줄 수 있으리라 기대한다. 2부에서는 각국의 기업과 기업가들이 초기 성장 이후에 당면한 새로운 도전과 사회 문제 혹은 대립과 갈등의 양상을 다루어 볼 것이다. 그리고 마지막 3부에서는 이들 기업들이 새로운 팽창을 기하는 노력으로 문화적 창조나 박애사업을 펼쳐 나가는 모습을 탐색해 볼 것이다.

이미 서양 학계에서는 확고한 현대 역사학의 한 장르로 안착해 있는 기업과 기업가 개인들에 관한 실제 사례를 연구하고 국내에 소개함으로써 우리들은 역사학의 새로운 지평과 가능성을 개척하는 선도자적인 역할을 시도하면서 경제 경영학, 사회학, 심리학, 문화인류학, 공학 등 비역사학 분야와 소통하고 동시에 일반 대중의 현실적 관심과도 접합할 수 있기를 기대한다. 역사속에서 인간 개인의 주관적 모습과 정신을 다루는 인문영역의 주축으로서의 역사학이 보다 현실에 직접적으로 봉사하기를 바란다고나 할까.

어려운 연구 여건에도 불구하고 이 연구를 축적하여 마침내 책으로 공동 저서로 만들 수 있도록 노력해 온 8인의 연구자의 노고를 깊이 성원하며 또 공동저서로 편집하여 출판할 수 있도록 도와준 영남대학교 출판부에 진심으로 감사드린다.

2016년 8월 압량벌 영남대 이정희

차례

제1장 서론

기업가와 유토피아, 기업사의 교차로에서

장문석(영남대학교 역사학과 교수)

기업사business history는 현대 역사학의 한 장르다. 그러나 다른 장르들에 비해 상대적으로 늦게 발전한 장르다. 비록 20세기 초 무렵부터 기업사 연구가 이루어졌다고는 하나, 초기 기업사는 대개 기업의 재정 후원을 받으며 기업의 업적을 홍보할 목적으로 개별 사례들을 집적하는 상태에 머물러 있었다. 그러던 기업사가 학문적 연구 대상과 방법을 확립한 것은 대략 2차 대전 이후였던 것으로 보인다. 무엇보다 챈들러Alfred D. Chandler, Jr.의 탁월한 연구 성과에 힘입어 1960년대 이후 기업사는 역사학의 한 장르로서 안착하게 되었다. 조금 과장하면, 챈들러 없이 기업사도 없다는 말이 통할 정도로 그의 영향력은 실로 거대했다. 특히 챈들러의 기업사 3부작인 『전략과 구조』, 『보이는 손』, 『규모와 범위』는 기업사의 장르적 정체성을 확립한 고전으로 평가받기에 조금도 부족함이 없다.[1]

그렇다면 기업사에 대한 이른바 '챈들러적Chandlerian' 설명 체계의 특징은 무엇인가? 챈들러의 공적은 기업 세계의 개별 사례들을 나열하는 것에 머물던 전통적인 기업사에서 탈피하여 개별 사례들에 대한 연구로부터 과감하게 일반적 결론을 도출했다는 데 있다.[2] 그 첫 일반화의 시도가 담긴 책이 바로 『전략과 구조』다. 여기서 챈들러는 1920년대 미국 기업들이 시장이 커지고 생산 품목이 넓어지며 기업 규모가 확대되면서 생산의 다각화를 추구하는 전략을 구사했고, 그 결과로 기업의 분산적 지배 구조가 확립되기 시작했다고 주장했다. 이런 맥락에서 "전략이 구조에 선행한다"는 그의 주장은 『전략과 구조』를 관통하는 핵심 명제였다.

한편, 『보이는 손』은 '챈들러적' 기업사의 결정판이라고 할 수 있다. 여기서 챈들러는 경영자들의 "보이는 손"이 시장이라는 "보이지 않는 손"을 대체했다고 주장했다. 기업 경영이 시장 기능을 흡수했다는 것인데, 기업들은 시장에서 이루어지던 거래를 내부로 흡수하여 장기적 목표에 따라 자원을 합리적으로 배치하고 활용하기 시작했다. 요컨대 시장을 통한 처리보다 경영에 의한 관리가 더 유익했고, 이 과정에서 경영자들의 "보이는 손"이 결정적인 역할을 수행했다는 것이 챈들러가 주장하는 핵심이었다. 여기서 주목할 것은 현대 자본주의에서 전문 경영자들이 수행하는 일차적이고도 능동적인 역할이다. 현대 기업의 경영진은 회사 주식도 갖지 않고 소유자들과 아무런 인적 관계도 맺지 않은 전문 관리자들이라는 점에서 "보이는 손"은 소유와 경영이 분리된 "근대적 경영 자본주의modern managerial capitalism" 시대의 진정한 주인공이었던 셈이다.

이상의 논점들을 바탕으로 마침내 챈들러는 미국, 영국, 독일의 600개 기업을 연구하여 야심적으로 '글로벌한' 일반화를 제시하려는 시도를 감행했다. 그 연구 결과가 바로 『규모와 범위』에 빼곡히 담겨 있다. 챈들러에 따르면, 19세기 말 이래 교통 통신 혁명이 가속화하는 시대에 기업가들은 3방향 투자, 즉 설비 투자, 마케팅 및 배급 투자, 경영 투자를 통해 이른바 "규모와 범위의 경제"를 실현했다. 여기서 규모의 경제란 대규모의 생산 및 배급의 단위가 생산 및 배급의 단가를 감소시키는 경제이고, 범위의 경제란 분리되어 있는 생산 및 배급 시설을 결합하여 상품의 다각화를 추진하고 비용을 절감하는 경제를 뜻한다. 이런 "규모와 범위의 경제"를 통해 경영 위계가 발전하고 전체 경제가 성장했다. 그리고 이런 기업 구조의 발전과 더불어 이른바 "근대적 산업 기업modern industrial enterprise"이 성립했다.

『규모와 범위』에서는 미국, 영국, 독일 사이의 비교사적 연구가 시도되었다. 각국의 기업들은 저마다 독특한 맥락에서 서로 다른 유형의 자본주의를 발전시켰다. 먼저 미국은 전형적인 "근대적 산업 기업"이 성립한 경우로서, 이로써 소유와 경영의 분리와 과점적 경쟁을 통해 "경영적 자본주의managerial capitalism"가 발전했다. 영국에서는 미국과는 달리 소유와 경영이 미분화된 채 개인 기업이나 가족 기업이 주종을 이루는 "개인적 자본주의personal capitalism"가 발전했다. 독일에서는 은행과 카르텔 등을 통해 여러 기업이 협력하여 함께 경영하는 "협동적 자본주의cooperative capitalism"가 발전했다. 챈들러에 따르면, 이렇게 국가별 환경과 조건의 차이에 따라 자본주의가 상이하게 전개되었지만, 결국 우월성을 입증한 것은 미국 자본주의였다. 영국 자본주의는 그 전통주의적인 특성으로 말미암아 근대적 기업 구조를 발전시키지 못하며 경쟁력을 상실했고, 독일도 일견 미국과 유사한 기업 구조와 자본주의 유형을 발전시킨 듯했지만 결국 경쟁보다 협동을 선택하여 미국 자본주의에 뒤처지게 되었다는 것이다. 이와 같은 엇갈린 운명은 근본적으로 설비, 기술, 인력을 효율적으로 관리하는 "조직 역량organizational capabilities"의 차이에서 기인했다는 것이 챈들러의 결론이다.

이상의 3부작을 통해 챈들러는 기업사의 연구 대상을 확정하고 그 방법을 수립했다. 요컨대 '챈들러적' 기업사에는 19세기 말 이후 미국식의 "근대적 산업 기업"을 단위로 한 경영 자본주의의 발전이라는 일관된 주제 의식이 관통하고 있다. 이 경영 자본주의에서 중요한 것은 소유와 경영의 분리, 전문 경영자의 등장, 효율적 조직 역량과 합리적 기업 구조의 발전이다. 물론 이런 논의가 완전히 독창적인 것은 아닐지도 모른다. 그러나 챈들러는 풍부한 사료 연구와 정교한 이론 분석을 솜씨 있게 접목하여 설득력 있는 결론을 도출했다는 점에서 그 탁월성을 인정받을 수 있을 것이다.

그럼에도 아쉬운 점은 챈들러가 미국 자본주의의 잣대로 다른 나라의 경험을 일방적으로 평가하는 대목이다. 물론 미국 자본주의가 거둔 너무도 인상적인 성공 탓에 그런 평가가 나름대로 일리 있게 느껴지는 것도 사실이다. 그러나 미국 이외의 '나머지' 나라들의 경험이 모두 실패한 것은 결코 아니다. 예컨대 유럽과 아시아 각국에서 성장한 현대

기업들의 경험은, 미국식 경영 기업 이외의 다른 기업 형태들도 시장에서 충분한 경쟁력을 갖출 수 있음을 잘 보여준다. 최근 기업사 연구에서 이를테면 가족 기업family firm이나 가족 자본주의family capitalism에 대한 관심이 증대하는 것도 바로 그런 맥락에서다. 가족 기업의 연구자들은 경영 기업의 특색이던 장기적 전략과 장기적 투자가 오히려 경영 기업에서 쇠퇴하고 가족 기업에서 부각되는 경향을 지적한다. 즉 경영자들은 단기적 성과가 자신의 임면과 보상을 결정하는 상황에서 장기적 성장 전략에 무관심하게 되는 데 반해, 가족 기업들의 소유주들은 남다른 책임감과 축적된 경영 능력을 통해 장기적 성장 전략을 입안하고 추진한다는 것이다. 바로 이와 같은 비판적 시각에서 가족 기업과 가족 자본주의의 연구자들은 예컨대 "가족의 기업가 역량family entrepreneur"이나 "전문 소유주 역량professional ownership" 등의 참신하고 논쟁적인 개념들로써 챈들러가 놓친 대안적 기업 메커니즘을 설명하려고 하는 것이다.[3]

이와 연관되지만 동시에 구분되는 또 다른 유력한 비판들도 있다. 가령 '챈들러적' 패러다임에 구조만 있고 인간이 없다는 비판은 상당히 뼈아프게 들린다. 챈들러의 기업 구조는 말하자면 일찍이 베버Max Weber가 말한 관료제와 유사하게 보인다. 베버의 관료제에서 중요한 것이 인간이 아니라 직무이듯이, 챈들러가 말한 현대 기업의 경영 위계도 곧 장기적 투자와 장기적 성장이라는 경영 목표 아래에서 일체의 사적인 이해관계와 견해를 배제한 '사물화된' 직무 중심의 비인격적 기업 구조가 발전한 결과인 것처럼 보인다. 이처럼 합리적이고 효율적인 근대적 기업 구조에 치중하다보니, 챈들러의 기업사에 인간의 얼굴이 빠져있다는 비판이 나오는 것도 어쩌면 이상한 일이 아니다. 그러므로 챈들러의 기업사가 마치 중성자탄처럼 건물은 놔두고 사람만 죽여 버렸다는 식의 비판도 이런 관점에서 충분히 이해할 수 있다.[4]

과연 이런 관점에서의 비판은 흥미롭다. 챈들러의 그런 한계를 어떻게 넘어설 것인가? 이를 위해 기업사가들은 슘페터Joseph A. Schumpeter의 논의를 끌어들인다. 특히 주목하는 것은 슘페터의 기업가entrepreneur와 기업가 역량entrepreneurship의 개념이다. 잘 알려져 있듯이, 『경제 발전의 이론』에서 슘페터는 발전의 동력이 기업가의 혁신이라고 본다. 혁신이란 곧 생산 수단의 새로운 조합이다. 새로운 제품의 생산, 새로운 생산 방법의 도입, 새로운 시장의 개척, 새로운 원료 및 반제품 공급원의 확보, 독점의 창출과 분쇄와 같은 새로운 산업 조직화 등이 새로운 조합의 실례들이다. 바로 이런 혁신, 즉 "창조적 파괴"를 통해 경제는 발전한다. 그러므로 슘페터가 말한 기업가란 단지 기업을 소유하거나 경영하는 사람이 아니라 혁신을 몸소 실천하는 사람이다. 혁신의 기능을 수행하지 않으면 기업가가 아닌 것이다. 흥미로운 것은 혁신적 기업가의 행동 뒤에 숨어있는 동기에 대한 슘페터의 통찰이다. 그에 따르면, 기업가를 움직이는 동기는 이윤 극대화가 아니라 "자기 왕조를 건설하려는 꿈과 의지"이고 "승리자가 되고자 하는 의지"이며 순수한 "창조의 기쁨"이다. 기업가에게 기업 활동이란 일종의 스포츠가 되며 이윤은 전투의 목적이 아니라 전투에서의 승리에 따라오는 전리품일 뿐이다. 이렇게 보면, 기업가란 합리적 동기만으로 움직이는 존재가 아니다. 결국 슘페터는 합리적으로 행동하는 기업가의 비합리적 동기를 드러내는 것이다. 그리고 그런 비합리성이 "창조적 파괴"를 가능하게 하고 경제 발전을 이끌어낸다는 점을 암시한다.[5]

슘페터의 기업가와 기업가 역량의 개념을 끌어오면, '챈들러적' 구조 중심의 설명틀 대신에 기업가들의 역동적인 활동을 조명할 수 있는 새로운 가능한 설명틀을 확보할 수 있다. 무미건조하게 계산된 전문 경영자 중심의 관료제적 기업 개념에 인간적이고 역동적인 숨결을 불어넣을 수 있다는 말이다. 물론 '챈들러적' 패러다임이 애당초 혁신적 기업가의 존재를 배제한다고 단언할 수는 없다. 이 점에 대해서는 별도의 논의가 필요할 것이다. 그러나 이 지점에서 중요한 것은 '슘페터적' 패러다임이 '챈들러적' 패러다임에 비해 기업가의 혁신적 활동을 명시적으로 강조하면서 기업사의 관심을 기업의 내부 구조에서 기업가의 능동적 활동으로 옮겨놓는 효과를 극대화한다는 점이다. 그런 점에서 슘페터의 논의는, 일찍이 이탈리아 기업사가인 비가치Duccio Bigazzi가 지적했듯이, 기업사의 주제가 명백히 "발전의 주역들로 활약한 개인들과 기업들"이라는 평범한 진리를 새삼 굵은 글씨체로 강조하고 있는 것이다.[6]

그런데 '슘페터적' 패러다임에서 더 강조해두고 싶은 점이 있다. 바로 기업가를 움직이는 동기에 대한 그의 통찰이다. 즉 슘페터는 기업가가 일하는 동기로서 왕조 개창사의 권력 의지, 스포츠맨의 승부욕, 예술가의 창작열 등을 강조하고 있다. 이는 기업가가 통념과는 달리 반드시 경제적이고 합리적인 동기만으로 움직이는 존재는 아니라는 점을 함축한다. 오히려 비경제적이고 비합리적인 동기가 기업가의 활동을 설명하는 중요한 요인일 수 있다는 말이다. 요컨대 기업가는 단순한 '호모 에코노미쿠스'가 아닌 것이다. 그렇다면 기업가는 무엇으로 사는가? 이는 기업사가들이 잘 묻지 않는, 그러나 가장 근원적인 질문이다. 일찍이 스티븐슨Howard H. Stevenson과 하리요J. Carlos Jarillo는 기업가 혹은 기업가 역량 연구를 편의상 영역들로 세분하면 세 가지 분야가 핵심적이라고 보았는데, 기업가 활동의 동기why, 행위how, 결과what가 바로 그것이었다.[7] 그렇듯 '왜'의 문제는 기업사에서 제일 먼저 다루어져야 하는 질문이기도 하다. 그러면 질문을 다시 간명하게 던져보자. 기업가는 왜 일하는가? 또는 조금 전에 던진 질문대로, 기업가는 무엇으로 사는가? 나아가 과감하게 질문을 바꿔보면, 기업가는 무엇을 꿈꾸는가? 바로 이 질문이야말로 기업사의 미궁을 헤쳐 나가기 위해 우리가 이 책에서 풀어내려고 하는 '아리아드네의 실'이다. 그리고 이 작업이 성공적으로 이루어질 수 있다면, 우리는 계속해서 '어떻게'와 '무엇을'의 문제에도 천착할 수 있다. 기업가는 어떻게 사는가? 그리고 기업가는 무엇을 남기는가?

그러나 일단 여기서는 다시 '왜'의 문제, 즉 기업가의 동기에 집중하도록 하자. 비록 슘페터는 권력 의지와 승부욕, 창작열 등 다분히 '사적' 차원의 '심리적' 동기를 강조하고 있으나, 그의 통찰은 그것을 넘어 '공적' 차원의 '사회적' 동기로까지 확장될 수 있다. 아닌 게 아니라 스티븐슨과 하리요도 오늘날의 연구에서 기업가의 심리학적 동기 외에 사회학적 동기가 활발하게 연구되고 있는 추세임을 지적했다. 이처럼 기업가의 동기에 '공적'이고 '사회적'인 차원이 내재할 수밖에 없는 이유는 명확하다. 기업가는 기업가이면서 동시에 시민이다. 특히 그는 현대 사회의 국민 경제에서 상당한 영향력을 행사하는 비중 있는 '지도층' 시민이다. 그러므로 기업가는 그런 영향력을 바탕으로 지역 사회와 국가에 대한 '공적' 견해를 충분히 가질 수 있고 또 실제로 이를 표현할 기회도 많다. 또한 기업가는 기업을 운영하는 과정에서 기업 내부의 종업원들 및 노동자들과 특정한 관계를 맺는데, 이와 같은 산업 관계를 조정하고 안정시키는 과정에서 특정한 '사회적' 개념과 비전을 발전시키곤 한다.

이로부터 기업가의 '공적'이고 '사회적'인 동기의 차원이 기업사의 새로운 주제로 떠오를 만하다. 바로 이런 문제의식에서 우리는 이 책에서 '기업가와 유토피아'를 기업사의 유망한 주제로서 제안한다. 이 주제는 역설적으로 보인다. 현실주의적인 경제 동물로 여겨지는 기업가에게 유토피아는 어울리지 않으니 말이다. 하지만 슘페터를 인용하자면, 이윤이 아니라 꿈과 의지, 쾌락이 기업가를 움직인다. 굳이 슘페터를 인용하지 않더라도, 기업가는 시장뿐만 아니라 사회의 기능을 회사로 흡수하면서 기업 활동에 가장 이상적인, 혹은 기업 활동에서 부딪친 문제들을 푸는 데 가장 적합한 사회 발전의 모형을 제시한다. 그리고 이 모형이 대단히 혁신적일 경우, 당대인들에게는 유토피아적인 것으로 보인다. 만일 모형이 실패하면 유토피아로 단정되며, 성공하면 기업가 역량의 소산으로 칭송받는다. 그런데 아무리 파격적인 모형일지라도 무에서 만들어지는 건 아니다. 기업가는 언제나 전수되고 학습된 신념과 가치의 체계 속에서 꿈꾼다. 그는 자신이 속한 문화의 자식인 것이다.

이런 맥락에서 '기업가와 유토피아'라는 우리의 주제는 기업사가 문화사 연구로 확장될 수 있고, 또 확장되어야 함을 잘 보여주고 있다. 이를 기업사의 "문화로의 전환cultural turn"이라고 불러도 무방하리라. 이와 동시에 문화사 역시 기업사의 도움으로 새로운 영토를 개척할 수 있음은 물론이다. 요컨대 기업은 문화적 전통의 산물이자, 문화는 기업 활동의 결과인 것이다. 그 뿐만이 아니다. '기업가와 유토피아'는 전통적인 노동사나 사회사에 대해서도 의미 있는 확장자 역할을 할 수 있다. 기업가들이 구상한 사회적 유토피아뿐만 아니라 그런 유토피아들에 대한 종업원들과 노동자들의 태도—동의와 저항이라는 양 극단 사이에서 다양한 스펙트럼을 보여주는—에까지 기업사가들이 관심을 넓힌다면, 필경 이 주제는 기업사의 테두리를 넘어 노동사나 사회사의 영토를 확대하는 데도 기여할 수 있다는 말이다.

과연 기업가는 개인이나 집단으로서 사회 발전에 대한 어떤 견해를 형성할 수 있다. 그의 견해는 더 많은 이윤을 창출하는 유리한 사회적 환경을 만들려는 경제적 의도에서 나올 수도 있고, 순수하게 바람직한 사회를 만들려는 지적 열정에서 나올 수도 있다. 그리고 기업가는 비즈니스의 현실과 유토피아의 이상 사이에서 동요하며 딜레마에 처할 수도 있다. 그러나 어떤 경우든 기업가는 사회를 인식하고 사회 발전을 추론한다. 그런 가운데 어떤 목적에서든 그는 자신만의 유토피아를 구상한다. 지금까지의 많은 연구가 사상가들의 유토피아를 대상으로 삼았지만, 그들만이 유토피아를 독점한 건 아니다. 기업가들도 그동안 경시되었지만 중요한 유토피아 생산자였다. 그런 만큼 기업가는 일종의 지식인 기능을 수행한다. 그러나 대부분의 지식인과 달리 기업가는 자신의 구상을 실행에 옮긴다. 이리하여 그의 실천 자체가 텍스트가 된다. 물론 유토피아라는 말에 몽상이라는 뜻이 있듯이, 그런 실천은 많은 경우에 참담한 실패로 끝났다. 그러나 기업가들의 지난 꿈, 즉 과거의 미래는 먼 훗날 변형된 형태로 현실이 되거나, 최소한 공장과 도시의 설계도면이나 폐허로 남아 후대인들에게 영감을 준다. 이 모든 과거의 미래가 남긴 현재의 흔적들도 당연히 우리의 연구에 포함될 것이다.[8]

이렇듯 유토피아를 구상하고 실천하는 기업가들의 노력은 시대와 지역에 따라 다양한 방식으로 경주되었다. 이 책에서 각 장은 시대와 서양의 각국에 따른 다양한 기업가의 유토피아들을 예시하고 있다. 우선 본문의 제2장에서 제5장까지는 미국과 유럽 각국의 자동차 기업의 사례들을 다룬다. 제2장에서는 미국의 "자동차 왕" 헨리 포드Henry Ford가 구상한 아메리카니즘Americanism의 사회적 비전을 살펴본다. 포드가 생산의 합리화와 노사 협력, 생활수준의 향상에 바탕을 두고 제시한 "자본주의적 유토피아"의 꿈은 오늘날에도 여전히 우리의 관심을 끌어당긴다. 제3장은 영국 모리스 모터스Morris Motors의 경우에 영국 특유의 자선과 박애의 전통을 이어받으며 기업과 지역 사회를 일체화하려고 한 너필드 경Lord Nuffield의 유토피아적 사회 이상을 고찰한다. 제4장에서는 영국 철도 기업인들이 철도에 대해 "빅토리아적 가치"를 구현하는 사회적 도구로 간주하면서 복음주의와 기업가 역량을 결합시키며 제시한 유토피아를 검토한다. 제5장에서는 이탈리아 피아트Fiat의 최고경영자인 발레타Vittorio Valletta가 제시한 노동과 생산의 공동체로서 "피아트 대가족"의 이념을 "보수적 유토피아"의 개념으로 해석한다. 제6장은 "프랑스 사회의 거울"이라고 할 르노Renault의 경우에 글로벌화 과정의 구조 개혁에 초점을 맞춰 경영 혁신에 내재하는 이상주의적 사회 통제의 문제 의식을 검토한다. 한편, 제7장에서는 스페인의 독특한 협동조합 기업체인 몬드라곤Mondragón을 통해 개인주의와 집산주의 사이의 제3의 길로서 "협동조합 질서"를 통해 기업의 사회적 책임을 내부에서 실현한 과정을 살펴본다. 제8장은 독일의 대표 기업가라고 할 수 있는 지멘스Werner von Siemens의 경우에 노동자들을 협상 주체로 인정하여 안정적 노사 관계의 틀을 주조하려고 한 지멘스 특유의 노동 정책과 그에 깔려있는 사회적 비전을 일별한다. 마지막으로 제9장에서는 전제정 말기 러시아의 독특한 사회적, 종교적 배경에서 거의 기적처럼 자생적으로 탄생한 사바 모로죠프 가문의 사적 기업의 성장 과정과 그들이 꿈꾼 유토피아적 기업 문화의 특성을 가늠해 본다. 이처럼 역사적으로 많은 기업가들은 경제 활동에서 직면한 여러 사회 문제들을 해결하려는 가운데 그들이 바람직하다고 여기는 조직의 원리와 발전의 모형을 사회에 적극적으로 제시해 왔던 것이다.

이상의 역사적 사례들에 대한 연구를 통해 기업가와 사회의 상호관계를 새롭게 조명하는 일은 챈들러로 대표되어 온 기업사 연구의 지평을 확장하는 데 기여할 것이다. 비가치가 지적했듯이, 기업사는 그 본고장이라고 할 미국에서도 뒤늦게 발전했지만 미국 이외의 지역에서는 여전히 역사학의 한 장르로 인정받지 못하는 경우도 많다. 그러나 기업과 기업가의 비중과 역할이 점점 더 커지는 오늘날의 현실에서 기업사 연구의 필요성도 증대하고 있다. 사실, 현대 자본주의 세계에서 기업은 그 자체 막강한 제도로서 존재감을 과시하고 영향력을 행사한다. 오늘날 한국 사회도 예외가 아니어서 사회 전체가 기업을 벤치마킹하고 있는 듯하다. 역사가들이 기업사를 외면할 수 없는 까닭이다. 그러나 종래의 기업사 연구는 사회학이나 경영학 등에서 강한 영향을 받았고, 심지어 이 학문분과들에 의해 독점되어 있는 것처럼 보인다. 한국의 역사가들이 그간의 기업사 연구 성과들을 섭렵하고 새로운 주제를 도입하여 기업사의 지평을 넓힐 만한 여지는 많다. 당장 이 책에서 탐구한 '기업가와 유토피아'라는 주제만 해도 역사학이 기업사에 공헌하고 기업사를 '역사화'하는 데 일조할 수 있다. 특히 기업에서 배워야 한다는 목소리가 높은 오늘날, 기업이 사회적 기능을 흡수하고 사회에 이상적 조직 원리를 제시한 역사적 사례들에 대한 연구의 필요성은 한층 더 크다. 아무쪼록 우리의 공동 연구가 한국 기업사 연구의 밑거름이 될 수 있기를 희망한다.

제2장 미국

헨리 포드의 꿈: 포드주의라는 이름의 유토피아

양재열(영남대학교 역사학과 교수)

1906년 당시 프린스턴 대학 총장이며 후에 미국 대통령이 될 우드로 윌슨Woodrow Wilson은 "이 나라에 자동차보다 더 사회주의적인 감정을 퍼뜨린 것은 없다"라고 역사학자답지 않은 발언을 하였다. 그는 또한 자동차가 '거만한 부의 이미지'를 보여준다고 덧붙였다. 하지만 그로부터 20년이 지나지 않아 미국인 모두는 자동차를 소유하기를 원하였다. 심지어 어느 미국인은 "차를 포기하느니 차라리 옷을 입지 않고 다니겠다"고 말할 정도가 되었다.

과연 1906년에서 1920년대에 무슨 일이 있었는가? 많이 변했다. 많이 변한 것이라기보다는 '완전히 새로운 세상'이 되었다고 말해야 맞다. 미국에서 뿐만 아니라 전 세계적으로 포드 이전의 사회와 포드 이후의 사회가 완전히 달라졌다. 포드의 자동차 생산시스템, 판매기법, 경영방식 그리고 노동자에 대한 처우와 노동 조건의 개선은 이전의 방식과 확연히 다른 것이었다. 물론 이런 변화는 어느 정도 '미국적 체제 American System'에 기인한 것이었다. 1820년대 서부의 정치인 헨리 클레이Henry Clay가 주장한 '미국적 체제'와 부품호환방식의 생산방식은 이미 미국적인 방식으로 나타났다. 여기에 19세기 후반의 실용주의가 결합된 것이 포드주의이다. 우리는 헨리 포드의 자동차 생산방식과 판매 방식, 그에 따른 새로운 사회를 포드주의Fordism[1]이라 부른다. 여기서는 이 포드주의의 방식과 포드의 꿈, 그리고 그에 따른 자동차 유토피아를 알아보려고 한다.

헨리 포드와 포드주의에 대한 연구사 |

헨리 포드 개인에 대한 연구에 대해서 알아보자면 먼저 전통적 학파가 있다. 미국 기업사가들 중에 전통적인 학자들은 주로 기업포드자동차

회사과 기업인의 경제활동이나 역할을 중심으로 그들에 대한 평가에 초점을 맞추었다. 역사가들은 주로 부의 축재과정, 그 과정의 주체인 소수의 특권적 산업계의 거물들의 역할, 대기업의 형성과 중소기업의 문제 등을 주요 논제로 취급하였다. 당시 기업이나 기업가들에 대한 평가는 주로 흑백논리에 의거하였다.

포드와 같은 기업가를 부정적으로 보는 견해는 다음과 같다. 거대 기업인 포드 자동차 회사가 국가의 경제 활동의 주축이 되어 소수 대기업가들의 수중에 장악됨으로서 정치적 부패와 사회경제적 모순이 심화되고, 개인주의와 자유 경쟁에 입각한 전통적 사회 가치관이 위협받게 되었다는 것이다. 대기업은 생산량이나 상품 가격을 인위적으로 조절하거나 통제함으로써 일반대중으로 하여금 경제적 불안, 좌절과 무력감을 느끼게 하였다. 대체로 이들에 대한 일반인들의 생각은 재벌 기업의 재산이 월스트리트 증권시장에서의 속임수와 절취의 범죄적 결과라는 것이다. 즉 배당금의 준비없이 명의상의 주식을 발행하거나 또는 고정자산없이 가공주식을 발행하는 등 손쉬운 방법으로 국민들로부터 수백만 달러를 갈취하였다는 것이다. 포드나 앤드류 카네기, 존 록펠러 등과 같은 대기업가들이 막대한 재산을 형성할 수 있었던 것은 그들의 뛰어난 창의성과 개인적 자질의 결과이기보다는 당시 미국의 풍부한 천연자원과 정부의 산업화 추진정책에 따른 수많은 특혜와 이권을 누린 덕분이라고 생각하였다.

이들 기업가들은 개인적 치부의 수단으로 법인체적 제도 장치를 활용하였고, 이익 수단으로만 기업을 생각하였기 때문에 '파괴적인 도구'로 인식되었다. 기업가들에 대한 이러한 부정적인 평가는 소위 '강도귀족robber baron'사관을 형성하게 하였는데, 이 사관의 대표적인 인물은 에드워드 벨라미Edward Bellamy, 헨리 로이드, 매튜 조셉슨 등이었다. 자본주의의 모순을 타파하기 위한 대안으로 '기독교적 사회주의'를 제창했던 벨라미는 『뒤를 돌아보면서』Looking Backward, 1888에서 당시의 기업가를 탐욕의 범죄자, 국민의 생명을 먹이로 하는 경제동물이라고 비판하였다. 로이드는 『공동체에 대립하는 부』Wealth against Commonwealth, 1894에서 "만일 사회가 가장 강한 사람에게 재산이 귀속되어야한다는 이념에 기초를 둔다면, 이들 강자는 이러한 시대 사조에 따라 적절한 수단과 방법을 동원하여 조만간 모든 재산을 쟁취하게 될 것"이라고 언급하였다.

조셉슨은 『강도귀족』The Robber Baron, 1934에서 대기업의 등장과 그 행태에 대한 부정적인 평가에서 대기업의 등장을 가능하게 했던 요인들, 즉 기업정신, 기술, 행운과 같은 요인들의 중요성을 언급하면서 역사의 다양성과 복잡성을 이해하려고 하였다. 그러나 이와 같은 역사 연구는 대체로 대기업가의 탐욕과 냉혹함을 도덕적으로 비난하고 부과 권력이 소수 사람들에게 집중되는 현상을 문제시하였다. 역사가로서 조셉슨은 정의, 경제적 민주주의라는 미국의 이상을 염원하였고, 따라서 무절제한 사익 추구의 미명하에 농민과 노동자를 착취한 신흥귀족을 신랄하게 비판하였다.

한편 기업가들을 긍정적으로 평가하려는 수정주의학파의 견해는 다음과 같다. 이들의 견해에 따르면, 청교도 윤리관에 투철한 종교적 가치관을 가진 신흥기업가들은 근면·검소·절약과 같은 덕목, 투철한 직업의식, 풍부한 상상력과 창의성, 그리고 대규모 조직을 통한 합리적인 기업 경영으로 국가 경제의 급속한 발달에 크게 공헌함으로써 미국 국민에게 물질적 풍요와 안락한 생활을 보장하였다는 것이다.

대표적인 인물은 헨리 포드라고 하였다. 1930년대에서 1950년대에 전성기를 누린 수정주의 학파는 대기업이라는 조직체와 기업가들이 가져온 긍정적인 측면과 기업의 행위를 정당화하고 이것을 미국적 제도로 적극 수용하는 것이었다. 줄리어스 그로딘스키Julius Grodinsky는 『헨리 포드』에서 당시 가장 많은 비판을 받았던 기업가 중의 한 사람이었던 포드의 업적을 옹호하였다. 조셉슨은 그를 악마라고 하였으나 그로딘스키는 그를 창조적 기업인, 새로운 경쟁모델을 제시란 기업인으로 높이 평가하였다.

마지막으로 조직사관 학파가 최근에 등장하였다. 기업이나 기업가들의 행태를 도덕적 관점보다는 객관적이며 과학적인 연구방법으로 연구하였다. 이들을 소위 조직사관 학파라 부르며, 아들은 투표분석, 인구통계 계량경제학을 이용하여 기업을 분석하였다. 대기업의 시장조직과 분배, 생산기술 조직의 기능 구조사이의 상호관계 등을 연구하였다. 이들 중에는 알프레드 챈들러Alfred Chandler가 대표이다. 그는 전국적인 철도망 건설로 인한 도시의 인구 팽창과 대규모 도시 시장의 확충에 따른 결과가 바로 대기업의 등장이라 하였다. 챈들러는 당시 사회경제적인 변화, 시장의 전국화, 운송 통신의 개선, 생산기술 도입, 다양한 상품의 개발 등과 같은 엄청난 변화에 대하여 대기업이 조직적이며 구조적으로 적응하는 과정에서 거대 산업체로 성장하게 되었다고 한다.

글렌 포터Glenn Porter는 『대기업의 등장』The Rise of Big Business, 1860-1890, 1973에서 제도와 조직사 연구에 초점을 맞추고 있다. 그는 거대 주식회사의 등장 기반이 된 제도적인 다양한 변화, 즉 시장의 역할, 교통과 통신망의 확충, 생산과정의 변화, 법적인 규제 조치, 금융제도 및 기타 요인들을 고찰하였다. 조직사관은 19세기 말부터 20세기 초까지의 미국의 경제 발전과 대기업의 등장에 대하여 상당히 합리적이며 유효한 해석을 제공하고 있다. 그러나 대기업의 등장은 물론, 미국 경제의 근본 실체를 더욱 효과적으로 파악하기 위해서는 소득분배, 사회경제적 상향 이동성, 경제규모와 그 성장과의 관계 등의 문제에 더 많은 연구가 필요하다.

한편 포드주의에 대한 연구사는 매우 다양한 경향을 보이고 있다. 포드주의에 대한 이념적인 분석이나 경제적인 모델 혹은 경영론 또는 자동차 개발과 관련된 기존의 연구에서 벗어나 학자들은 다양한 분야를 추구하고 있다. 먼저 포드의 자선에 관한 연구가 있다. 주로 포드재단이 만들어진 배경과 그것이 추구하는 양상이 과연 사회에 기업 이윤을 되돌려 주려는 발상인가 아니면, 어쩔 수 없이 선택된 것이냐의 여부이다. 전자는 포드의 자선과 봉사정신의 발로라고 보는 포드자동차 회사측의 선전과 광고에 주로 나타나는 주장이다.

후자는 G. 레이너가 주장하는 이론으로 포드재단은 당시 카네기나 록펠러처럼 사회이윤을 되돌려 주려는 자선사업가형 기업가의 행동을 포드가 어쩔 수없이 선택한 고육지책이라는 주장이다.[2] 포드의 노동자 우대정책과 자선운동이 종교적인 신념이나 자애심의 발로는 아니고, 이윤추구의 과정에서 나타난 계산된 행동이라고 본다. 예를 들어, 1908년 노동자 임금을 주당 5달러로 올려주면서 1908년 회계결산에서 4천만 달러의 영업이익이 발생하여 전 해보다 4배 이상 이익이 상승했기 때문이다.

비슷한 맥락이지만 다르게 연구하는 학자는 포드자동차 노동자들의 수입이 늘어난 것은 포드의 복지자본주의 때문이라고 주장하고 있다. 헨리 포드는 임금을 높이고 건강검진을 제공하고 작업환경을 개선하고 기술 교육을 실시하고 휴가를 줌으로써 사실상 20세기 초의 복지자본주의를 만들었다고 보는 것이다. 포드가 이렇게 한 이유는 생산성을 높이려는 동기와 함께 높은 임금으로 포드 자동차나 소비재를 구입하도록 하여 소비계층을 늘리고자 하였기 때문이다. 좀 더 나아가 여러 가지가 만족스러운 노동자들은 노동조합을 결성하지 못할 것이라 생각하였다.

H. 베로우는 포드주의가 대량생산과 대중 소비뿐만 아니라 대규모의 교외 거주가 특징이라고 주장하였다. 그러나 많은 사람들의 교외 거주는 노동자들이 아닌 중산층의 몫이었다. 미숙련노동자나 흑인들은 포드주의와 거리가 멀다는 것이 그의 주장이다. 즉 중산층의 교외 이주

가 미국적 꿈이었다면, 이것은 미숙련 노동자와 흑인과 황인종의 배제를 기초로 한 것이라고 보았다.[3] 그는 이러한 교외 이주가 다른 학자들이 지적하듯 1940년대 후반에 시작된 것이 아니고 1920년대 헨리 포드에 의해서 시작되었다고 본다. 교외 이주에 대한 것은 미국적 꿈을 이루고자 하는 욕망에서 시작되었다고 봄으로서 사실상 동의어로 쓰여질 정도라는 것이다. 이것에 대해서는 두 가지 해석이 있다. 먼저 교외 이주와 거주는 중산층에 의해서 이루어졌다는 주장이 있다. 또 하나는 1990년대 중반의 학자들의 주장으로 교외 이주가 다양한 계층과 인종에 의해서 이루어졌다고 보는 것이다.

뒤에 좀 더 설명하겠지만, 자동차가 미국 문화에 끼친 영향도 중요하다.[4] 자동차는 우선 도로확장과 포장, 교외도로·도시외곽 순환도로·고속도로의 건설을 가져왔다. 그리고 장거리 여행이 가능해지고, 레저 산업이 활발하게 일어나게 되었다. 당시의 자동차는 사업뿐만 아니라 여가에도 기여를 하였는데, 특히 자동차가 통근수단으로 사용되면서 다양한 의미를 지니고, 관광과 여가를 즐기게 되었다. 통근수단으로 자동차가 임대되고 장거리 버스가 운행되면서 관광산업도 활발하게 전개되었다. 또한 주차장, 도로건설, 신호등 등 당시 미국의 공공운송 수단이 어떤 것이었나에 대한 논의가 있다.[5]

헨리 포드의 꿈 |

헨리 포드는 남북전쟁이 한창이던 1863년 농군의 아들로 디트로이트 부근 디어본에서 태어났다. 그는 어려서부터 농사는 싫어했고 기계나 농기구 같은 것을 만지기 좋아했다. 13세 되던 해 디트로이트에 갔다가 이야기로만 듣던 증기 자동차를 보고 홀딱 반해버렸다. 그 후로 그의 머리 속에는 온통 자동차로 가득 차게 되었다. 16살이 되던 해에 그는 청운의 뜻을 품고 집을 떠나 디트로이트로 갔다. 그곳에는 초창기부터 미국의 중공업도시로 발달해 증기자동차공장, 엔진공장, 기계공장들이 즐비하게 늘어서 있었다.

<2-1> 헨리 포드(1863-1947)

그는 곧 드라이독이라는 증기엔진 회사에 취직을 하게 되었다. 급료는 적었지만 엔진기술을 배우기 위해 고통을 참고 열심히 일을 했다. 20세에 견습공의 딱지를 떼고 웨스팅하우스라는 증기기관차회사의 엔진기사로 취직 되었다. 그런데 바로 그 공장 옆에 있던 이글이라는 엔진공장에서 소리가 부드럽고 석탄을 때지 않는 내연기관인 오토가스엔진을 제작하는 것을 보고 관심을 가지고 가스엔진에 대한 지식을 쌓았다.

그리고 1891년에는 에디슨 전기회사에 입사하게 되고 그곳에서 전기지식을 습득하는 기회를 가졌다. 그러면서 퇴근 후에 집에서 엔진 만드는데 열중을 했고 그 결과 1896년 최초의 2기통짜리 포드자동차를 만들었다. 그리고 헨리보다 16세나 많은 발명왕 에디슨은 포드를 찾아와

격려를 하고 이후 깊은 우정을 유지하게 된다. 에디슨 전기회사를 나와 1899년 디트로이트 자동차회사를 세웠으나 실패했다. 그래서 두 번째로 만든 자동차로 1901년 디트로이트에서 열린 경주에 직접 출전해 당대 최고의 레이서였고 자동차메이커를 이끌었던 알렉산더 윈톤을 꺾고 당당히 우승을 차지했다. 당시 38세의 나이였던 포드가 만든 자동차의 속도는 시간당 72km나 되어 주위 사람들을 놀라게 했다.

이 우승을 계기로 투자자들이 나타났고 1903년에 포드 자동차회사를 정식으로 발족시킨다. 회사 운영방식은 독특해 자신의 돈을 직접 쓰지 않고 남의 돈과 기술, 그리고 공장과 기계시설들을 이용해 첫차 모델A 2실린더 8마력 엔진와 모델B, 모델K를 만들어 냈다. 하지만 먼저 생겨난 회사들과 치열한 경쟁을 벌여야 하는 어려움에 봉착했다. 이것을 타파하기 위해 그는 1908년 혁명적인 자동차 T형 포드를 만들어낸다. 이 차는 다른 회사차들의 가격이 2천 달러 수준일 때 825 달러라는 파격적인 가격으로 살 수 있었다.

모델 T는 직렬 4기통 2천 890cc 22마력 엔진을 얹고, 2단 기어로 시속 60km까지 달렸다. 값은 825달러, 1923년 200만 대 생산, 1925년에 대당 260달러까지 값을 낮추는 등 기록을 세우며 1927년까지 생산되었다. 포드 이전의 초기 자동차들은 수제품으로 값이 매우 비쌌다. 부품의 규격이 일정치 않아 차를 조립할 때마다 절삭기나 연마기 같은 공구를 이용해 부품을 조정해야 했다. 또 모델이 자주 바뀌는 바람에 대다수 부품은 장기생산이 불가능했다. 하지만 포드는 모델을 단일화함으로써 부품을 표준화하고 공구의 사용법을 개선했다.

이 차를 더욱 값싸게 만들려면 한꺼번에 대량생산을 해야 했다. 그래서 개발한 것이 시카고 도축장의 시스템에 영감을 받아 개발한 컨베이어식 조립라인이다. 이로 인해 T형 포드는 1927년 단종될 때까지 무려 1,500만대라는 천문학적인 숫자의 모델을 생산해 냈고 20세기 전반

전 세계의 자동차시장을 독점한 자동차 왕이 된다. 1910년대 중반부터 20년대 중반까지 동사의 승용차 시장점유율은 40-50%로 추정된다.

<2-2> Model T

헨리 포드의 시대 이후 자동차 산업은 표준 생산 방식[6]에 입각한 대량생산이 기업 효율성의 대명사가 되었다. 포드자동차를 세운 헨리 포드는 20세기 미국의 가장 영향력 있는 인물이 되었다. 그는 미합중국을 산업국가로 만들어 대량생산과 자동차소비를 촉진시켜 1920년대에 자동차 유토피아를 만들려고 노력했던 인물이다. 포드자동차는 공장의 기술자를 도시의 인정받는 시민으로 자리매김하도록 하였고, 고속도로를 건설하고 도시 밖의 거주자들에 자동차를 제공하여 평균 노동자라도 자동차를 구매할 수 있도록 하였다. 그는 대량 생산 기술을 발전시켜 염가의 모델 T를 생산하여 가장 많이 팔린 차로 만들었고 미국을 세계 강대국으로 변혁시켜 유토피아의 중심에 섰다.

포드는 부자들을 위한 화려한 차가 아니라 보통사람들이 타는 실용적인 자동차를 만들기를 원하였다. 그는 자동차 산업의 기술과 자동차를 운행하는 운전자의 수고를 덜어주는 차를 만들었다. 그는 차는 가벼

워야하며 비싸지 않아야 한다고 생각했고, 많은 기업가들이 이윤에만 관심을 집중시키는 것이 잘못되었으며 은행가들이 제조업자들에게 나쁜 영향을 미친다고 느꼈다.

왜냐하면 그들은 생산품 질의 향상에는 관심이 없고 오로지 이익을 늘리는 일에만 골몰했기 때문이라고 포드는 생각하였다. 그는 물건과 가격만 합리적이면 이익은 저절로 따라올 것이라고 믿었다. 그리고 한 가지 모델에 집중하면 제작 단가를 크게 절감할 수 있으므로, 자동차를 싸게 공급할 수 있다고 생각하였다. 앞에서도 언급했지만, 1908년 처음 생산된 포드자동차의 모델 T는 한 가지 종이었고 한 가지 색이었으며 계속 생산 대수가 늘어났다. 그는 1913년 최초의 조립라인을 설치하여 이듬해 초에는 자동차 전체를 조립라인에서 생산하게 되었다. 노동자들은 각자 한 가지 작업만 수행했다. 포드의 조립라인과 하위 조립부품은 독보적인 생각이었다.

그러나 이 제조방법은 결코 새로운 것은 아니었다. 19세기 초반의 일라이 휘트니Eli Whitney의 '부품호환원칙'에 입각한 장총의 제조와 그에 따른 '미국적 체제American System'[7]에 영향을 받은 것이 분명하다.

포드는 노동자들의 일당을 8시간 근무에 5달러다른 공장의 평균 일당은 2.4달러로 책정하였다. 그는 노동자들에게 많은 이익을 분배해야 한다는 생각을 가지고 있었다. 가혹한 노동조건으로 점점 낮아지는 공장노동자들의 근로의욕을 이 새로운 이익 분배 방식이 다시 고취시켜 줄지도 모른다고 생각하였다. 그리고 많은 미국인이 높은 임금을 받는다면 차를 포함한 공산품을 소비할 것이라고 생각하였다.

포드의 임금 인상안에 대하여 많은 기업가들은 분개했다. 포드가 노동시장을 망가뜨리고 있으며, 노동자들의 머릿속에 말도 안 되는 생각을 집어넣고 그처럼 후한 이익분배를 할 수 없는 회사들을 혼란스럽게 만들면서 유치한 방식으로 자신과 자신의 회사를 광고하고 있다고 주장하였다. 그들은 헨리 포드가 임금을 올리고 물건 값을 내리는 것은 자본주의에 역행하고 기업가의 정신을 망가뜨리고 있다고 생각하였다.

그러나 뒤 돌아보면, 포드가 한 일 즉 새로운 제조기술과 제품 가격 인하, 주도면밀한 임금 인상 등은 현대 산업주의의 위대한 원리 중 하나를 전례 없이 직설적으로 증명한 것이었다. 이는 바로 대량생산이라는 역학구조이고 새로운 유토피아였다. 이는 물건을 많이 생산할수록 생산 단가는 내려가며, 더 많은 사람이 넉넉해지면 이들이 더 많은 물건을 구매할 수 있다는 자본주의적 민주주의이자 자본주의의 유토피아적 발상이었다. 그때에도 성공한 제조업자라면 어느 정도는 이 원리를 따랐다. 그러나 이를 심도있게 적용한 사람은 헨리 포드였다. 다른 사람들은 생산량이 지나치게 증가하는 것을 중지시키고 여건이 허락하는 한 그것을 현금화하고 싶은 인간적인 유혹에 질 수밖에 없었다. 또 실제로 시장에서 하나의 모델만을 내놓으려는 제조업자 역시 없었다. 그러나 헨리포드는 꿈을 현실화시켰다.

자동차 유토피아 |

포드에 의해 추진된 포드주의는 자동차 유토피아를 형성하는데 강한 원동력이 되었다. 왜냐하면 자동차의 증가는 다양한 결과를 창출했기 때문이다. 착취와 극도의 가난이 없는 안정된 국가는 바로 즐거운 상품 구매자들의 나라, 곧 모든 이에게 득이 되는 나라이다. 소수를 위해 사치품을 생산하는 것보다 모든 사람들을 위해 같은 종류의 음식과 의복, 설비를 생산하는 것이 더 이익이 된다.

포드뿐만 아니라 당시의 기업가들은 소위 '미국적 꿈'인 '잘 사는 사람'이 되기 위해서 애를 쓰고 있었다.[8] 자동차 산업이 그 대명사가 되었다. 소수의 사치품에서 다수의 필수품이 된 자동차 유토피아는 다음의 여섯가지 변화로 나타났다.

첫째, 믿을 만하고 다루기 쉬우며 그다지 비싸지 않은 차가 필요했다. 그것은 기술적인 변화가 있어야 가능했다. 자동차를 말 그대로 스스로 움직이게 하기 위해서 엔진의 배기량과 마력이 강해져야 했다. 또한 자동차의 충돌을 대비한 강한 강철이 필요하고, 필요시 언제나 세울 수 있는 브레이크가 요구되었다. 엔진 시동기와 자동차 덮개와 같은 부차적인 것들, 그리고 잠금장치와 타이어의 중요성이 부각되었다. 이러한 모든 것은 기술혁명을 필요로 했다. 자동차에 필요한 부품 하나 하나가 기술혁명을 가져온 것이다.

1916년까지 미국에서 제조된 자동차는 달리는 트랙터 수준이었다. 지붕도 없고, 시동도 수동으로 걸어야했고 가장 나쁜 것은 매우 시끄러웠다. 그러나 1917년 이후 지붕이 덮히고, 시동이 자동화 되어 조용해졌다. 타이어를 보다 오래 사용하고 강하게 하기 위해서는 화학 기술 중에 고무배합기술이 필요로 했고, 자연산 고무가 부족해지자 인공고무를 만들기 시작했다. 또한 타이어의 수명 연장과 지면과 접착부위, 그리고 타이어의 연성과 강성을 조절하기 위해서 고무 안에 다양한 형태의 철심을 넣은 타이어튜브가 들은 코드 타이어가 만들어지다가 튜브리스 타이어가 만들어짐가 만들어졌다. 이처럼 자동차 산업은 그와 연관된 수천 종의 부품과 관련 산업을 발전시킨다. 그것은 강철산업, 유리산업, 고무산업, 휘발유나 경유같은 에너지 등의 여러 산업 즉 현대의 모든 산업이 관련되어 있다. 이런 기술 개발 덕분에 자동차는 말 그대로 쾌적한 '움직이는 집'이 되었다.

둘째, 기술적으로는 튼튼하게 포장된 달릴만한 도로와 주차장과 주유소가 필요하게 된다. 도로는 유료도로에서 점차 관 주도의 시내도로, 외곽순환도로, 고속도로, 주간도로interstate road로 발전한다. 뉴딜의 교통망 개량으로 인해 도로를 포장하는 공무원들이 도로건설 예산이 부자들만의 편의를 위한 것이 아님을 알게 되면서 많은 도로가 포장되었다. 또한 자동차의 속도에 맞추어 도로 운행제한속도가 올라갔다. 필요에 의해 다양한 형태의 도로가 건설되었고, 콘크리트 포장, 아스팔트 포장 등의 포장방식이 등장한다. 또한 교량건설과 터널관통을 위한 건설기술에서 혁신적인 변화가 요구되었다.

<2-3> 거대한 주차장

한편 자동차의 증가는 주차문제라는 영원한 미해결의 과제를 안게 되었다. 1920년대 초반 이후, 교외 철도역에 차를 주차하던 통근자들이 역 주변의 여기저기에 멋대로 주차하기에 이르렀다. 그러자 따로 주차공간이 필요해졌고, 곧 이어 유료 주차장이 점차 확대되었다. 당연하게도 자동차의 숫자가 기하급수적으로 늘자, 더 넓은 공간이 필요해졌다. 주차장이 넓어지면 넓어 질수록 차들이 더 많이 주차하는 악순환이 반복되었다. 도로 확장과 주차공간과 도시의 유혹은 날이 갈수록 더 많은 차들을 도시로 끌어들였고, 지금도 그러하다.

셋째, 자동차의 시대는 사회경제적인 분야에 큰 변화를 일으켰다. 예전 같으면 도시 번화가에 소재한 호텔이 전국을 돌아다니는 세일즈맨이 머물 수 있는 유일한 장소였는데, 이제 전국의 도로가에 있는 호텔이나 모텔에 들어갈 수 있다. 도로가 호텔들은 비싼 땅값을 내거나 식당과 로비를 유지해야하는 경제적 부담이 없어서 우후죽순처럼 생겨났다. 시내 번화가를 따라 줄지어 서있던 가게들은 도시 변두리에 주차장 넓은 대형 슈퍼마켓이나 백화점에 손님을 뺏겼다. 도심 백화점들은 경쟁력이 떨어지자 점차 교외나 근교 지점을 열었다.

<2-4> 니먼 마커스백화점

자동차 때문에 여름이면 만원을 이루던 대형 여름호텔도 망하였다. 대다수의 사람들이 자동차로 모텔에서 모텔로 이동하거나, 아니면 사람과 여행가방, 다양한 캠핑용품으로 가득한 차에 가족을 싣고 휴가철뿐만 아니라 주말을 보냈다. 금요일 오후가 되면 근교로 빠져나가는 차들이 점차 많아져 휴대용 가방제조업자들이 활황을 맞았고, 기존의 철도나 버스와 같은 운송회사들은 침체기를 겪게 되었다. 운송수단의 변화와 그에 따른 미국적인 여러 가지 변화 요인들예를 들면 대형슈퍼마켓이나 숙박, 식당이 새로운 생활 방식을 확산시켰다.[9]

한편 여행에 대한 사람들의 인식변화가 생겼다. 자동차는 이제껏 여행을 하기엔 너무 가난하다고 스스로 여겼던 사람들에게 여행의 자유를 허락하고 여가를 즐기게 만들었다. 여전히 멀리 가지 않으려는 중년층 이상의 사람들이 있었지만 쉬는 날에는 호수나 강가로 드라이브를 나갔다. 특히 휴가 때는 전국을 돌면서 새로운 것들을 보고, 새로운 스포츠를 시도하며, 새로운 사람들을 만나는 것이 가능하게 되었다. 즉 미국사에서나 세계사에서 처음으로 '평민들의 여가 시대'가 도래한 것이다.

<2-5> 풍요로운 교외주택

또한 도시 주택부분에서 큰 변화가 일어났다. 즉 1920년대 이후 미국에서 자동차로 갈 수 있는 교외지역이 만들어졌다. 철도로 출근하거나 도보 통근을 하는 시기에는 역에서 1마일 이상 떨어진 곳에서 살기 어려웠다. 그러나 자동차의 등장은 부동산 분양업자들이 교외지역에 주택을 판매할 수 있도록 하여 교외지역이 만들어졌다. 이 교외 주택에 사는 사람들은 스스로 중산층이라는 생각을 가지게 되었고, 여기서 사는 것이 소위 '미국적 꿈'이라고 생각될 정도였다.

넷째, 산업뿐만 아니라 전통적인 가족관계도 무너지고, 새로운 방식의 가족관계와 이웃관계가 형성되었다. 이웃과 비교하여 보다 나은 차를 사기 위해 애를 쓰거나 아니면 비슷한 정도의 차를 구입하려는 욕망이 나타났다. 통상 비슷한 자동차를 몰고 비슷한 주택을 가진 사회경제적으로 비슷하다고 느끼는 계층이 나타나게 되는 것이다. 특히 가난 때문에 자존심이 상했던 미국인들이 자동차 핸들을 잡고 운전을 하게 되면서 권위의식이 생겼다. 차는 운전자의 명령에 절대로 복종하였고, 운전자는 권위의식을 느끼지만, 그에 따른 책임감을 져야했다. 즉 운전면허도 따야하고, 운전규칙에 맞는 생활양식 즉 미국식 운전시스템-이것도 일종의 포드주의이지만-이 만들어졌다.

뿐만 아니라 농민들의 사회경제적 변화도 인상적이다. 1920년대에는 차를 사는 것이 곡식 창고를 고치는 것도 보다 우선이었고, 여러 가지 지식정보의 도움과 다양한 기계의 도움으로 수입이 늘자 농부들은 자동차를 구매했다. 이들은 더 이상 '촌놈'이 아니고 세련되어지려고 노력했다. 도시의 자식들이나 친척을 방문할 때도 자동차를 이용했고, 자동차라는 세련된-사치라고 표현할 수 있는-문화가 이들을 예전과 다른 집단으로 변모시켰다. 몸은 농촌에 있지만, 자동차라는 교통수단은 이들을 행동양식에서 도시화에 가깝게 변화시켰던 것이다.

다섯째, 사람들의 심리적인 변화와 이데올로기의 변화가 나타났다.[10] 먼저 예기치 않은 죽음이 나타났다. 1920년대에 매년 미국에서 자동차 사고로 죽은 사람의 수가 꾸준히 늘어 1922년에는 1만 5천 명의 사망자가 1930년에는 3만 2천 명 이상으로 늘었다. 1948년에는 사망자 수가 더욱 늘었다. 이것은 인류 역사를 통해서 처음으로 자동차가 대량 살상의 결과를 낳은 것이다. 한 번도 겪어보지 못한 사망자수의 증가는 사람들을 당혹케 하였다. 마차시대에도 마차사고로 사람들이 죽거나 다쳤지만 고속으로 달리는 자동차에 비해 그 수는 현저히 적었다. 차의 성능이 향상되고, 고속도로나 주도로, 민간 유료도로 등이 엄청나게 늘자, 사망자 수가 급격하게 늘었다. 그리하여 새로운 정책이 미국에서 인류 역사상 처음으로 시행되었다. 바로 운전면허증과 신호등이다.

또한 자동차는 기존의 가족관계를 변화시켰다. 기존의 가족은 공동체나 동일 지역을 중심으로 오래 살았던 집단이었다. 하지만 과거에도 유동성이 강했던 미국인들은 자동차가 등장하자, 어느 곳이든 돌아다니게 되었다. 지식인들은 우려를 나타냈지만, 유동성이 어쩔 수 없는 시대 현상이 되었다. 가족 중의 많은 이들이 집을 떠나 도시로 떠났고, 이산가족 현상은 더욱 심화되었다. 과거와 달리 조상들이 나고 자라난 땅에 뿌리를 내리려고 하는 젊은이들이 날이 갈수록 줄어들었다. 자동차는 전혀 정적이지 않고 동적이고 모험심을 자극하고 따라서 돌아다니기 좋아하던 미국인의 기질에 딱 맞았다.

이제 젊은이들이 자동차 문화에 얽매여 살게 되었다. 이들은 차의 효용성을 파악하고, 자연스럽게도 자동차에서 연애를 하고 구애를 하고 여행도 하며, 자동차가 없이는 한시도 살 수 없는 사람들이 되었던 것이다. 이것은 미국의 전통적인 이데올로기인 청교도주의와 배치되고 갈등을 초래할 수밖에 없었다. 결국 연방의회는 1917년 전통적인 이데올로기를 유지시키려는 방편으로 소위 'Mann Act'[11]를 통과시켜 백인 청소년이 거주하는 주 외의 다른 주로 자동차로 이동하는 것을 금지시켜버린다. 이 법은 갈수록 늘어나는 청소년들의 자동차 여행과 그에 따른 비도덕성을 해소하기 위해 만들어졌다.

이 법은 미성년자가 다른 주로 여행하는 것을 금지하였지만 현재는 거의 사문화되었다. 하지만 1970년대까지 폐지되지도 않고 계속 수정되어 기존의 이데올로기를 지키려는 노력의 상징적인 법이 되었다. 이 법의 수정은 흑백 인종 차별과 이념이 다른 사람사회주의자를 구속시키려는 것까지 연장되었다. 이것은 20세기 초에 포드주의가 확산되면서 미국의 많은 기존 정통 이데올로기를 보존하려는 기성 세대와 새로운 세대 간의 갈등을 보여주고 있다. 이 법은 당시 자동차의 등장이 새로운 문제를 낳게 했고, 전통적인 이데올로기와 어떻게 충돌하는가를 보여준다. 자동차가 당시의 미국인들에게 부정적인 측면을 만들어 낼 수도 있는 것을 보여주었던 것이다.

<2-6> Mann Act

한편 자동차 문화의 확산은 기존 성매매 관행을 바꾸었다. 1910년대까지 대부분의 미국의 도시는 성매매 지역을 따로 두었으나, 자동차의 증가는 제한구역을 무력화시키고 성매매의 대상과 지역을 확장시켰다. 당시의 어른들은 젊은이들의 자동차 내부에서 성적인 위험성을 초래한다는 것을 걱정하고 있었다. 청교도적인 전통과 젊은 시절 대각성운동의 영향을 받았던 어른들은 이런 비도덕적인 행위를 청소년에게 금지시키려 노력하였다.

마지막으로 남북전쟁 이후 고난받던 그리고 차별 받는다고 생각했던 미국 남부지역에서 두드러지게 자동차의 영향력이 컸다. 남부에서는 '동등하지만 차별하는' 흑백분리정책이 도로에서는 적용될 수가 없었다. 운전자의 외모로도 흑백이 구분되었지만, 도로에서 흑백 전용도로로 나누기에는 너무 많은 문제가 나타났다. 그리하여 도로 차별을 시도하다가 포기하고, 도로 위의 운전중인 흑인들에게 불만을 터트리기 시작했다. 그렇다고 흑인들에게 자동차 구매를 못하게 하거나, 운전면허증을 발부 못하게 할 수는 없었기 때문에 KKK단을 만들어 불만을 린치로 표현했다. 다시 말해서, 남부에서 분명히 차별받아야 할 흑인들이나 황인종이 자동차에서 전혀 차별을 받지 않았기 때문에 백인은 다른 방식의 차별을 시도하였다. 그것이 바로 남부의 새로운 인종차별이다.

20세기 초반 이후 미국에서 포드주의라는 유토피아는 미국의 정통 이데올로기인 청교도주의와 갈등을 일으킨다. 20세기 초까지 미국의 정통 이데올로기였던 청교도주의는 포드의 유토피아와의 내재적 모순성 때문에 갈등을 일으킨다. 즉 옛 것과 새로운 것의 갈등이었다. 즉 포드주의는 노동자를 생산성으로 계량화하기 때문에 전통적인 가부장적인 청교도주의와 상충될 수밖에 없었다.

지금까지 포드주의와 자동차 유토피아에 대해 알아보았다. 사실 포드가 자기의 공장을 통해서 미국과 세계를 변화시키려는 의도는 없었지만 결과적으로 어느 정도 변화를 시켰다고 보아야 한다. 물론 포드 스스로가 "현대를 만들었다."라고 주장하는 것은 과장이지만 기여를 한 것은 분명하다.

포드의 자동차 생산방식과 자동차 문화 즉 포드주의 유토피아의 형성이 과연 미국사에서 어떤 영향을 끼쳤는가는 그 판단이 보류되어 있지만, 현실적으로 막대한 영향을 끼친 것은 사실이다. 20세기가 포드와 포드 이후로 나눈다고 표현하는 역사가가 있을 정도이기 때문이다. 그가 산업과 과학이 한창 발전하는 '현대의 산업화'에 결정적인 기여를 한 것은 사실이다. 하지만 과학의 발전이 인류에게 유토피아만을 가져주는 것은 아닌 만큼 포드주의는 미래의 디스토피아의 시작일 뿐이라고 평가할 수도 있다.

제3장 영국

자동차 기업의 기수 윌리엄 R. 모리스의 기업정신과 유토피아

최헌미(경북대학교 사학과 교수)

영국 자동차 산업의 기수 윌리엄 리처드 모리스 ㅣ

20세기 초 영국의 자동차 산업은 나름대로 화려하게 시작하여 1960년대 초까지 세계 자동차 시장에서 호황을 누렸지만, 21세기 현재 영국 자동차 산업은 몰락하여 독일, 일본, 프랑스의 자동차 산업에 정복되고 말았다. 울슬리 자동차 회사Wolseley Motors, 1901년 창립, 오스틴 모터Austin Motor, 1905년 창립, 벤틀리Bentley Motors, 1919년 창립, 재규어Jaguar Car Ltd., 1922년 창립, 로버 컴퍼니Rover Company, 1948-1967, 롤스 로이스 社Rolls Royce Motors, 1973년 창립, 로터스Lotus cars, 1952년 창립, 랜드로버 Land-Rover 등의 브랜드로 대표되는 영국 자동차 산업은 '화려하고 세련된 디자인으로 명품 자동차 생산'을 자부하였으나, 그 화려하고 세련된 디자인을 추구한 것이 생산 고비용을 초래하며 자동차 산업 쇠퇴의 한 원인이 되었다.

사람들은 영국을 대표하는 자동차들로서 앞에서 거론한 회사명들을 들어 보았다 하면서도, 모리스 모터스 社1912년 창립에 대해서는 생소하게 여기거나, 심지어는 전혀 들어 본 적이 없는 자동차 회사라고 여긴다. 2005년 영국의 자동차 산업이 종말을 고할 때 마지막까지 남았던 자동차 회사는 바로 MG-Rover였으며, MG는 바로 모리스의 Garage를 의미하는 용어였다. 즉 모리스 모터스 사의 창설자 윌리엄 R. 모리스가 자전거 수리 제작으로 시작하여, 자동차를 생산하기 시작했던 최초의 작업장이 바로 Morris Garage였던 것이다.

모리스 모터스 社는 창설 이래 1920년대로 진입하면서 동시대의 수많은 자동차 기업을 점차 합병하며 회사명을 개칭하게 되었다. 회사 창립 한 지 10년이 안되어 공장 부지를 확장하며 몸체를 불리기 시작하였고, 이웃하는 자동차 회사들을 합병하기 시작하였다. 1919-1925년에 모리스 모터스 社는 아빙턴Abington 버밍엄Birmingham 그리고 스윈던Swindon의 공장을 매입하여 새로운 작업장으로 삼았다. 1927년에는 울슬리 자동차 회사Wolseley Motors Company와 부품회사SU Carburetter까지 매입하였다. 그리하여 1950-60년대 모리스 모터스 社는 계속 합병을 하며 BMC British Motors Company, 1951-1968로 다시 BLMC British Leyland Motor Corporation, 1968-1986로 되었다가, BL은 1984년에 오스틴 로버 그룹Austin Rover Group으로 거듭났으며, 오스틴 로버 그룹은 1986년에 다시 로버 그룹Rover Group, 1986-2000으로 거듭났으나 1994년에 BMW에게 매각되었다. BMW는 2000년에 단돈 10파운드에 영국의 벤처캐피털 회사 피닉스 컨소시엄에게 매각하였고, 피닉스 컨소시엄으로 MG사와 Rover그룹은 MG-Rover로 계승되었다. 모리스 게러지MG 그 이름은 영국 자동차 산업의 역사가 종말을 고할 당시 마지막 이름 MG-Rover에 끝까지 묻혀있었다는 사실이 환기되어야 한다.

개인의 이동수단으로 여전히 마차와 자전거가 주류였던 시대에 자동차 생산이라는 신 산업 분야에 뛰어든 윌리엄 모리스William Richard Morris, 1877-1963는 1912년 8월에 Morris Motors를 창설하여 '추동력 좋은 자동차 생산'을 위해 끊임없이 연구하였고, 일반인에게도 자동차를 보급할 수 있도록 새로운 생산시설과 판매 전략을 도입함으로써 20세기 영국의 자동차 업계를 선도하였던 기업가였다. 그는 옥스퍼드 카울리를 중심으로, 기업체 모리스 모터스 社를 성공적으로 경영하였을 뿐만 아니라, 성공적인 경영을 통해 대학도시이자 전원도시였던 옥스퍼드의 지역경제를 활성화시키는데 이바지하였다.

기업가 모리스는 20세기 양차 대전 동안에 산업계의 침체와 재정위기를 잘 극복하였고, 다수의 자동차 기업을 합병·운영함으로써, 모리스 모터스 社를 자동차 산업계의 대표기업으로 성장시켰다. 무엇보다 주목되는 점은 그가 기업경영을 통해 얻은 부를 옥스퍼드 대학의 발전과 지역민의 건강증진 그리고 지역사회의 어려운 문제들을 해결하는데 아낌없이 기부하며 자선활동을 하였다는 점이다. 그 공로로 그는 1929년 모리스 준 남작의 작위를 받았으며, 1934년에는 남작 작위를, 그리고 1938년에는 옥스퍼드 카운티의 너필드 지역 자작이라는 작위를 하사받았다.

1963년 8월 22일 85세의 나이로 그가 사망하였을 때 엘리자베스 2세Elizabeth II, 1926~현재여왕은 탄식과 애도의 전보를 보내어, '국가가 미처 살피지 못한 영역에서 자선과 구제 사업을 베풀었던 너필드 경의 행적'을 높이 평가하였다. 엘리자베스 2세의 어머니 엘리자베스 보우스-라이언Elizabeth Bowes-Lyon, 1900~2002 또한 그의 사망소식을 전해 듣고 "···나는 내가 너필드 재단과 너필드 지방 트러스트Nuffield Provincial Trust의 후원자임을 항상 자랑스럽게 생각했다…"라고 고백하며, 직접 대표를 보내어 깊은 애도를 전하였다. 1963년 너필드 경은 고인이 되었으나, 지금까지도 그의 이름은 그의 작호를 딴 너필드 재단The Nuffield Foundation과 여러 병원 및 자선기관 활동을 통해 영원히 기억되고 있다.

기업가 너필드 경 즉 윌리엄 R. 모리스 개인에 대한 전기 연구들에서 모리스는 Morris Motors社를 창설하고, 자동차업계에 최초로 포드 시스템을 도입한 인물로서 영국 자동차 산업의 전환기를 초래했던 인물로 높이 평가된다. 또한 그의 모리스 社는 20세기 상반기 동안 수많은 영국의 자동차 기업 합병의 중심에 있었으므로, 그는 20세기 영국 자본주의 확립에 영향을 끼친 인물 중 한 사람으로도 평가된다.[1] 1920년대 이래 현재까지 연구의 상당부분은 모리스가 베풀었던 자선활동에 대한 연구들이다. 이 연구들은 모리스가 옥스퍼드 태생이 아니지만 자전거 수리공으로 시작하여 마침내 대학도시 옥스퍼드에 자동차 왕국을 건설하였고, 모리스 社를 통해 지역민뿐만 아니라 전국에서 찾아드는 노동자들에게 일거리를 제공하였던 행적을 검증하였다.

물론 부정적인 측면의 평가도 있는데, 모리스 모터스 社의 직원이었던 연구자 아서 엑셀Arthur Exell에 따르면, 모리스 모터스 社에서는 노동조합 결성이 허용되지 않았고, 모리스는 회사를 개인 왕국 지배의 사고 방식과 편애의 정서와 온정주의 방식The managements based on paternalism으로 사업장을 운영하였던 것으로 비판하였다. 무엇보다 아서 엑셀은 1930년대 모리스가 기업가 조직의 대표로서 파시스트 연맹의 후원자였다는 사실이 기억되어야 함을 강조하였다.

한편 모리스 모터스 社에 대한 연구는 '영국의 자동차 산업 발달과 쇠퇴'에 관한 연구차원에서 이루어져 왔다. 이 연구들에서는 영국의 자동차 산업이 1970년대에 세계화에 편승하지 못한 이유들을 밝히는 중요한 연구이다.[2] 영국이 자동차 산업의 세계화에 편승하지 못한 이유로 알프레드 챈들러Alfred D. Chandler 는 개인적 자본주의Personal Capitalism의 측면에서 분석하였는데, 영국이 미국과 독일 등에 비교해 비전문 경영인 중심의 가족적 기업경영과 대규모 자본의 부재 그리고 '온정주의'에 기반 한 경영의 한계의 결과로 분석하였다. 모리스 모터스 社는 그 사례에 해당된다.

너필드 경 즉 윌리엄 R. 모리스는 사업가로서 자신의 기업을 성공적으로 운영하고자 전심전력 하였을 뿐만 아니라 이윤을 추구하는 기업경영을 넘어서 기업 성공의 열매를 지역사회의 어려운 사람들과 나누고자 하였다. 무엇보다 모리스는 자신의 사업장을 중심으로 유토피아 건설을 꿈꾸었으며, 자신의 당대 이후에도 영속적으로 진행되기를 바라며 재단을 창설하였다. 너필드 재단의 창설동기와 그 운영상을 살펴보면, 그가 '사회적 책임'을 얼마나 잘 실천했던 기업가였는지를 확인할 수 있다.

윌리엄 R. 모리스 - 모리스 모터스 社를 창설하다. ¹

윌리엄 R. 모리스는 가난한 농민의 아들로 태어났다. 어릴 적부터 고장 난 자전거를 해체하며 수리하는 것을 즐겨하던 그는 15세 때부터 자전거 수리점원 일을 시작하였다. 그리고 수리 점원으로 고용된 지 9개월 만인 16세 때 부모님 집 마당에서 자신의 '자전거 수리' 점포를 시작하였다. 자전거가 필수 교통수단이었던 대학도시 옥스퍼드에서 그는 자전거 전문 수리공으로서 그 명성을 얻었으며, 비만 체격의 사람들로부터 요청을 받아 자전거를 제작하기에 이르렀다. 그의 적극적인 성격을 짐작할 수 있는 부분은 그가 점포에 가만히 앉아서 자전거 수리만을 한 것이 아니라 고객을 확보하기 위해 점포 밖으로 일감을 직접 찾아 나섰다는 점이다. 어린 나이임에도 불구하고 그는 옥스퍼드 대학의 한 학부생과 약정을 맺어 고객을 유치하고자 하였고, 저렴한 비용으로 지역의 우편배달부들의 자전거를 전담으로 수리해 주는 거래도 성사시켰다. 더 적극적인 모습으로 그는 점포 홍보를 위해 자동차 경주대회에 출전하여 챔피언이 되었고, 자신이 제작한 자전거의 성능과 점포를 선전하려했던 목표를 달성하였다. 그는 끊임없이 노력하는 제조업자였다. 그는 단순히 자전거 수리·제작에만 머물지 않고, 틈틈이 경주용 사이클과 모터사이클까지 제작하였으며, 나중에 모터카 임대사업도 하였다.

끊임없이 새로운 일을 시도하고 추진하는 모리스의 모습을 설명해주는 한 에피소드가 있는데, 옥스퍼드에 처음으로 모터 버스를 들여온 일이었다. 당시 옥스퍼드보다 작은 타운에서도 전기전차나 모터 버스를 운영하던 시절에, 옥스퍼드 타운 사람들은 여전히 말이 끄는 궤도전차를 이용하였다. 보수성이 강한 타운에서 궤도전차 운영 관계자들의 반대를 예상했으면서도 모리스는 대담하게 런던으로부터 모터 버스와 운전기사들을 들여와서 그 운영을 시작했고, 예상대로 당시 시의회의원이자 궤도전차 관계자였던 기득권자들과 갈등을 빚었다. 옥스퍼드 지역민들은 모리스의 조처를 환영하고 지지했지만, 결국 모리스는 모터 버스 운영권을 옥스퍼드 시의회에 양도해야 했고 이로서 갈등이 해소되었다.

자신이 좋아하고 잘 하는 분야에서 새로운 시도를 두려워하지 않았던 모리스는 30대 중반 나이에 옥스퍼드 세인 크로스 로드 St. Cross Road에 있는 자신의 작업장 부지를 모리스 게라지MG로 등록하였고, 1912년 8월에 마침내 사업체 명을 W. R. M. Motors 로 등록하였다. 일거리가 늘어나면서 첫 작업장이 점차 협소해지자 다음해 1913년에 바로 옥스퍼드의 카울리로 작업장을 옮겼으며, 향후 카울리 구역은 너필드 그룹의 중심이 되었다.

이미 이때부터 모리스는 '평범한 노동자들도 구매할 수 있는 저렴한 자동차'생산을 목표로 삼았다. 그리하여 자본이 많지 않았던 그는 실무 경영자로 회사를 운영하면서 자본 유입을 위해 지역의 유력자 맥클스필드 Macclesfield백작을 회장으로 영입하였다. 그는 맥클스필드 백작으로부터 4,000 파운드의 재정 지원을 받고, 당시 질렛 뱅크Gilletts Bank-오늘날 바클레이즈 뱅크 Barclays Bank를 찾아가 그 소유주 질렛으로부터 4,000 파운드를 더 지원받아 사업을 시작하였다.[3] 그들이 윌리엄 R. 모리스를 후원했던 것은 당시 자동차 산업이 유망한 기대 산업이었기 때문이다.

1912년 모리스 社는 최초 모델 모리스 옥스퍼드(2인승)를 성공적으로 제작하였고, 1913년부터 175 파운드의 가격으로 시판하여 차량은 1913년 한 해 동안 99개의 대리점을 통해 393대 정도 판매되었다.[4] 그리고 1914년에는 더 높은 가격 약 199 파운드로 국내뿐만 아니라 해외 대리점 즉 네덜란드, 벨기에, 덴마크, 이탈리아, 스칸디나비아, 우간다 등까지 약 909대가 수출되었다.

그런데 1914년 7월 말경 예상치 못한 1차 세계대전이 발발하였으나 오히려 모리스 社는 도약의 시점에 이른다. 1차 대전 중 전통적인 수출 산업 분야였던 섬유, 제철, 석탄, 조선, 기계공업은 침체국면에 직면하였으나, 새롭게 부상하고 있었던 전기, 화학, 화학 섬유업과 더불어 자동차 산업은 상대적으로 성장하였기 때문이다. 더구나 1차 대전 발발 후 영국 정부는 전쟁이 단기간에 종결될 것이라 믿었기 때문에 군수물자 공급을 개인기업의 자율적 생산과 공급에 의존하고 있었다.

그즈음 1919년에 모리스는 모리스 모터스 Ltd.로 이름을 바꾸었다. 전시 동안 자동차에 대한 민간 수요는 감퇴되었지만 대신에 모리스 社는 정부의 전시 동원 체제 운영 속에서 앰블런스와 군수품 그리고 군용 차량을 생산하여 납품하였으므로 회사는 타격을 입지 않고 오히려 확장되었다. 그 결과 전쟁 후반기와 종전 직후의 인플레이션이 심각해지고, 1919년 봄과 여름동안 일반 생필품의 소매가격은 급격하게 높았지만 모리스 모터스 社는 크게 타격을 입지 않았다.

전쟁 직후 영국 산업계가 전반적으로 침체되었으나 자동차 산업부문만은 상대적으로 그리 힘들지 않은 편이었는데, 1919년 하반기부터 자동차 업계도 점차 판매부진의 위기에 몰리게 되었다. 모리스 社는 1919년에 약 390여대 차량을 판매하였는데, 모리스 옥스퍼드 모델이 대부분이었으며, 그 중 약 63대 만이 2호 모델 모리스 카울리The Morris Cowley였다. 1920년에는 신형 모델 모리스 카울리만을 판매하면서 9월까지 280여대 판매하였는데, 10월부터 모리스 자동차 회사도 슬럼프를 겪기 시작했다. 모리스 社는 생산된 차량을 더 이상 주차할 공간이 없을 정도로 판매가 부진한 상태였다.

모리스는 이 위기를 어떻게 극복하였을까? 새로운 판매 전략에서 돌파구를 찾았다. 즉 모리스는 판매부진을 헤쳐 나갈 방안을 모색하다가 '차량 가격할인'이라는 아이디어를 생각해 내었다. 특단의 정책으로서 그는 각 모델 당 대략 80파운드~100파운드 정도씩 할인하여 판매하였다. 4시트짜리 모리스 카울리는 525파운드에서 100파운드 할인하여 425파운드에 판매, 2시트짜리는 465파운드에서 90파운드 가격 할인하여 375파운드에 판매, 그리고 2시트짜리 모리스 옥스퍼드 모델은 510파운드에 판매, 4시트짜리 모리스 옥스퍼드는 565파운드로 판매 하였고, 모리스 옥스퍼드 쿠페Coupe는 80파운드 내려서 595파운드로 판매하였다. 할인 판매에도 불구하고 전반적으로 한 대당 50파운드의 이윤이 보장되었다고 한다. 그런데 1921년 차량 판매량은(350여대) 이전의 절반가량(170여대)에 불과하였으므로 모리스는 2차 가격할인을 단행하였다. 재무 이사 마일스 토마스Miles Thomas를 비롯하여 경영진들은 침체기이므로 생산을 줄여야한다고 주장했지만 모리스는 그들의 반대에도 불구하고, 모델의 20% 가격대(100 파운드대)로 파격적인 가격할인을 단행하고 오히려 생산을 배가하도록 지시 하였다. 그는 100 파운드 수준의 저렴한 차량가격으로 판매하면 자동차 소유를 꿈꾸는 사람들이 충분히 자동차를 살만하게 구매의욕을 자극할 것이라고 판단하였다.

<3-1> Morris Minor 모델을 타고 있는 Sir 윌리엄 Morris, 후일 Lord Nuffield,

모리스의 위기 타개책 '박리다매' 판매 전략은 성공하였고, 이후 경쟁사들도 모리스 모터스 社의 전략을 답습하였다.[5]

그런데 파격 가격할인 전략은 모리스 社 단독의 결정만으로는 실행하기 힘든 전략이었다. 모리스는 업계의 동반성장을 호소하며 딜러들에게는 자동차 표준 가격제도를 소개하며 마진을 좀 줄여 줄 것을 요청하였고, 부품 공급업체들에게는 저렴한 단가로 부품을 공급해 줄 것을 요청하였다. 설득당한 판매지부와 협력업체들의 협력으로 모리스 모터스 社는 1921년에 3,076대, 1922년에 6,956대를 생산 판매하였으며, 1923년에는 20,048대, 1925년경에는 54,000대를 판매하였다. 1925년경 당시 마침내 모리스는 이제 자동차 시장을 주도하는 CEO가 되었으며 자동차를 새로운 방법으로 판매하는 선구자 중 한 사람으로 알려지게 되었다. 그러한 전략이 무엇보다 의미 있었던 것은 1920년대 중반까지 영국 내 시장을 주도했던 포드社(T모델)의 판매독점을 깨고, 모리스 社가 우위를 차지했다는 점이다. 1927년에 울슬리 모터스 회사 파산때 모리스 모터스 社는 오스틴 社와 제너럴 모터스 社를 물리치고 단독으로 울슬리 회사를 매입하였다. 위기 동안에 모리스 모터스 社는 살아남았을 뿐만 아니라 확장 발전하였다. 이렇듯 1920년대 중반 이래 모리스 모터스 社는 자동차 부품을 생산하는 업체들을 합병하며 회사의 몸체를 불려나가기 시작했다. 1919-1925년에 모리스 모터스 社는 아빙턴Abington, 버밍엄Birmingham, 그리고 스윈던Swindon의 공장을 매입하였고, 1927년에는 울슬리 자동차 회사Wolseley Motors Company와 부품회사SU Carburetter까지 매입하였다.

한편 모리스는 영국 내에서 소형차 생산의 필요성을 인식하면서도 울슬리 매입이후 일단 큰 자동차를 제작 생산하는데 주력하였다. 그래서 그는 새로운 시도를 하였는데, 이전에 사용되었던 목재 차체 대신 1926년부터 스틸 차체를 만들기 위해서 유에스 버드 회사the US Budd Corporation와 합작으로 프레스드 스틸 컴퍼니the Pressed Steel Company을 설립하여 스틸 차체 생산에 들어갔다.

그런데 초기의 압착 강철은 차체로 쓰기에는 그 품질이 좋지 않았으므로 일정시간 동안은 초기에 쓰던 수공 목제 차체를 그대로 쓸 수밖에 없었다. 모리스의 대형차 생산 결정이 성과를 거두지 못한 것이다. 모리스의 가장 측근 경영진이었던 재무이사 마일스 토마스에 따르면, 1927년 울슬리 社 매입 이후부터 모리스는 정책 결정과정에서 경영진과 상의하지 않고 자신의 결정을 관철시켰고, 무계획적인 경영을 하였다고 기록하였다. 최측근 마일스 토마스도 모리스의 독단적인 결정에 대해 불편해 했음을 보여준다.

성과가 좋지 않자 1928년에 들어 모리스는 소형차the Flatnosed Morris Cowley 생산을 결정하고 생산에 돌입했으나, 그 또한 판매 실석이 서소하였다. 판매량은 1929년경 64,000여대로부터 1931년경 45,000여대로 떨어졌다. 자신의 결정이 실패하자 모리스는 경영기간 중 1년씩 긴 항해여행을 떠나는 습관이 생겼다. 그는 나름대로 자신의 긴 여행 계획 때문에 회사 운영에 문제가 생기지 않도록 전보를 통해 행정 사무를 결재하고 처리하였지만, 사실상 당시의 부품 공장의 네트워크 간의 협조는 잘 이루어지지 않았다. 회사 대표가 회사를 떠나 있고, 긴밀한 협조가 이루어지지 않자 오랫동안 충직하게 회사에 근무해왔던 일부 시니어 경영진들도 자신들의 생각이 잘 수용되지 않는다고 불평하며 회사를 떠나갔다.[6] 바로 이때가 사실상 모리스 모터스社의 위기였다.

판매부진을 넘어서 회사 조직 유지를 위협하는 위기를 모리스는 어떻게 극복하였을까? 모리스는 위기를 신차 개발 계획으로 극복하고자 결정하였고, 그 결과 향후 모리스 社를 대표하는 또 하나의 모델 모리스 마이너Morris Minor가 출시되었다.

그런데 신차 개발과정에서 모리스는 혁신적인 신차의 디자인을 고민하다가 경영진과 상의 없이 단독으로 외부 인사 영입을 결정하였고, 그 결정은 내부적으로 갈등을 초래했다. 경영진의 불만표출에도 아랑곳하지 않고, 그는 당시 울슬리社를 책임지고 있던 엔지니어 레오나르드 로드Leonard Lord를 전무이사Managing Director로 초빙하였고, 신차 개발에 필요한 전권을 주었다. 탁월한 엔지니어였던 레오나르드 로드는 모리스 마이너Morris Minor에 장착할 저렴한 사이드-벨브 엔진을 디자인하였고, 모리스는 차량 가격대를 100파운드대로 낮추어 판매함으로써 큰 성과를 거두었다.[7] 그 후속으로 1933년에 모리스는 레오나르드 로드의 제안을 받아들여 카울리 작업장을 현대화하였다. 이때부터 모리스 社는 회복을 넘어 발전기에 돌입하였다. 반대와 불확실한 미래 속에서도 혁신을 추구하는 기업의 대표의 과감한 결정과 투자가 그 열매를 맺게 하였다고 볼 수 있다.

사실 모리스는 사업 초기에 미국의 디트로이트의 포드 자동차 사업장을 견학하였던 이래 '이동식 조립라인Moving Assembly line'을 갖춘 대량생산 시스템을 도입하고 싶었으나 그 설비비용이 막대하였으므로 도입하지 못하고 있었다. 그런데 1934년에 마침내 설비를 갖추었다.[8] 상공에 장착된 4개의 컨베이어 벨트를 이용하여 부품들을 공급하게 하는 시스템이었다. 약간의 차이가 있긴 했지만 모리스는 처음으로 영국에 대량생산을 가능하게 하는 '이동식 조립라인'을 도입하였다. 시설완비를 위해 모리스는 1934년에 300,000 파운드를 투자하였고, 1936년 경 500,000 파운드를 더 투자한 결과 카울리 작업장은 연간 100,000대를 생산해 내는 유럽에서 가장 선진화된 설비를 갖춘 공장으로 거듭났다.

같은 시기에 모리스 社는 울슬리, 엠지MG 그리고 모리스 상용 생산 시설과 생산 공정까지 합리화하였다. 1937년 경 모리스 社는 1933년~1935년 기간 동안에 생산했던 차량모델 23개와 엔진 18개를 대폭 정리하여 15개의 기본 모델과 8개의 기본 엔진만을 생산함으로써 합리적 운영을 도모하였다. 당시 모리스 社 이외의 자동차 회사들 특히 포드社는 1933년에 모델 Y형의 3개~4개 보급형을 개발함으로써 미국과 유럽에서 회복세를 보였고, 오스틴 社는 오스틴 7과 오스틴 8 모델을 성공적으로 보급하였다.

너필드 경으로부터 신차 마이너Minor모델 개발의 전권을 받았던 로드가 거두었던 첫 성과는 1934년에 모리스 8Morris Eight시판에서 나타났다. 모리스 8은 당시 영국 시장에서 가장 잘 팔리는 차량으로 390,000대가 판매됨으로써, 모리스 카울리 모델과 모리스 옥스퍼드 모델의 판매 총합을 능가하는 성적을 거두었다.

『이코노미스트』*The Economist*誌에서는 100 파운드 가격대 자동차 모리스 마이너 모델이 가장 잘 팔리며 최초로 상업적으로 성공한 자동차라고 칭찬했다.[9] 모리스 모터스 社의 이윤은 1936년에 218만 파운드에 이르렀으며 마침내 모리스 社는 1937년~ 1938년에 영국 시장의 주도권을 잡았다. 자동차 업계의 불안정한 분위기 속에서도 1938년에 너필드 경은 파산한 릴리 컴퍼니the Riley Company를 합병하였고, 그의 그룹들이 통합되어 이른바 너필드 조직으로 불리게 되었다.

그런데 1930년대 후반부터 모리스 社는 다시 2차 대전 전시 동원 체제에 편입되었다. 괴짜로 통하였던 너필드 경은 자기 고집이 있었지만, 애국심이 강한 기업가로서, 자신의 공장마다 유니온 잭 깃발을 게시하고 국가를 위해 공장을 가동하였다.[10] 사실 모리스는 1929년부터 항공산업에 관심을 가지기 시작하여 1929년 초부터 울슬리 작업장에 항공산업 사업부를 마련하였다. 그 후 모리스 모터스 社가 1930년대 중엽에 울슬리 항공 엔진 주식회사를 인수하면서 울슬리 사업장은 모리스의 개인 소유의 사업장이 되었다.

항공 산업에 대한 모리스의 관심은 단순히 사업상의 관심만이 아니었다. 그는 영국이 독일과 전쟁을 할 가능성을 예측하였으므로 애국시민의 관심차원에서 항공 사업에 주력하고자 하였다. 그러나 1936년 9월경 Spitfire 전투기 납기일 지연 때문에 항공성 장관 비버브룩 경

Lord Beaverbrook, 캐나다인과 갈등을 빚으며 항공엔진 및 전투기 제작 사업을 중지하였다. 한 해 전 1935년경부터 수상 스탠리 볼드윈Stanley Baldwin, 1867~1947이 모리스에게 탱크와 전투차량을 생산해서 조달해 줄 것을 요청하였으므로, 그는 군수산업 특히 탱크 제작에 몰두하고 있었다. 요청받을 당시 모리스는 탱크에 대해 아무것도 몰랐기 때문에 그 때부터 스스로 탱크에 대해 공부하기 시작했었다. 그는 자체 내 직원 4명을 해외로 보내어 탱크 제작과정을 견학시키고, 자신의 정보망을 동원하여 우수한 디자이너 인력을 물색하였다. 그 결과 모리스는 당시 미국 정부에서도 몰랐던 미국 뉴저지 출신 엔지니어인 월터 크리스티J. Walter Christie, 1865-1944를 초빙하여 탱크 제작에 합류시켰다.

탱크 제작은 자동차와 조립 원칙은 같았을 지라도 자동차만큼 쉬운 것은 아니었다. 대규모의 동체와는 별도로 6000여개 이상의 부분공정이 요구되는 복잡한 과정이었다. 크리스티가 제작했던 탱크 속 완충장치가 바로 크리스티 서스펜션Christie Suspension이었다. 모리스는 크리스티 서스펜션을 장착한 영국 최초의 탱크 크리스티 크루저Christie Cruiser 개발을 위해 1938년에 10,000~20,000 파운드의 비용을 지출하였다. 탱크 개발당시 정작 군부에서는 크게 관심을 보이지 않았음에도 불구하고 모리스는 사업가 이상의 관심을 가지고 개발에 착수했다. 너필드 그룹 소속 기술 인력들은 후속 탱크 모델 크롬웰The Cromwells모델 디자인에도 참여하였으며 생산은 담당하지 않았다. 1938년에 작위를 수여받은 모리스 즉 너필드 경은 윈스턴 처칠 Winston Churchill, 1940-1945, 1951-55 수상 직 수상 직 수행동안에도 지속적으로 군수품을 조달하였다.

2차 대전 동안 너필드 그룹 공장은 군수품 생산 조달 및 수리 등으로 지대한 공헌을 하였다. 초기에는 항공기를 제작 수리하였으나, 하반기 이래 탱크를 생산하였고, 경기관총을 탑재한 정찰용 장갑차, 석유통, 소총, 카뷰레터기화기, 라디에이터, 글라이더, 소형잠수정 그리고 어뢰, 구명선 등을 생산하고 수리하였다. 무엇보다도 모리스 社는 2차 대전의 영웅 연합사령관 몽고메리 장군General Montgomery의 캐러밴을 개조하였고, 전시에 해저 잠수함에서 외과 의사들의 마취제 사용에 필요한 옥스퍼드 기화기 등까지 생산했다.

또한 2차 대전 중 특히 유럽이 수세에 놓였던 1940년 하반기 프랑스 파리가 히틀러에게 함락 되던 즈음 폴란드 육군 장군 스타니슬라스Stanislas Sochaczewskis가 군대 경험이 없는 신병들의 소총 사격 훈련을 위해 연습용 소총 스위프트 트레이닝 라이플Swift Training Rifle을 고안해 내었는데, 이것을 너필드 그룹이 생산·조달함으로써 크게 기여하였다. 전선마다 탄약이 부족할 때 너필드 경은 스타니슬라스를 노와 탄약이 필요 없는 '스위프트 트레이닝 라이플' 개발의 필요성을 정부에게 강조하며 신속하게 생산·조달함으로써 2차 대전 승리에 기여하였다.

<3-2> 2차 대전 후 MG Factory의 옥스퍼드셔 아빙턴 작업장

전후 1947년경 모리스 모터스 社는 한해 150,000대의 차량을 생산하였지만, 점차 세계화 시장에서 고전을 겪고 있었다. 1948년 71세의 너필드 경은 점차 사업을 정리할 마음으로 후계자를 물색하기 시작했다. 당시 너필드 경은 오스틴 社 창립자 오스틴이 1940년 사망한 이래 오스틴 社를 운영하고 있던 레오나르드 로드를 후계자로 생각하였다. 당시 모리스 모터스 社가 영국시장에서 하향세였던 것에 비해 오스틴 社가 자동차 시장에서 상승세를 타고 있었기 때문이기도 하였다. 너필드 그룹 즉 M.G.회사, Riley 모터스 社, 울슬리 社 모든 회사들은 자동차 생산량을 줄여야했고, 너필드 제국도 고전 중이었다. 그 즈음 자동차업계에서도 합병을 모색하고 있었으므로, 너필드 경은 연장자로서 레오나르드 로드에게 합병을 제안했고, 다른 6개 자동차회사들이 동참하여 1951년 11월 23일에 합병이 아닌 새로운 회사 브리티시 모터 코퍼레이션British Motor Corporation이 탄생되었다. 너필드 경이 BMC의 초대회장으로 선출되었고, 로드 경이 부회장이 되었다. 너필드 경은 1년 남짓 BMC의 회장을 역임하다가 1952년 연례회 때 35명의 주주들 앞에서 은퇴선언을 하고 로드 경에게 회장직을 계승했다.

BMC는 BLMC1967, British Leyland Motor Corporation로 되었다가, BL은 1984년에 오스틴 로버 그룹Austin Rover Group으로 거듭났으며, 오스틴 로버 그룹은 1986년에 다시 로버 그룹Rover Group으로 거듭났으나 1994년에 BMW에게 매각되었다. BMW는 2000년에 단돈 10파운드에 영국의 벤처 캐피털 회사 피닉스 컨소시엄에게 회사를 매각하였고, 피닉스 컨소시엄으로 MG사와 Rover그룹은 MG-Rover로 거듭났으나 '고비용 저효율 구조'를 극복하지 못한 채 2005년에 7월 중국 상해 난징자동차 그룹에게 넘어감으로써 영국의 자동차 산업은 종말을 고하게 되었다. 이후 2009년이래 영국 자회사로 이름이 MG Motor U.K.로 바뀌었다고 한다.

1950년대~60년대 동안 자동차 산업계는 '세계화 편입'의 실패 와 영국 정부의 소비재 규제정책에 따른 자동차 산업침체 그리고 자동차 산업에 대한 영국 정부의 미온적 지원 때문에 쇠퇴하고 있었고, 1952년 너필드 경은 은퇴선언 후 명예회장 직을 보유한 채 너필드 플레이스에서 기부 및 박애활동에 주력하였다.[11]

기업가 윌리엄 R. 모리스의 기업정신 |

서민 출신으로 1910년 이래 자동차 산업에 뛰어든 윌리엄 R. 모리스의 자동차 기업 활동의 목표는 '일반 서민들도 타고 다닐 수 있는 자동차를 생산하고 보급하는 것'이었고 1950년대까지 소기의 성과를 거두었다.

경영자로서의 모리스는 돈 버는 행위보다 엔지니어로서의 자신의 자질을 끊임없이 노력하는 기업인의 면모를 보여준다. 그는 1913년 모리스 옥스퍼드를 생산1호로 시작하여 모리스 카울리 시리즈, 모리스 마이너 모델 시리즈를 포함하여 총30여종의 모델들을 개발할 때 마다 모리스는 이전 모델보다 '더 나은 성능과 외관을 지닌 자동차'를 생산하는 것에 주력하였던 열정적인 기업가였다. 그가 추동력 좋은 엔진을 찾아 여러 차례 대서양을 건너는 수고를 아끼지 않았으며, 여행 와중에 죽을 뻔한 경험도 하였다. 때때로 그는 추진력이 강한 성품 때문에 자신이 결정한 것을 고집스럽게 밀어붙이는 과정에서 측근 경영진과 갈등을 빚는 약점을 보였지만, 사람들에게 관심을 끌 새로운 디자인을 추구하고, 침체기에 자동차를 판매할 수 있는 기발한 판매 전략을 모색함으로써 위기를 극복해갔다. 그가 시도했던 '박리다매 정책, 자동차 가격 표준화, 자동차 수리비 표준화' 방안 등은 자동차 업계에 새롭게 선보인 정책으로서 자동차 업계를 선도하였다. 이러한 점들을 평가해본다면 모리스는 새로운 시도를 두려워하지 않는 '혁신적 마인드'를 지닌 기업가로 평가될 수 있겠다.

한편 많은 노동자들을 고용하였던 관리자로서의 모리스는 어떤 모습을 보여주는가? 그는 노동자들의 복지를 배려하는 존경받는 관리자로서의 모습과 노동조합의 결성을 결코 허용하지 않는 군림하는 지배자로서의 고용주의 양면의 모습을 보여주고 있다. 모리스는 자신의 그룹에 고용된 노동자들에게는 상대적으로 높은 임금을 제공하였고, 유급휴가제를 적용시켜주었으며, 회사가 직원들의 스포츠와 레저 활동까지 재정 지원해주었다. 그리고 모리스 자신이 대단히 절약하는 생활을 하였던 만큼 노동자들에게도 절약클럽을 조직하도록 요구하며 노동자들을 계몽하고자 하였다. 그는 고용주와 피고용인 간의 전통적인 관계 즉 존경deferential relations을 기반으로 한 '온정주의적 경영'에 만족하였고 노동자들 또한 너필드 경에 대해 존경심을 지니는 경향을 갖고 있었다.[12]

그런데 모리스 사업체들 즉 너필드 그룹 내에서 종사하였던 노동자의 증언에 따르면 모리스 사업장에서 그는 노동조합에 가입하는 노동자들은 러시아로 보내야 한다고 주장하면서[13] 노동조합 결성을 허용하지 않았다. 대신 그는 자신의 직원들에게 고용주 입장을 대변하던 '산업연맹The League of Industry'에 가입하도록 권장하였고, 모리스 공장 직원들은 대부분 가입하였다고 한다.[14] 모리스도 '소란 없고 파업하지 않는 공장' 분위기를 지키려는 보수적인 관리자의 한계를 벗어나지 못하였다.

사실 1920년대 후반 경기 침체 속에서 거국적인 총파업이 시도 되었으나, 성과를 거두지 못하자 오히려 노동자들은 마음을 바꾸어 산업연맹에 가입하기 시작하였다. 1930년대 초 너필드 그룹 즉 카울리 작업장과 엠지작업장, 아빙턴작업장 출신의 많은 노동자들이 산업연맹에 가입하였다. 산업 연맹에 가입했던 노동자들은 크리스마스 시즌이면 축제를 치르고, 회사대표자들과 식사하고 담소를 나눌 수 있었지만 그것은 표면적인 관계였을 뿐이다.

1932년 당시 모리스는 산업 연맹의 회장이었고, 산업 연맹 소속의 노동자대표들은 바로 모리스 자신이 뽑은 사람들이었다. 산업 연맹의 노동자 대표는 사실상 노동자들의 권리나 요구사항을 교섭하는 진정한 대표자들이 아니었다. 산업연맹 소속 노동자 대표는 고용주들에게 노동환경과 조건에 대한 요망사항을 제대로 전달하지 못하였다. 당시 라디에이터 회사에 근무하면서 산업연맹에 가입했던 프레드 노턴Fred Norton이라는 노동자는 인정받는 노동조합원이었던 탓에 나중에 라디에이터 社에서 실직하였고, 후에 카울리 작업장과 사우스 코스트the South Coast로 이리저리 직장을 옮기다가 소식이 두절되었다. 반면에 라디에이터에 근무했던 다른 산업 연맹의 직원은 나중에 모리스 모터스 社 내 보안 경찰로 취직되기도 했다. 2차 대전이전까지 너필드 경은 절대적으로 노동조합을 인정하지 않는 보수 기업인이었다.

그런데 2차 대전을 거치면서 어쩔 수 없이 그의 태도는 바뀌어 노동조합을 인정하기에 이르렀다. 1940년대 초 너필드 경의 산업 활동은 전적으로 정부와의 계약에 달려있었고, 당시 정부는 노동조합을 포용하는 어니스트 베빈내각Ernest Bevin이었으므로 너필드 경은 그의 노동정책에 협조할 수밖에 없었다.[15] 전시동안 사우스 웨일즈 산업지구에서는 전시체제에 소용없는 많은 산업체들이 폐업함에 따라 노동자들이 대거 실직하였다. 그런데 군수품 생산 조달업체로서 건재했던 너필드 그룹에 일자리를 구한 노동자들은 상대적으로 안도할 수 있었다. 그들은 너필드 작업장의 노동이 힘들었지만 다른 회사에 비해 높은 급여와 원만한 노동환경에 상당히 만족하는 경향이었다. 전시동안 남성들이 전쟁터로 징집되었으므로, 너필드 작업장에서는 전국에서 모여든 여성노동자들이 많았고, 다른 작업장에 비교해 페인트 칠 작업부터 탄피생산에 이르기까지 미숙련노동자와 숙련공 노동자들에게 높은 임금을 제공하였다. 또한 전쟁이후 남성들이 귀향한 이후에도 여성들이 일자리에서 밀려나지 않았기 때문에 노동자들은 너필드 공장을 선호하였다.[16]

윌리엄 R. 모리스의 정치성향을 짐작할 수 있는 하나의 사건이 있었다. 1932년 당시 산업연맹의 회장이었던 모리스가 파시스트 지도자 모슬리Sir Oswald Mosley,1896~1980에게 50,000 파운드의 자금을 지원하였는데 그것 때문에 너필드는 일각에서 파시스트로 평가된다. 당시 모리스는 왜 모슬리에게 재정을 지원하였을까? 사실 너필드 경은 모슬리와 특별한 친분관계가 있지는 않았다. 그런데 모리스는 1920년대 후반 거국적으로 일어났던 노동조합의 총파업 배후에 사회주의, 공산주의의 세력들이 있다고 간주했으므로 공산주의자, 사회주의자, 무정부주의자, 유대인들을 적으로 간주하는 파시스트에게 조심스럽게 일시적인 지원을 한 것으로 보인다. 당시 모슬리는 의회를 기만적인 기구로 생각하였고, 정치가들은 행동하지 않고 말만하는 사기꾼으로 간주하였다고 한다.[17] 모리스 또한 정치가들을 신뢰하지 않는 경향이었으므로 그가 특별히 파시스트를 지지했다기보다는 당시 나찌 독일과의 전쟁 가능성을 염려하고 사회주의 세력 대두에 대한 염려로 정치적으로 보수 성향이었던 모리스가 산업연맹의 회장으로서 모슬리에게 재정지원을 한 것으로 보인다. 모슬리에게 재정을 후원했던 사건은 너필드 경이 쌓은 공로 가운데 하나의 오점으로 간주된다.

윌리엄 R. 모리스의 옥스퍼드 지역 돌보기 |

너필드 경 호칭은 1938년 경 부터 사용되었는데, 옥스퍼드 카운티의 헌터콤Huntercombe 근처 골프 클럽에 윌리엄 R. 모리스 자신이 마련했던 커티지를 '너필드 플레이스'라고 호칭한 것에서 유래하였다. 즉 모리스가 1938년에 자작으로 봉해질 때 그가 너필드라는 타이틀을 선택하게 된 데는 개인적인 에피소드가 있다. 모리스는 나이 30대에 골프를 시작하였고, 골프를 취미로 삼은 그가 가장 즐겁게 이용했던 코스가 헨리 온 템스Henley-on-Thames근처 헌터 콤 필드였다. 1926년에 그곳 골프 클럽이 재정난에 빠지자 모리스는 그곳을 사들였다. 노년에 신경통과 불면증에 시달리던 너필드가 골프 클럽 뒤에 지은 커티지에서 안정을 얻자, 그는 구입당시 그곳에 있던 작은 장원저택 너필드의 이름을 따서 자신의 커티지를 너필드 플레이스라고 불렀고, 1938년에 '너필드 경' 호칭으로 자작 작위를 받았던 것이다.

윌리엄 R. 모리스가 자작의 작위를 수여받게 된 것은 모리스가 성공적으로 사업을 경영하였을 뿐만 아니라 그의 기업 경영으로 옥스퍼드 지역이 발전되었고, 그가 지역민의 삶의 질을 향상시키는데 일조하였던 점이 인정되었기 때문이다. 그렇다면 너필드 경은 어떤 활동을 통해 지역사회를 돌아보는 기업인으로 인정을 받았던가?

먼저 너필드 경이 윌리엄 모리스 모터스 주식회사를 설립하기 이전 옥스퍼드가 어떤 모습이었는지에 대해 먼저 살펴 볼 필요가 있다. 1913년 옥스퍼드 카울리로 작업장을 옮겨 모리스 모터스 社로 성장하기 전에 옥스퍼드는 옥스퍼드 대학이 있는 대학도시이자 주민 상당수가 농업에 종사하는 전원도시였다. 옥스퍼드 증기 농기구회사Oxford Steam Plough Company, 1868나 John Allen &Son 회사처럼 농사 및 원예농업에 필요한 소규모 농기구 생산업체가 있기는 했지만 제조 산업 도시의 면모는 약했다. 모리스 모터스 社를 중심으로 1920년대부터 점차 자동차 부품을 조달하는 협력업체들이 카울리 주변에 함께 조성됨으로써 옥스퍼드는 점차 자동차 제조업 산업도시의 명성이 쌓이게 되었다.

기업 경영과정에서 모리스 모터스 社가 옥스퍼드 지역사회에 끼친 긍정적인 사실들은, 일단 모리스 社로 인해 지역민들의 일자리가 창출되었다는 점이다. 20세기 초, 옥스퍼드 지역민들은 주로 대학에 부속된 인쇄 출판업에 종사하거나 대학 내 수많은 행정직과 일용직에 고용되었으며, 주민들은 대학도시라는 지역특성을 살려 대학생을 상대로 영세한 규모의 자영업 즉 양복점, 학생 의복가게, 신발가게, 세탁업, 식당업 등의 운영에 종사하였다. 그런데 모리스 모터스 社가 들어서면서 단순 미숙련 노동자들이 일자리를 구하게 되었다. 모리스 모터스 社는 1910년대 중반 100여명의 직원을 채용한 이래 1919년에 200여명 정도 그리고 1920년대에 울슬리 주식회사 합병 이후에는 급속히 직원들이 증대되었다. 1939년에 카울리 공장에만 4,670여명의 노동자들이 고용되었으며, 부품 협력 업체였던 압축강철회사에서 5,250여명, 섬머타운 라디에이트 공장에서 1,290여명, 이외에도 자동차 부속 협력업체들에서 많은 노동자들이 고용되었다. 당시 옥스퍼드셔 내 보험에 가입해 있던 노동자들의 30%이상이 모리스 모터스 산업체에 속하였고, 지역의 제조 산업에 고용된 사람들의 2/3가 모리스 모터스 社 소속이었다고 한다.[18]

다음으로 모리스 모터스 社의 경영이 옥스퍼드 지역에 끼친 유익한 사실은 1920-30년대를 거치면서 옥스퍼드 카울리 작업장 인근으로 자동차 생산 협력업체들인 중장비 및 전기 엔지니어링과 압축강철 공장 등이 조성되어 옥스퍼드가 경제 권역으로 변모하여 경기가 활성화 되었을 뿐만 아니라 외지인 노동자들이 많이 모여들면서 옥스퍼드가 성장하는 도시로 부상하였다는 점이다. 물론 모리스 社에 취직한 노동자들이 모두 신입 취업자들이 아니라 다른 공장에 근무하다가 모리스 모터스 社로 옮겨온 유 경력자도 있었다.

옥스퍼드 인근 지역 출신 노동자들에 이어서 런던, 웨스트 미들랜드, 사우스 웨일즈 등 출신의 노동자들이 옥스퍼드로 이주해 오면서, 옥스퍼드 인구는 1921년경 67,290여명에서 1939년 경 95,600여명으로 약

42%나 증가하였다.[19] 옥스퍼드의 인구증가 시기는 모리스 모터스 社가 성장하는 시기와 일치한다. 1926년경부터 모리스 모터스 社는 울슬리 社 합병을 비롯하여 주변의 부품회사를 사들이며 성장하고 있었으므로 많은 노동자들을 고용할 수 있었다. 1930년대 옥스퍼드는 외지인이 가장 많이 찾아드는 산업도시가 되었다.[20] 그에 부속한 문제로서 카울리 산업지구에 종사하는 노동자들의 주택문제가 심각한 문제로 대두되었다.

당시 시위원회가 건설했던 하우징이 값이 저렴할 뿐만 아니라 품질이 좋았던 것에 비교해 민간인 주택업자 웨일즈 출신인 모스Moss가 건축하여 제공했던 플로렌스 파크The Florence Park단지의 600세대 주택은 렌트 비용이 비쌌을 뿐만 아니라 부실공사로 인해 입주자들의 불만이 터졌다. 집 내부 콘크리트 마루바닥에 금이 가고 비가 많이 올 때면 앞뒤마당으로 물이 집 안으로 들어차고, 벽이 무너지는 등 심각한 문제가 발생하였지만 옥스퍼드 및 카울리의 노동당은 대책을 마련해 주지 못하였다. 결국 서명에 나선 임대자들 1,000여명이 '렌트 스트라이크'를 일으켰다. 이 사건은 당시에는 직접적인 성과를 거두지 못하였지만 장기적으로 노동자들의 정치적 의식을 강화시키는 사건으로 평가되었다. 이 당시 너필드 그룹도 자체적으로 주택 문제를 해결하지 못했기 때문에 모리스 社는 1926년에 헤딩턴 농촌 지구 위원회Headington Rural District Council(나중에 카울리 지구 위원회)에 노동자들을 위한 저렴한 주택을 건립해 줄 것을 요청하였고, 그 제의가 받아들여져 불링던Bullingdon과 카울리에 택지가 조성되었다.[21]

모리스 모터스 기업은 옥스퍼드 지역사회의 경제 활성화와 도시화에 영향을 끼치게 되었다. 그런데 회사 차원이 아니라 모리스 개인의 자격으로 그는 자신이 벌어들인 재부를 옥스퍼드 지역과 영국 사회에 기부함으로써 국가의 도움이 필요한 곳에 개인의 힘으로 사회 구성원들을 위무하고, 사회를 개선하는 일에 앞장섰다. 모리스는 옥스퍼드에서

1926년에 처음으로 2가지 자선을 시작하였다. 하나는 소년원에 들어간 자녀들을 돈이 없어서 방문하지 못하는 부모들에게 10,000 파운드의 기금을 후원하였던 일이고, 두 번째는 옥스퍼드 대학 내 스페인학과 'King Alfonso XIII 석좌 스페인 학문 연구 직 후원'을 위해서 10,000 파운드를 후원하였다. 그는 왜 '스페인학문 연구직'을 재정 후원하였을까? 사실 모리스는 당시 스페인과 남아메리카 쪽으로 진출하여 자동차 분점을 확장하고 싶었지만, 스페인에 대한 정보부족과 언어장벽 때문에 큰 장애를 겪었으므로 스페인을 배우려는 의도에서 재정을 지원하였던 것이다.[22]

다음으로 옥스퍼드 지역에 있는 병원에 그가 최초로 기부한 것은 1930년이었으며, 그 때 특별히 장애인 아동을 수술해 주던 히딩턴의 윙필드 정형외과Wingfield Orthopedic Hospital에 1,000 파운드를 기부했다. 기적 같은 수술의 결과를 보고 너필드 경은 1933년에 70,000 파운드를 증액 지원하여 병원을 재건축하게 했고, 병원에서는 그의 공로를 기념하기 위해 윙필드-모리스 병원Wingfield-Morris Hospital으로 이름을 바꾸었다. 1932년에 너필드 경은 레드 클리프 Radcliffe Infirmary에 재정지원하며 옥스퍼드 내의 모든 불임여성들을 상대로 불임 치료를 해주는 진료소로 만들었다. 아마도 이러한 배경에는 너필드 경이 27세 때 결혼 한 이래 40세가 넘도록 자녀가 없었던 개인적인 사연도 작용했으리라 보인다. 그는 1934년에도 레드 클리프 전망대Redcliffe Observatory, 1773를 구입하여 옥스퍼드 병원 당국에 기증하였고, 그곳은 너필드 의학연구소로 거듭나서 옥스퍼드 의과대학원생들의 연구와 훈련 연구소로 이용되었다.[23] 더욱 놀라운 사실은 너필드의 이러한 기부가 계기가 되어 이전에 의학부 발전에 관심이 거의 없던 옥스퍼드 대학당국이 의과대학 발전에 관심을 가지게 되었고, 그 결과 오늘날 옥스퍼드 의과대학은 런던대학 의과대학과 필적하는 수준에 이르게 되었다. 너필드 경은 1930년 옥스퍼드의 정형외과에 병원 건축 지원금 1,000 파운드를 기부한 것을 비롯해서 1958년까지 약 1,128,000 파운드에 달하는 액수를 재정 지원하였다.[24]

<3-3> 옥스퍼드대학 의과대학발전의 초석이 된 모리스가 기증한(1934년) 레드클리프전망대 (너필드의학 연구소)

그런데 모리스 즉 너필드 경은 옥스퍼드 지역사회에만 관심을 가진 것이 아니었다. 그는 런던의 코번트리 대학 내 Guy's teaching hospital (병원 영내에는 너필드 경의 동상이 건립되어있다)에도 1934년~1938년 기간 동안 약 168,000 파운드의 기부를 하였고, 그 외에도 엑서터Exeter 우스터Worces-ter 반버리 Banbury 소재 병원들에도 기부하여 맹인 케어와 암 발병을 줄이는 일들에 재정지원을 해주었다.

그렇다면 너필드 경은 왜 일생동안 번 돈을 아낌없이 사회에 기부했을까? 자료들을 토대로 추론해보면, 너필드 경은 어린 시절 가난했던 집안환경과 소년가장으로서 자신이 겪었던 경험 때문에 어려운 사람들을 돌아볼 수 있었던 것으로 보인다. 무엇보다 그는 어린 나이에 아버지 프레드릭 Frederic Morris대신 가장의 역할을 해야 했으므로 학업을 포기하고 자신의 꿈을 접어야했다. 그는 한때 의학을 공부하고 싶어 했다고 한다. 병환으로 아버지가 돌아가신 이후 자신의 형편과 자신의 또래들이 옥스퍼드 대학에서 공부하는 것에 대한 동경, 그리고 모리스 부부사이에 자식이 없었던 점 등의 이유들 때문에 그는 망설임 없이 옥스퍼드 대학과 병원들에게 기부할 수 있었던 배경으로 보인다. 그리고 그는 전쟁 기간 동안 자신이 만났던 많은 병사들의 부상과 군인가족들의 아픔을 직접 목격하면서 영국군을 지원하는 트러스트에도 기부를 하였다. 2차 대전 초기 항공기를 수리하러 온 파일럿 들의 부상당한 얼굴을 보면서 그들을 걱정하며 성형수술 부서를 강화시키는 일에 재정지원을 아끼지 않았다.

너필드 경이 적극적으로 자선활동을 한 배경에는 자신의 출신배경에 대한 관심과 나름대로의 책임의식에서 비롯되지 않았을까 추정해본다. 즉 너필드 경은 1934년에 남작 직을 수여받은 후 초판 『귀족 총람 the Complete Peerage, 1887-1898』의 개정 증보판1910~1959을 준비하는 연구자들에게 너필드 자신을 포함해서 초판 발행 이래 추가로 귀족작위를 수여한 자들에 대한 연구를 지속적으로 할 수 있도록 38,000 파운드의 기금을 기부한 적이 있다.[25] 그때 너필드 경은 자신이 15세기 후크 노턴Hook Norton지역의 존경받았던 요먼 층의 후손이라는 사실을 알았고, 자신의 선조들을 자랑스럽게 생각하였다. 즉 그는 자신이 가난한 자전거 수리점원으로부터 시작해서 '자수성가한 기업가'라는 평가보다 자신이 '존경받는 요먼 가문의 후손'이라는 사실에 더 자긍심을 가졌고, 그에 부응하는 '노블리스 오블리제'를 실천하는 삶을 살고자 했던 것으로 보인다. 너필드 경에게 귀족의 책임의식을 더해주었던 사건은 1938년에 너필드 자작 작위수여 받은 일과 1939년에 다시 그가 지식향상에 공헌한 이들에게 수여하는 런던왕립협회Royal Society of London의 펠로우로 초빙되었던 일 그리고 1958년에 명예 훈작사Companion of Honour의 회원으로 초빙 되었던 일로서 개인적으로 그러한 경사들이 너필드 경에게 '귀족으로서의 책임의식'을 고양시켜 준 일이라 할 수 있겠다.

<3-4> 너필드 경의 제안으로 창설된 옥스퍼드의 Nuffield College

너필드 경은 의료 및 교육, 농업기술 그리고 영연방 출신 유학생, 복지단체 등에게 수많은 재정지원을 한 것에 대해 후회가 없었지만, 자신이 막대하게 재정 후원했던 옥스퍼드 대학에서 자신의 한 가지 제안을 수용해 주지 않은 것에 대해 그는 80번째 생일모임에서 섭섭함을 표현한 적이 있다. 너필드 경은 자신이 엔지니어이자 기업가였던 만큼 '기술 및 상업부문에서의 우수한 인재 양성'을 위해 옥스퍼드 대학에 '기술 엔지니어 컬리지' 설립을 제안했었는데, 옥스퍼드 대학이 그것을 수용하지 않았던 점에 대해 섭섭함을 표현하였다. 또한 사회주의를 싫어했던 너필드 경은 자신이 재정 후원했던 옥스퍼드 대학에서 사회과학을 공부하는 많은 좌익 지식인들이 배출되는 것에 대해 불편함을 토로하였다. 구두쇠로 불릴 만큼 자신을 위해서 돈을 잘 쓰지 않았던 그가

일생 동안 3천만 파운드의 돈을 기부하였으며 오늘날 그 가치는 20배로 추정된다. 너필드는 1920년대 후반부터 옥스퍼드 대학과 의료계와 공공기관에 직접 재정을 지원하기도 했으나, 1943년 너필드 재단 설립 이후에는 너필드 재단을 통해 그의 자선활동은 훨씬 더 광범위하게 영연방까지 포함하면서 체계적으로 이루어졌다.

유토피아를 꿈꾸며 너필드 재단The Nuffield Foundation 창설 |

오늘날 너필드 경의 작호를 딴 너필드 재단The Nuffield Foundation은 영국을 넘어서 세계적인 명성을 지니고 있다. 현재 너필드 재단은 런던 시내 베드포드 스퀘어28Bedford Square, London WC1B 3EG, UK에 위치하고 있으며, 설립 이래 71년이 경과되었을 때 재단 사무실의 위치는 바뀌었지만, 재단 설립 목표는 초기 그대로 지키면서 활동하고 있다.

<3-5> 너필드 재단의 상징

너필드 경이 생전에 국가와 사회를 향해 헌신했던 활동이 얼마나 지대하였던지 1963년 8월 말 장례 이후에 다시 2차 기념식이 개최되었다. 10월 10일에 런던 세인 폴 성당St. Paul Cathedra과 옥스퍼드 세인 메리

컬리지 St. Mary College의 교회 양쪽에서 너필드 경을 추모하고 기념하는 행사가 다시 거행되었던 것이다. 장례식 때에 대표를 보냈던 여왕과 퀸 마더는 또 다시 대표를 보내었고, 수상과 수많은 의원들이 참석하여 영국 사회 곳곳에 끼친 너필드 자작의 공로를 기념하였다.

재단은 자금 조달의 형태한 개인, 가족 혹은 기업으로부터 출연와 독립적인 이사회보유 유무에 따라 독립재단, 기업재단, 운영재단, 지역사회재단으로 구분될 수 있으며, 개념적으로는 자기 이외의 비영리기관에 대한 재정지원을 통해 공공복지에 기여할 수 있는 교육, 사회, 자선, 종교 및 기타 분야의 활동을 지원하는 기관으로 정의될 수 있다. 이러한 정의에 따르면, 너필드 재단은 독립재단으로서 독립된 트러스트를 보유하고 있는 비영리기관이다.

그렇다면 너필드 재단은 어떻게 시작되었고 그 목표는 어떠한 것이었던가? 재단 설립 과정을 살펴보면, 너필드 재단은 1943년 당시 65세이던 너필드 경이 개인자산이었던 모리스 모터스 社 주식 1천만 파운드 가치에 해당하는 주식을 기부한 것을 재원으로 설립되었다. 그 후 너필드 경은 사망 2년 전 1961년에 다시 자신이 Morris Garages Ltd.에서 그때 까지 보유하고 있던 모든 주식 500,000만 파운드의 가치에 상당하는 주식을 너필드 재단에 증여하였다.

설립 당시 너필드 경에 의해 윌리엄 굿이너프 경Sir William Goodenough이 신설재단의 이사장으로 임명되었다. 윌리엄 경은 당시에는 옥스퍼드대 의학교육부 부처 간 조정위원회 회장이었고, 나중에 바클레이 은행장 Chairman of Barclays Bank이 되었던 인물이었다. 윌리엄 이외 5명이 재단 이사회 위원으로 위촉되었는데, 윌리엄과 더불어 옥스퍼드대 의학교육부 부처 간 조정 위원이었던 데임 J. 보간 경Dame Janet Vaughan, 맨체스터 대학의 부총장 존 스톱포드 경Sir John Stopford, 캠브리지 대학 농학부 교수, 프랑크 앵글도우 경 Sir Frank Engledow, 글라스고 대학 부총장 헥토르 헤더

링턴 경 Sir Hector Hetherington 그리고 옥스퍼드 시 위원회 위원 알더만 윌리엄 하이드 Alderman William Hyde of Oxford City Council 등 5명이었다. 알더만은 특히 너필드 경의 친한 친구였으며 윌리엄 굿이너프 경과도 잘 아는 인물이었다. 그러나 이들 재단 이사회 위원들은 너필드 경과 개인적인 계약을 맺은 관계는 아니었다.

1943년 당시 재단 이사회는 재단 설립 목적을 다음과 같이 표방하였다. (1) 건강 증진과 질병 예방 그리고 실제 환자 구제지원 (2) 의학연구와 교육 그리고 의료 서비스를 제공하는 기관을 조직하고 지원하는 일 (3) 사회복지를 증진시키는 일과 과학적인 연구 및 기술 향상 활동 지원 (4) 상업적인 교육지원 그리고 교육자들 훈련에 필요한 재정과 장학금을 지원하는 일 (5) 노인 및 가난한 사람들 위무 및 케어 (6) 너필드 경의 유지 준수와 상임이사회 및 관리이사회가 인정하는 지원을 재단의 활동 목표로서 표방하였다. 한마디로, 사회 복지 증진the advancement of Social well-being과 그것을 위한 연구 및 교육 및 기술향상에 대한 지원을 목표하였다.

이렇게 설립된 너필드 재단은 어떻게 운영되었던가? 너필드 경 자신은 재단의 일상의 작업에 거의 참여하지 않았다. 다만 너필드 재단 설립 당시 그는 운영과 관련하여 몇 가지 당부를 하였는데, 그는 재단이 영속적으로 존립되도록 운영해 주기를 요청했다. 그는 먼저, 재단이 재정적으로나 정치적으로나 독립적인 운영을 하도록 당부하였다. 즉 외부의 권력이 재단 운영에 간섭하지 못하도록 정부나 외부기관에 재정 의존을 하지 않도록 권고하였다. 둘째, 자신이 기부한 최초의 주식자산에 손해를 입히지 않는 선상에서 운영해 주도록 당부하였다. 이것은 자신이 기부했던 주식의 가치가 떨어질 경우 재단 이사회가 매각할 가능성을 사전에 차단하고자 한 것으로써 너필드 경 생전에는 그의 서명을 통해 주식 처분될 수 있도록 했지만 사후에는 매각되지 못하도록 조처

했던 것이다. 이러한 너필드 경의 당부는 너필드 경의 유지가 되어 너필드 재단의 운영원칙이 되었다.[26]

재단 운영은 실질적으로 이중구조 즉 신탁 상임이사회the board of Ordinary trustees와 운영관리이사회the board of Managing trustees로 구분되어 운영되었다. 상임이사회는 특정 대상 및 단체에게 기부금을 지원할 때 기부의 가치를 상의하며 기부금 대상자를 결정하는 일들을 담당하였다. 그리고 운영관리 이사회는 기부금 지원 대상에게 직접적으로 지출하고 그 진행의 실질적인 사무를 담당하였다. 재정지원 논의과정에서는 각 계 전문가들과 협조연구원들 그리고 정부 부처 공무원들의 조언을 구할 수 있었으나 최종적인 정책 결정은 이사회가 독자적으로 결정하였다.

초대 이사장 굿 이너프 경이 처음 시작했던 일은 당시 '영국 사회의 빈곤문제'에 대한 전문가 시봄 론트리 경Seebohm Rowntree, 1871-1954 책임 하에 위원회를 구성하여 평소에 너필드 경이 관심을 보였던 '노화와 노인문제'에 대해 조사하도록 하였다. 그 결과물로서 1947년에 보고서『노인』을 발간해 내는 성과를 거두었고 '노인 케어'를 위한 기본 자료로 삼았다. 그 프로그램은 당시 보건장관의 환영을 받았으며, 영국 사회 전역으로부터 노인들에 대한 관심을 불러일으켰고, 너필드 재단과 다른 조직들의 노인 케어 활동을 촉진하게 되었다. 이들 이사회는 5년을 임기로 일을 시작하였다.

또한 이사회는 재단 내의 조직뿐만 아니라 재정지원을 희망하는 단체 구성원들과도 많은 논의를 하였으므로 재단은 당시 대학들, 맨체스터, 더럼, 글라스고 대학들의 산업 의료상의 문제들, 병원 서비스 과정의 필요사항과 심지어는 해외 영연방의 필요 및 요구사항에 대한 직접적인 정보를 얻게 되었다. 그리하여 1951년에 재단은 단순한 재정지원을 넘어서서 연구와 교육 증진을 위한 재정지원이라는 목표를 추가하게 되었다. 너필드 재단은 단순히 재정을 지원해주는 해결사가 아니라 사회 속 문제들의 근본원인을 파악한 후 결핍사항이나 구조적 문제를 개선해 나가는데 앞장서는 개척자가 되기를 희망했다.[27]

너필드 재단이 국내 단체 및 기관 지원을 넘어서서 활동반경을 넓히게 되었던 것은 2차 대전 말경부터였으며, 바로 특별 연구직에 대한 연구비 지원 프로그램으로서 특별연구직 펠로우 지원과 일반 장학금수여 사업이었다. 이 분야 또한 너필드 경이 생전에 구상했던 생각들을 재단이 프로그램으로 실천하였던 것이다. 정부로부터 군수품생산과 조달을 담당하면서 군인들에 대한 관심이 많았던 너필드 경은 2차 대전 동안 영국을 위해 전쟁터에 징집된 영연방의 청년들과 군인들을 보면서 영국과 영연방 사이의 교류 및 교육의 필요성을 인식했다. 그리하여 영연방 출신의 유학생들에게 교육과 연구의 기회를 제공하는 특별연구직 지원과 일반장학금을 지원하고 나아가 그들의 가족들까지 영국을 방문할 수 있는 기회를 제공하는 프로그램을 시작하였다. 재단은 의약, 치의 과학, 생물학, 사회과학, 행정서비스, 농업부분, 교육부분, 시민법(노동조합)부분 약 30여개 미만의 분야에서 탁월한 성과를 산출하는 이들에게 수상하기도 하였다. 1969년에 245명의 남녀들이 각 분야의 공로를 인정 받아 너필드 재단으로부터 수상하였다.

1963년 모리스 사후 1960년대 하반기의 너필드 재단 상임이사회에는 주로 모리스 모터스 社에서 은퇴한 사람들이 위촉되었으며, 그들은 너필드 경을 추억하고 기념할 만한 사업지원에 충실하였다. 재단의 자산관리 부분에서는 너필드 경 사후에 변화가 생겼는데, 1960년대 자동차 산업은 경상수지가 높은 산업이었으며 BMC British Morris Corporation의 경영도 비교적 원활하였으므로 모리스가 양도했던 주식도 건재하였다. 그런데 점차 자동차 산업이 쇠퇴하면서 주식의 가치에도 변동이 생기게 되었다. 재단의 상임이사회가 재단보유 주식에 대한 특별한 관리를 하지 않다가 BMC가 British Lyland에 합병된 3년 뒤인 1971년에 이르러서야 분산투자를 시도함으로써 때 늦은 대처 때문에 재단 보유 자산의 가치가 손상되기도 했다.

오늘날 너필드 재단 활동 중 가장 활발한 사업은 바로 스쿨 커리큘럼 개발 프로그램이다. 너필드 재단은 초기부터 재단의 활동목표로 삼았던 다방면의 지원에 주력하였지만 너필드 재단은 무엇보다 얻어진 결과들을 교육일선에 있는 교육자들에게 우선적으로 교육 자료와 방법들을 제공해야 된다고 판단하였다. 그리하여 너필드 재단에서는 세계의 교육자들을 초빙하여 재단의 프로그램과 강의계획서를 개방함으로써 일선의 교육자들에게 구체적으로 도움을 주려는 프로그램을 가동하고 있다. 재단은 학교에서의 전통적인 과학교육의 한계를 벗어나기 위해 실험적인 과학과 계몽 교육법들을 세계적으로 보급하는데 앞장서고 있다.[28] 너필드 재단은 특별히 생물학과 화학분야와 같은 과학 분야에서의 교육 및 학습방법을 세계적으로 보급하는데 이바지하였다. 재단은 너필드 커리큘럼 센터Nuffield Curriculum Centre: Teaching, Education, Learning, 너필드 생명윤리 협의회Nuffield Council on Bio-ethic, 너필드 과학 장학회Nuffield Science Bursaries, 옥스퍼드대학 부속 너필드 의학연구소Oxford Nuffield Institute of Medical Research 등을 통해 혁신적인 기술 개발 및 보급을 지원할 뿐만 아니라 건강한 복지사회를 확립하는데 필요한 윤리방침들을 선도하는데 이바지하고 있다.

너필드 재단 50여 년의 역사 속에 너필드 재단은 영국내·외 지적 교육 사업지원과 자선사업을 위해 약 6천3백만 파운드의 지원금을 후원하였다. 1990년대 중반 현재 너필드 재단 자산은 약 9천 2백만 파운드 정도이며 연간 예산은 약 4백만 파운드 이상이다. 그중 대략 80만 파운드 정도는 과학과 의학부분에 지원되며, 120만 파운드 정도는 사회연구와 실습에 지원하며, 90만 파운드 정도는 교육부분에 지원된다. 약 25만 파운드가 영연방 수상Commonwealth Awards에 그리고 약 20만 파운드가 노인들 케어비용으로 지원된다. 올리버 버드The Oliver Bird 류머티즘 기금으로 25만 파운드가 지원되며 그 영연방 전문가들 교류비용 지원 트러스트 Commonwealth relations Trust, 너필드 부인 엘리자베스가 설립한 너필드여성교육 지원 펀드The Elizabeth Nuffield Educational Fund, 1956, 맹인, 청각 장애자, 장애 어린이들 지원 펀드 The Viscount Nuffield Auxiliary Fund 등에도 소액이 지원된다.

여왕으로부터 작위 받은 기업가 - 너필드 경 모리스 Ⅰ

21세기 현재, 기업가의 경제활동이 사회 내에서 산출해 내는 경제적 역량뿐만 아니라 특정기업가의 기업정신이 지역사회와 어떻게 소통하며 사회에 영향을 끼치는지의 문제는 대단히 중요한 화두이다. 대공황의 위기를 극복하려던 기업가의 자질과 역량에 대해 연구한 조셉 슘페터에 따르면, '생산자로서의 기업가가 제품 생산과정에서 혁신적 방식을 추구하여 생산방식을 개선할 때 그 효과는 극대화 된다'고 한다. 이때 혁신은 '새로운 품질 추구, 새로운 생산방식 도입, 새로운 시장 개척, 새로운 원료공급원 확보, 새로운 산업구조의 수립'의 경우가 포함된다고 한다. 연구 검토 결과 '너필드 경은 자동차 산업에서나 군수 산업에서나 끊임없이 기술향상을 추구했던 혁신적 정신을 지닌 기업가'였다. 그러나 수많은 노동자들을 고용했던 관리자로서의 너필드 경은 자신의 작업장 즉 너필드 제국 안에서 자신의 신념을 기준으로 자신의 규율 안에서 노동자들을 계몽시키고자 노력하였으나 결코 노동조합 결성을 허용하지 않았던 '보수적인 경영주'의 모습을 보여준다.

일반적으로 기업가들의 기업 활동의 궁극적 목표는 정당한 기업 활동을 통해 가능한 한 최대의 이윤을 추구하고, 더 많은 재산 증식을 위

<3-6> Lord Nuffield, 1938년 너필드 자작 수여받음

한 기업 활동에 집중한다. 그러나 일반인들은 '성공한 기업가들에게 이윤 추구 이상의 공공의 선을 베풀기를 바라며 일정 정도 기업의 사회적 책임Corporate Social Responsibility'을 수행하기를 기대한다. 너필드 경은 옥스퍼드를 비롯한 영국민의 건강증진과 질병 예방 및 교육과 노인케어를 위해 3천만 파운드의 거금을 아낌없이 기부하였던 박애주의자였다. 그리고 1943년에 설립된 너필드 재단은 너필드 경이 추구했던 '혁신의 정신'으로 사회의 안녕을 유지하고 구조적인 사회 문제를 개선해 가는데 이바지해 왔다. 그리고 너필드 경과 너필드 재단의 활동은 19세기의 버밍엄의 캐드버리 기업, 요크의 론트리 기업과 같이 수세기 전부터 진행되었던 영국의 자선의 전통을 지속시키는데 이바지하였을 뿐만 아니라, 체계적이고 전문성을 갖춘 자선활동의 좋은 사례를 제시해줌으로써 영국자선의 전통을 강화시키는데 이바지하였다.

제4장 영국

빅토리아 시기 복음주의와 철도기업인의 유토피아

김성룡(영남신학대학교 교양과정 교수)

철도의 시대로 |

2010년 3월 2일 국산 기술로 제작한 KTX-산천이 영업운행을 시작함으로써, 우리나라는 KTX와 KTX-산천 두 가지의 고속철도를 운행하고 있습니다. 고속철도의 개통은 빠른 속도를 통한 시간단축으로 전국을 2시간대 생활권으로 연결시켜 국민들의 생활에 커다란 변혁을 가져왔을 뿐만 아니라 경제적·사회적·문화적으로도 많은 영향을 미치고 있습니다. 빠르고, 안전하고, 편안하며, 친환경적이고, 첨단 기술의 집약체인 고속철도는 차세대를 대표할 만한 새로운 교통수단으로 자리매김 할 것입니다.[1]

2004년 4월에 개통된 한국 고속 철도Korea Train Express, 일명 KTX는 시간이 지날수록 그 영향력이 커지고 있다. 종래에 대구에서 서울을 가장 빨리 연결하는 수단이었던 항공 운항의 폐지에서도 알 수 있듯이 교통 수송 체제의 변혁은 물론 개인 및 사회의 일상에 많은 변화를 주고 있다.

사실, 기차는 다른 어떠한 것보다 근대의 발전을 실감할 수 있는 주요 수단이었다. 우리나라에서 기차는 유길준의 『서유견문』西遊見聞, 1895에서 처음으로 그리고 구체적으로 소개되었다. 거기서 그는 '증기차기차가 달리는 속도는 화륜선에 비길 바가 아니며, 이 차에 한번 타기만 하면 바람을 타거나 구름에 솟은 듯한 황홀한 기분을 맛보게 된다'고 했다. 한마디로 기차는 과거의 제한된 이동의 한계를 극복할 수 있는 근대적 수단이자 진보의 상징이었다.

역사상 처음으로 철도가 부설된 곳은 영국이다.[2] 1825년, 광물 수송을 목적으로 개통한 스톡턴-달링턴 철도the Stockton and Darlington Railway 이후, 그것은 비약적인 발전을 이루었다. 첫째, 1870년 무렵 영국의 철도는 총연장 길이가 21,700㎞에 달했으며 둘째, 1914년에 32,000㎞까지 늘어난 구간이 120개의 철도 회사에 의해 운행되었다는 것 등을 그 예로 들 수 있다.

영국의 경우 철도의 유래는 17세기 초까지 거슬러 올라갈 수 있다. 중세 이래, 특히 16세기 유럽에서 탄갱炭坑이나 광산에서 사람이나 말의 힘을 이용하여 광물을 옮겼던 목재 궤도가 잉글랜드에 전해졌기 때문이다. 그 뒤 목재 궤도는 1738년 주철제 레일의 시험적 사용 이후 18세기 중반 이후 점차 단철제 레일로 바뀌었다.

1810년까지 영국에는 300마일mile의 철제 레일이 부설되었다. 목재 레일에서 단철제 레일의 사용은 철도의 역사에 있어서 일대 전환이라 할 수 있다. 사람이나 말을 대신하여 화물이나 승객을 원하는 방향으로 끌어당길 수 있는 견인력이 확보될 경우 새로운 운송 수단의 개발이 가능해졌기 때문이다.

최초의 증기 기관차는 트레비식Richard Trevithick이 발명했다. 그는 1801년 12월 24일 콘웰Cornwall의 레드루스Redruth에서 '폭폭 연기를 내는 악마'the puffing devil, 즉 최초의 승용 증기차the first passenger-carrying vehicle를 제작했던 인물이다. 그러나 트레비식이 증기 기관차를 사용하여 화물을 실제로 운반한 것은 1804년이었다. 웨일스Wales의 머서 티드빌Merthyr Tydfil에서 그는 증기 기관차에 5개의 화물칸을 연결하여 10톤의 철과 70명의 인력을 평균 시속 4마일로 운송했다. 4년 뒤인 1808년에 트레비식은 오늘날의 유스턴 스퀘어Euston Square에서 증기 기관차를 객차에 연결하여 시속 12마일의 속도로 원형 선로를 달리게 하는 행사를 하기도 했다. 그러나 이른바 '나 잡아봐라'Catch-me-who-can는 행사는 재미는 유발했지만, 탈선 사고로 인해 곧 실패하고 말았다.[3]

한마디로 트레비식은 '증기 기관차의 참된 발명자'였다. 그러나 그의 노력은 실용성에 문제가 있었다. 그렇기 때문에 '철도의 아버지'the father

<4-1> 1897년 '나 잡아봐라'(Catch-me-who-can) 일러스트레이션

of railways는 스티븐슨George Stephenson이 자리매김하게 되었다. 그는 1814년에 증기 기관차를 제작한 경험이 있었다. 또한 스티븐슨은 1825년에 자신이 제작한 증기 기관차를 직접 운행하여 달링턴에서 스톡턴까지 25마일의 거리를 시속 15마일의 속도로 승객 450명을 운송하기도 했다. 한마디로 그는 세계에서 최초로 기차를 이용하여 공식적으로 승객을 운송한 인물이었다.

물론, 1825년에 사용된 증기 기관차도 역시 한계는 있었다. 주동력도 일정 지점에 비치된 고정 엔진을 사용했으며 효율에서도 제한이 있었다. 견인력 또한 말과 비교하여 결코 우위를 점할 수 없었다. 그것의 실용화는 1830년이었다. 바로 그 과정을 스티븐슨이 주도했다. 1829년 그는 리버풀Liverpool-맨체스터Manchester 구간에 사용할 증기 기관차 공모에 응했다. 레인힐Rainhill에서 열린 경연에서 스티븐슨은 우승을 했고, 36마일의 속도를 낼 수 있는 그의 '로켓호'the Rockets는 이듬해인 1830년에 리버풀-맨체스터 노선에 투입되었다.[4]

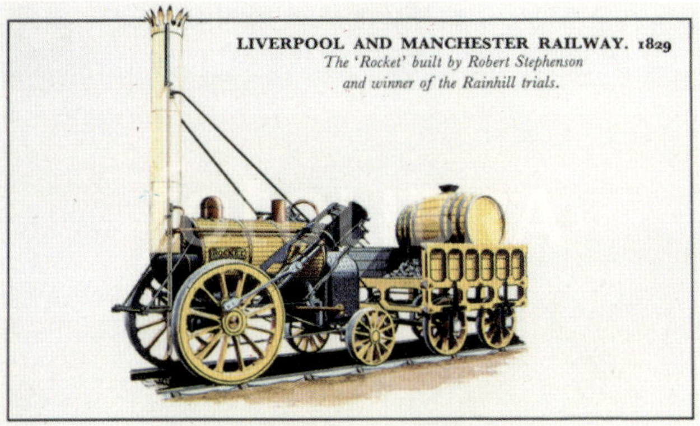

<4-2> 1829년에 제작된 '로켓호'(the Rockets) 모습

1830년에 스티븐슨의 증기 기관차를 사용한 리버풀-맨체스터 철도 회사the Liverpool and Manchester Railway Company는 철도의 시대와 관련하여 몇 가지 특징적인 모습을 보여준다. 첫째, 말이나 다른 동력의 사용 없이 순수 증기 기관차가 이용되었고 둘째, 여객 및 화물 수송을 위한 전문 회사에 의해 운용되었으며 셋째, 스티븐슨 부자가 채택한 북잉글랜드의 탄갱 철도의 레일 폭, 즉 1,435mm가 1892년 5월 20일에 표준 궤도로 잡을 수 있는 단초를 제공했다는 것 등을 들 수 있다. 1830년을 영국에서 이른바 '철도의 시대'the Railway age가 시작된 연도로 설정하는 것도 바로 그와 같은 이유에서 비롯되었던 것이다.

복음주의와 사회 변혁 I

영국의 철도 부설에 있어서 특기할 만한 사실은 그것이 빅토리아 시대Victorian age, 1837-1901에 본격화되었다는 것이다. 1836년에 2천 290만 파운드의 자본을 투자한 29개 회사가 그리고 1846년에는 1억 3천 260만 파운드를 투자한 272개의 회사가 철도 건설에 매진했다. 그 결과 1845년에 영국의 철도는 1821년에 역마차로 약 24-30시간이 소요된 거리를 약 6시간으로 단축시켰다.

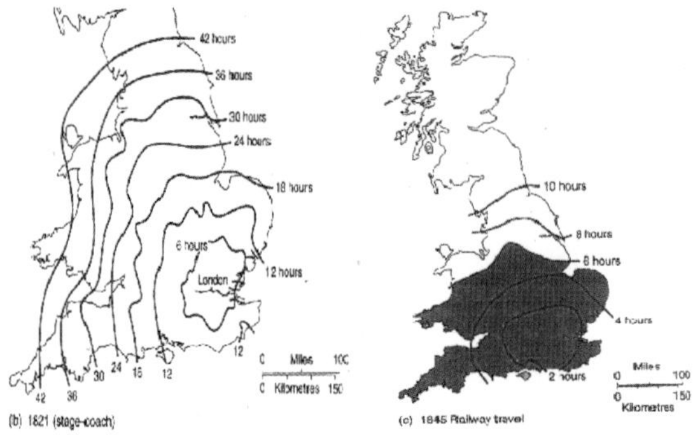

a : 역마차(1821년) b : 기차(1845년)

<4-3> 1821년, 1845년 런던에서 역마차와 기차로 시간별로 도달할 수 있는 지역

(출처 : M. J. Daunton, *Progress and poverty : an economic history of Britain 1700-1850* (Oxford : Oxford University Press, 1994), pp. 308-9.)

이처럼 빅토리아 시기 영국의 철도는 시작부터 종래에 경험하지 못한 혁명적 변화를 가져왔다. 철도의 부설이 본격화되는 당시 잉글랜드는 '개선의 시대'the age of improvement로 규정하기도 한다. 그뿐만 아니라 해당 시기는 이른바 '속죄의 시대'the age of atonement로 이해되기도 한다. 개선의 시대 혹은 속죄의 시대는 당시 잉글랜드에서 사회·경제적 변혁과 더불어 복음주의evangelicalism의 가치가 폭넓게 수용되고 있었음을 의미한다. 왜 그랬을까?

복음주의는 인간의 원죄를 인정하고 죄를 깊이 뉘우치며, 영적인 삶을 추구하고 인간의 구원을 믿는 신앙 운동이었다. 그것은 1730년대 이후 잉글랜드 사회에 개인의 양심, 도덕성 그리고 선행 등의 강조를 통해 심대한 영향력을 행사할 수 있었다. 무엇보다 당시 잉글랜드의 복음주의가 교리의 적극적인 실천을 의미하는 행동주의activism를 표방했기 때문이다. 18세기 잉글랜드 사회에 부도덕한 세속화가 만연했다는 의식을 가진 복음주의자들이 적극적인 사회 개혁을 추구했던 것도 바로 그와 같은 배경에서 비롯했던 것이다. 1788년에 출간된 모어Hannah More의 저작에 나타난 다음의 언급, 즉 '행동은 덕의 생명이고, 세상은 행동의 극장'이라는 것을 염두에 둘 필요가 있다.[5]

한편, 18세기 잉글랜드의 복음주의자들은 그들 사회를 부도덕하게 여겼다. 호가스William Hogarth의 『진을 파는 골목』*Gin Lane*, 1751은 바로 당시 사회상을 고발하는 단적인 예라 할 수 있다. 술에 취해 자신의 아이조차 제대로 돌볼 수 없는 여성의 모습은 당시 잉글랜드 사회의 부도덕함을 보여주는 사회적 고발이었다.

그뿐만 아니라 1783년 미국의 독립은 당시 잉글랜드의 복음주의자들에게 무엇보다 심각하게 다가왔다. 17세기 말 이래 영국은 9년 전쟁1689-97년, 에스파냐 왕위 계승 전쟁1701-14년, 오스트리아 왕위 계승 전쟁1739-48년, 7년 전쟁1756-63과 같은 대외 전쟁에서 승리했다. 당시 전쟁에서 개신교 국가인 영국은 가톨릭 국가인 프랑스를 주된 대상으로 하여 거둔 승리를 통해 하나님이 그들을 지켜주신다는 믿음을 가질 수 있었다. 그러나 미국의 독립은 달랐다. 영국의 식민 활동으로 개척된 미국이 같은 형제 그리고 같은 개신교도와의 전쟁으로 인해 독립했다는 사실은 국가적 수치로 인식될 수밖에 없었다.[6]

실제로 18세기 잉글랜드의 상황은 심각했다. 그와 관련하여 1903년 모리슨Cotter J. Morison이 남긴 언급이 시선을 모은다. '인구의 대다수는 천박하고, 무례하고 잔인했으며, 사회의 전체 분위기는 저급하고 폭력이 난무했으며 야만스러웠다'는 것이 바로 그것이다. 한마디로 18세기 잉글랜드는 치안 유지, 학교, 도로 그리고 빈민 구제 등에 별다른 효율적인 조치가 없는 상태에서 음주, 도박, 투견 그리고 곰 놀리기와 같은 저급한 소일거리가 풍미했던 사회였던 것이다.

그러나 1783년 미국의 독립은 당시 잉글랜드 사회에 새로운 계기로 작용했다. 패전으로 인해 국가적 위기감이 고조되었기 때문이다. 잉글랜드가 하나님이 함께 하시면서 지켜주시는 땅이 아니라 오히려 하나님이 진노하시는 대상이 되었다는 두려움을 가지게 되었던 것이다. 자연, 잉글랜드 사회에서 타락에 대한 도덕적 각성과 더불어 사회 정의의 회복을 위한 노력이 경주되었고, 또 실제 성과도 이루어졌다. 무엇보다 당시 잉글랜드의 복음주의에 나타나는 두드러진 특징의 하나인 행동주의가 실행이 따르지 않는 실속 없는 말을 배격하고 실천을 강조했기 때문이다.

실제로 잉글랜드의 복음주의는 산업 혁명을 거치면서 당시 사회의 도덕성을 강조하는 바탕으로 자리 잡았다. 그 과정에 1787년의 '범죄와 공적 부도덕을 경고하는 포고문'A Royal proclamation against crime and public immorality은 특기할 만하다. 그것의 발표 이후 잉글랜드 사회의 도덕성이 제고되는 전기가 마련되었기 때문이다.

1784년 요크셔Yorkshire의 하원 의원으로 당선된 뒤 복음주의자로 회심한 윌버포스William Wilberforce의 적극적인 주선으로 국왕 조지 3세George III에게 전달되어 1787년 6월 1일 공포된 포고문은 무엇보다 사회 지도층의 도덕적 솔선수범을 촉구했다. 첫째, 주일에 도박이나 카드 등의 게임을 금하는 것과 동시에 예배 참석을 강조하고 둘째, 건강한 풍속을 훼손하는 행위를 엄격히 처벌하는 것 등이 바로 그것이다.[7]

윌버포스와 같은 복음주의자들의 이러한 활동은 계속 이어졌다. 1789년에 결성된 '악습과 부도덕에 관한 국왕 포고문 실천 협회'Society for giving effect to His Majesty's proclamation against vice and immorality, 1796년의 '빈민을 위한 환경 개선 및 안락 증진 협회'Society for bettering the condition and increasing the comforts of the poor 그리고 1802년의 '사회악 억제 협회'Society for the suppression of vice 등이 그것을 잘 나타낸다. 한마디로 복음주의는 당시 잉글랜드인의 삶을 도덕적으로 이끄는 사회 변혁의 원동력이었던 것이다. 명목상의 기독교인을 배격했던 복음주의의 영향으로 진정한 기독교인이 되기 위해서는 신앙과 일상 생활의 엄격한 조화가 필요했기 때문이다.[8]

<4-4> 윌버포스(William Wilberforce)

난폭한 사회에서 '자조'와 '체통'을 강조하는 사회로 |

1879년 글래드스턴William Ewart Gladstone은 복음주의가 빅토리아 사회의 문화적·도덕적 지배력을 확보했다는 말을 남겼다. 그의 언급은 복음주의가 결코 특정 계층에 한정된 것이 아님을 분명히 한다. 다시 말하면 상류층 및 중산층이 추구했던 거룩한 삶이 사회 전반에 걸쳐 영향력을 행사하고 있었다는 것이다.

무엇보다 복음주의는 당시 영국인으로 하여금 새로운 가치관의 형성을 자극했다. 이른바 '빅토리아적 가치'Victorian value가 바로 그것이다. 1980년대 영국의 대처Margaret Thatcher 정권에서 강조되어 특별히 부각된 그것은 근면, 자존, 검약, 이웃과의 친교 그리고 조국에 대한 애정 등을 요소로 한다. 그렇기 때문에 빅토리아 시대는 그 이전에 비해 상당한 대조를 보일 수 있었다. 청교도적 전통에서 상당 부분 비롯된 자립 혹은 독립이 당시를 풍미했던 것도 바로 그와 같은 사실을 배경으로 했다.

사실, 빅토리아 시대라는 용어는 단순히 당시 국왕의 이름을 칭한 것만은 아니다. 그 이전과 구별되는 특유의 가치관이 거기에 있었기 때문이다. 실제로 빅토리아인들은 경쟁이 생산과 효율을 최대화한다고 믿었다. 그 결과 당시 잉글랜드의 중간 계급the middle class은 '낡은 부패 관행'the old corruption에 대해 부정적 인식을 지니게 되었다. 다시 말하면 지주층을 중심으로 하는 명예 직책 수여, 부조 그리고 수당 지급 등과 같은 방식으로 진행된 18세기 잉글랜드 사회의 체제 유지 방식에 일종의 제동인 걸린 셈이다

빅토리아 시기 잉글랜드의 중간 계급이 지닌 가치, 즉 개인의 독립, 의무, 자존심 그리고 사회적 상승 욕구 등은 하나의 공통된 사회관을 형성할 수 있었다. ① '하늘은 스스로 돕는 자를 돕는다'와 ② '악마는 게으른 사람에게서 불행을 찾는다' 등의 속담이 말해주는 이른바 자조self-help가 바로 그것이다. 1859년에 출간된 스마일스Samuel Smiles의 『자조』*Self-help*가 '사회적 복음'으로 여겨질 만큼 많은 호응을 얻게 된 것도 염두에 둘 필요가 있을 것 같다.

한편, 빅토리아 시기 잉글랜드의 복음주의는 이른바 체통respectability의 의미에도 변화를 주었다. 다시 말하면 그것이 재산이나 지위보다 사회적 덕성과 책임으로 이해되었던 것이다. 그렇기 때문에 당시 사회의 지도층은 도덕성의 유지를 위해 끝임 없는 성찰과 자기 훈련에 매진할 수밖에 없었다.

체통에 대한 관념의 변화와 함께 추진된 여러 노력들은 여타 계급의 삶에 영향을 미치게 되었다. 그것은 교육 분야에서 잘 나타난다. 당시

잉글랜드의 경우 읽기, 쓰기 그리고 셈하기와 같은 초보적 단계는 물론 보다 높은 수준의 학습이 여러 소규모 모임에서 행해지기도 했다. 높은 수준의 지식을 갖추기 위한 노력이 중간 계급과 상층 노동 계급에서 혹은 양 계급의 협조 속에 상당 부분 경주되었던 것이다.

실제로 1867-8년의 『의회 보고서』*Parliamentary Papers*는 중간 계급의 경우 그들의 자녀들이 자신과 비슷한 지위와 직업을 갖기를 열망하는 내용을 보여준다. 1823년에 런던에 설립된 이후 1850년까지 700개 이상 세워진 기계공 학교Mechanics' Institutes의 사례도 마찬가지였다. 대체로 그 지방의 공장주와 중간 계급의 지원으로 운영된 그것이 장인층과 노동자에게 과학 지식뿐만 아니라 도덕성의 제고에 목적을 두었기 때문이다. 1838년 요크셔의 로드엄Rotherham 지역에 기계공 학교가 설립된 후 그 지역의 음주와 범죄가 감소한 것을 염두에 둘 필요가 있을 것 같다.

체통의 중시는 자조의 정신과 더불어 중간 계급에서 상층 노동자에게 직접적인 영향을 미쳤다. 사회적 상승을 추구했고 그리고 어느 정도 성공한 그들의 지위는 존중받아야 한다는 믿음이 형성되었던 것이다. 그렇기 때문에 독립, 절제, 중용 그리고 예의 바른 행동이 모든 계급에게 적합한 행동이라는 관념이 형성될 수 있었다. 음주, 도박 그리고 투계 및 곰 놀리기와 같은 잔인한 놀이 등이 체통 없는 것으로 간주되기 시작했던 것을 그 예로 들 수 있을 것이다.

빅토리아 시기의 도덕적 분위기는 당시 잉글랜드인들에게 각별한 인식을 심어주었다. ① '항상 술에 취해 난폭했던 시골 사람이었던 자신의 아버지가 그래도 자신의 자녀들에게 정직, 소박 그리고 근면 등을 강요했고' ② '지난 반세기 동안 다른 어떤 것보다 도덕적 행위만큼 변화한 것이 없다'는 19세기 중반의 사회 개혁가인 플레이스Francis Place의 언급 등이 당시 사회의 도덕적 분위기를 잘 보여 준다.

당시 외국인들도 높이 평가했던 바로 그러한 분위기는 잉글랜드인의 삶은 물론 가치관에 심대한 영향력을 행사했다. 주일 성수가 특히 그러했다. 양심적인 주일 성수는 신앙 생활의 핵심 요소였다. 바로 거기에 복음주의자들은 보다 분명한 의미를 부여했다. 개인적으로 하나님과 함께 하는 시간을 보장받고 보호하자는 것이 바로 그것이다. '주일에 집에 머물면서 하나님과 관련된 일에 좀 더 많은 시간을 즉시 사용할 수 있게 되었다'는 비커스테스Edward Bickersteth, 1785-1850의 언급을 그 예로 들 수 있다.[9]

그러한 주일 성수의 촉구는 상당 부분 결실을 맺었다. 이른바 '조용한 혁명'the Silent revolution으로 불리는 잉글랜드 특유의 주일 분위기는 당시 추구된 거룩한 삶의 단적인 예라 할 수 있다. 주일이면 일상의 일을 멈추고, 찬 음식을 먹으며 오전·오후의 예배에 참석하고 성경이나 신앙 서적을 읽으면서 휴식과 명상으로 보냈기 때문이다. 또한 고요함을 넘어 지루할 정도의 주일 분위기는 잉글랜드를 당시 유럽의 여타 국가와 구별되게 했다. 한마디로 토크빌Alexis de Tocqueville의 언급처럼 산업 혁명 시기 잉글랜드 사회는 폭력이 수반되지 않은 심대한 사회 혁명이 진행되고 있었던 것이다. '19세기 잉글랜드인들은 새로운 예루살렘을 건설하고 있었다'는 브린튼Crane Brinton의 언급이 그것을 잘 나타낸다.[10]

이처럼 빅토리아 시기 잉글랜드는 스스로의 자립과 엄격한 도덕성을 강조하는 사회 분위기를 형성하고 있었다. 19세기 중반에 잉글랜드를 방문한 프랑스인 텐느Hippolyte Taine의 언급, 즉 잉글랜드의 소설에는 음란한 소재가 없으며, 술에 취한 상류층의 모습이 드물었다는 것이 그것을 잘 나타낸다.

한마디로 자조와 체통의 의미 변화를 가져온 조용한 혁명의 배경에는 복음주의가 있었다. 그것을 통해 독립과 체통이 강조되면서 상류층에서 하류층에 이르기까지 음주, 도박 그리고 잔인한 스포츠 등이 체통과 거리가 있는 것으로 인식되었다. 잉글랜드가 보다 경건함과 종교성을 강조하는 사회로 변해갔던 것도 바로 그와 같은 이유에서 비롯되었던 것이다.

교회와 노동자를 돕는 복음주의적 철도 기업인 ㅣ

1830년 리버풀-맨체스터 철도의 성공은 철도 건설붐으로 이어졌다. 이른바 '철도광'Railway mania이라 할 수 있는 철도 건설의 폭발적 증가는 크게 두 시기로 나눌 수 있다. ① 1836-7년과 ② 1844-7년이 바로 그것이다. 1836-7년의 경우 철도 회사 54개와 1,498마일의 거리가 인가되었다. 이후 약 7년의 불경기 이후 1844-7년에는 626개의 회사에 9,536마일의 거리가 승인되었다.

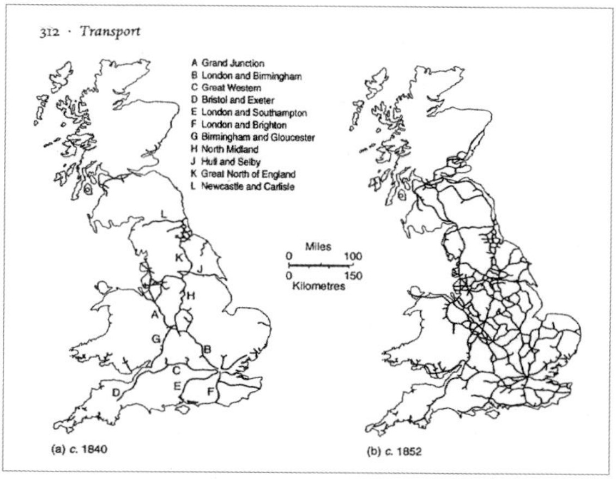

<4-5> 1840년, 1852년 잉글랜드의 철도망

(출처: Daunton, *Progress and poverty*, p. 312.)

그렇다면 당시 잉글랜드의 철도망이 확충되는 과정에 기업이나 기업가들은 보다 경건함과 종교성을 강조하는 사회로의 변화 과정에 어떠한 역할을 했을까? 그와 관련하여 철도 기업의 교회 건축이 각별한 시선을 모은다. 런던·버밍엄 철도 회사the London & Birmingham Railway Company가 5,000 파운드의 비용으로 1843년에 버밍엄셔Birmingshire 울버턴Wolverton에 세운 성 조지교회St George the Martyr가 최초의 경우였다. 화물 수송을 목적으로 세계 최초로 설립된 런던·버밍엄 철도 회사가 교회를 건축한 이유는 철도 노동자의 예배 참석이었다.[11]

성 조지교회가 철도 기업이 세운 첫 번째 교회라면 1845년 스윈던Swindon의 뉴타운New Town에 건립된 성 마가교회St Mark' church는 두 번째에 해당된다. 1842년부터 검토되기 시작한 그것은 1843년 대서부 철도 회사the Great Western Railway Company의 지원으로 본격적으로 건축되기 시작했다.[12] 8,000 파운드가 소요된 건축 비용 이외에도 대서부 철도 회사는 5년간 매년 150 파운드의 운영비를 지원했다.

당시 철도 기업의 교회 건축은 무엇보다 그들 직원들이 주일 예배에 보다 쉽게 참석할 수 있도록 하는 데 그 주요 목적이 있었다. 그러나 주일 예배 참석을 돕기 위한 배려는 교회 건축에만 한정되지 않았다. 인근 교회의 좌석을 임대하는 경우도 있었다. 1836년부터 부분적으로 개통된 런던-그리니치 철도the London and Greenwich Railway 회사가 초기에 버먼지Bermondsey에 있는 성 야고보교회St James church의 좌석을 임대하여 직원의 예배 공간으로 제공했다는 사실을 그 예로 들 수 있다.[13]

그러나 철도의 복음적 선용과 관련하여 무엇보다 비중을 둘 수 있는 것은 피토Sir Samuel Morton Peto와 같은 철도 기업인이라 할 수 있다. 1809년에 태어난 그는 침례교인baptist으로 1830년대에는 상업용 건물 건축에 주력하다가 점차 철도 건설에 눈을 돌린 인물이다. 철도 부설 사업에서 성공한 피토는 하원 의원이 되기도 했다. 그의 업적은 대체로 다음의 두 가지 측면에서 시선을 모은다. ① 교회의 건축 및 재정 후원과 ② 노동자의 처우 개선 등이 바로 바로 그것이다.

<4-6> 피토(Sir Samuel Morton Peto)

1848년 피토는 블룸스버리Bloomsbury에 교회를 건축했다.[14] 런던 중심가에 처음으로 세워진 침례교회인 브룸스버리 침례교회Bloomsbury Baptist Chapel는 곧 많은 회중이 모였다. 그 결과 교회는 그에게 18,000 파운드를 돌려줄 수 있었으며 1852년 피토는 그것으로 레전트 파크Regent Park 인근에 있는 디오라마Diorama를 구입하여 역시 침례교회의 예배처로 사용했다.[15] 1853년에 그는 1854년 서퍽Suffolk의 서머레이튼Somerleyton에 있는 성 마리아교회St Mary church를 재건축하기도 했다.[16] 그뿐만 아니라 피토는 어려움을 겪고 있던 교회에 실질적인 도움을 주기도 했다. 그는 1850년대 밴버리 침례교회Banbury baptist chapel의 심각한 재정 문제를 해결해 주었다.

물론, 철도 기업인의 선행은 교회 안에만 국한되지 않았다. 산업 현장에서도 적용되었다. 1850-73년에 영국의 철도 노동자는 약 6만 명에서 약 28만 명으로 급증했다. 이는 단일 업종의 고용에서 으뜸을 차지하는 수치였다.[17] 바로 여기서 한 가지 주목할 만한 사실이 있다. 그 시기 영국의 철도가 오히려 '온정적 간섭주의'paternalism에 영향을 받았다는 것이 바로 그것이다. 즉 기업주는 현금에 의한 관계를 초월하여 노동자의 생활에 지침을 주고 지도력을 발휘했던 것이다.[18]

교회 안을 넘어선 철도 기업인의 선행은 피토의 사례에서 확인할 수 있다. 그는 1850년에 약 14,000명의 노동자를 고용하고 있었다. 당대의 사회 개혁가인 차드윅Edwin Chadwick이 높이 평가한 그것은 대체로 노동자에 대한 다음과 같은 조치를 담고 있었다. ① 필요할 경우 주택을 제공하고 ② 학교나 여타 교육 자료들을 제공하여 실질적인 기독교 교육을 시행하며 ③ 월급이 아닌 주급을 제공하여 노동자의 생활에 편의를 더하고 ④ 작업 시간 중에 맥주를 파는 것을 금지하며 ⑤ 노동자의 부상과 사망 사고에 적은 액수이지만 보상금을 지급하는 것 등이 바로 그것이다.[19]

피토의 처우 개선은 노동자를 정당하게 대우하면 그들도 충실한 노동을 제공할 것이라는 판단에서 비롯되었던 것이다. 피토와 같은 태도는 당시 사람들에게 많은 감명을 주었다. 또한 그것은 하나님의 영광을 더할 수 있게 했다. 철도에 대해 부정적 인식을 지녔던 워즈워드William Wordsworth가 1845년에 한 언급, 즉 '사회에 덕이 되는 그러한 행위가 하나님을 찬양한다'는 것을 그 단적이 예로 들 수 있다.[20]

탈 도심화와 목회를 위한 유용한 수단으로 |

빅토리아 시기 잉글랜드의 철도 기업인은 이윤 추구에만 몰두하지는 않았다. ① 회사는 노동자의 예배 참석을 위해 교회의 좌석을 임대하거나 예배당을 건축하기도 했고 ② 기업인은 개인적으로 교회의 건축을 주도하기도 했고 ③ 철도 기업의 노동자들에게 우호적인 경영을 하는 것 등을 확인할 수 있기 때문이다.

그렇다면 빅토리아 시기 잉글랜드의 철도가 확장되면서 여타 국가와 구별되는 주일의 분위기에 부정적인 영향은 미치지는 않았을까? 물론 그에 관한 논의도 있었다. 철도의 건설로 이동이 보다 용이하게 되면서 예배 불참을 막기 위해 주일에 철도 운행을 금지하자는 청원이 바로 그것이다.

그러나 철도의 확장이 결코 부정적인 경우만 있는 것은 아니었다. 그와 관련하여 빅토리아 시기 잉글랜드인의 가족 생활은 많은 것을 시사한다. 자녀들이 높은 사회적 수준을 지닐 수 있도록 교육에 많은 비중을 둔 것이 바로 그것이다. 중간 계급의 사례에서 보다 구체적으로 확인되는 그것은 가정에 대한 인식 변화로 이어졌다.

19세기 중반에 한 법률가의 아내가 남긴 일기에는 다음과 같은 언급이 있다. '우리 가족은 하나의 작은 세계'라는 것이 바로 그것이다. 그때 그녀의 가족은 남편, 그녀 자신 그리고 자녀였다. 그것은 이전 시기에 비혈연 집단도 포함되었던 가족의 개념이 빅토리아 시기에 오면 달라졌다는 것을 의미한다. 즉 같은 집에서 살아가는 자'로 규정된 18세기 중반의 가족 개념이[21] 약 한 세기가 지나면서 '동거 혈연 관계'로 한정되었다는 것이다.

이처럼 빅토리아 시기 잉글랜드의 가족 관계는 폐쇄적인 모습을 보였다. 그 결과 중간 계급을 중심으로 그들 가정을 지키려는 움직임이 이어졌다. '집 밖에는 유혹의 손길이 널려있기 때문에 구원의 길을 찾기 위해서는 그들만의 평화로운 가정이 필요하다'는 인식이 바로 그것이다.

빅토리아 시기 잉글랜드의 중간 계급을 중심으로 이루어진 그들만의 평화로운 가정의 추구는 주거 환경의 변화로 이어졌다. 그것은 런던의 중간 계급이 보인 양태에서 보다 구체적으로 확인 가능하다. 무엇보다 산업 혁명의 성과가 가시화되면서 빈민층이 도심으로 진출하자 주거 환경이 열악해졌기 때문이다. '열악한 주거 환경을 어느 누가 표현

할 수 있을까'라는 칼라일Thomas Carlyle의 1867년 언급이 당시 상황을 잘 나타낸다.[22]

실제로 빅토리아 시기 런던에는 역, 도로, 백화점, 박물관 그리고 대형 전시관 등의 건축붐이 일어났다. 활발한 건축은 일용 노동자들의 도심 지출을 자극했다. 그 결과 열악한 주거 환경과 빈곤한 삶에 시달린 그들은 범죄에 노출될 여지가 많았다.

이러한 일용 노동자의 도심 진출은 중간 계급을 포함한 상층 노동 계급 등의 탈 도심화, 즉 교외로의 진출로 이어졌다. 18세기 후반 이후 점차 진행된 그것은 19세기 중반을 지나면서 분명한 모습으로 나타났다. 그 결과 도심을 벗어난 교외에 새로운 주택이 대량으로 보급되었다. 그 과정에 1858년의 지방 정부법the local government act에 이어 주택 건축 등의 조항 등의 뒷받침도 이루어졌다. 당시 중간 계급은 집 뒤편에 작은 정원이 있는 '벽 하나로 나누어진 두 채의 한집'semi-detached house을 선호했으며, 상층 노동 계급의 경우 '이층으로 된 연속식 주택'terraced house을 선호했다. 당시 노동 계급에게 공급된 주택은 연 5% 분할 상환 방식이 적용되기도 했다.

빅토리아 시기 런던을 대도시the Great Wen로[23] 칭한 것에서도 알 수 있듯이 도심의 팽창은 가속되었다. 바로 거기에 철도가 중요한 역할을 했다. 탈 도심화와 연계된 교외 개발로 인해 새로운 교통 체제가 필요했기 때문이다.

물론, 당시 잉글랜드에서 철도 부설에 대한 우려가 전혀 없었던 것은 아니다. 철도의 중심 도시를 이른바 '중추 도시'ganglion로 표현한 칼라일이 그 대표적인 경우였다. 그는 '레딩'Reding이나 '베이싱스토크'Basingstoke 혹은 여타 도시들이 철도 건설에 많은 돈을 투자한 뒤 자멸한다'는 언급을 남기기도 했다.

그러나 잉글랜드의 철도는 칼라일의 견해와 다르게 발전을 거듭하기 시작했다. 런던에 철도가 부설된 1836년 이래 그것은 비약적인 발전을 보였다. 그 결과 1850년에 열차 통근자의 수가 약 27,000명이라는, 결코 이전에는 경험할 수 없었던 양상이 나타났다. 런던을 중심으로 사방 철도가 건설되었기 때문이다.[24]

이처럼 당시 잉글랜드의 철도는 중간 계급과 상층 노동 계급의 경건한 삶을 추구하려는 의지를 뒷받침하는 주요 수단이 될 수 있었다. 그뿐만 아니라 철도는 목회 활동에도 유용했다. 랭카셔Lancashire의 주교bishop였던 프레이즈James Fraser, 1818-85의 활동이 바로 그것이다.

프레이즈는 재직 기간 동안 중요 도시였던 맨체스터뿐만 아니라 50,000명 이상이 거주하는 나른 시역을 세심하게 관리할 수 있었다. 재임 기간 중 그는 관할 지역의 교회parish church[25] 420곳 가운데 3분의 2의 교회에서 설교를 했으며, 26곳의 새로운 교회를 봉헌할 수 있었다. 그러한 활동을 바로 철도가 뒷받침했던 것이다. 철도의 연계 속에 멀리 떨어진 농촌 지역의 교회에 보다 쉽게 접근할 수 있었기 때문이다.

프레이즈의 활동은 이른바 그가 '노동자의 주교'the working man's bishop라고 불린 것처럼 노동자와의 접촉에서 두드러졌다. 1878년에 발생한 면공업 노동자의 과격한 파업을 목격한 그는 자신이 신자뿐만 아니라 그 지역 불신자의 주교라는 의식을 지니게 되었다. 그 결과 프레이즈의 활동은 다양한 직종의 노동자 접촉으로 이어졌다. 경우에 따라 약 2,000명의 노동자들이 모인 저녁 식사 자리에서 설교를 했던 프레이즈의 주요 대상은 바로 맨체스터에 있는 고턴 철도 회사the Gorton Railway Company였다. 약 100회 이상 거기서 설교한 그는 검약과 절제를 노동자에게 강조했는데 그것의 목적은 노동자가 자신의 책무를 다하면서 하나님을 기쁘시게 하는 삶을 살아가게 하는 것이었다.[26]

이처럼 빅토리아 시기 잉글랜드의 철도는 우범 지역에서 벗어나 경건한 삶을 추구할 수 있는 교외로의 이동을 가능하게 했다. 또한 당시 철도는 목회자의 활발한 목회를 가능하게 했다. 한마디로 빅토리아 시기 잉글랜드의 철도는 복음을 위한 유용한 수단이었다.

복음적 철도 기업인의 유토피아 I

빅토리아 시기 잉글랜드의 사회 분위기는 한마디로 '조용한 혁명'으로 묘사될 수 있다. 물론 예외는 있겠지만 그 시기 사람들의 사고에는 경건함과 도덕성의 중요성이 중요한 바탕으로 자리 잡고 있었다. 그와 관련하여 1835년 5월 27일 래드너 백작 4세Jacob Pleydell-Bouverie, 4th Earl of Radnor를 방문했던 토크빌이 남긴 목격이 시선을 모은다. 당시 그는 백작의 저택에서 이루어진 점심 모임에서 다음과 같은 사실을 발견했다. 래드너 백작부부, 자녀 그리고 남녀 서번트servants를 포함한 총인원 20명이 무릎을 꿇고 기도회를 가지는 모습이 바로 그것이다.[27]

한마디로 토크빌이 목격한 당시 잉글랜드의 상황은 그의 평가처럼 반세기 이전에는 찾아볼 수 없는 혁명적 변화였다. 무엇보다 조용한 주일의 분위기는 외국인에게 이상하게 비쳐질 정도였다. 그렇다면 경건함과 도덕성을 강조했던 빅토리아 시기 잉글랜드의 복음적 철도 기업인은 철도를 통해 어떠한 유토피아를 구현하려 했을까? 그들은 과연 어떠한 영향력은 남겼을까?

유토피아는 대체로 이상향으로 번역·사용된다. 그러나 그것은 모호한 미래의 일에 한정되는 것은 결코 아니다. 유토피아는 오히려 새로운 변화에 대한 바람을 분명히 하는 것이다. '컴퓨토피아'나 '오토피아'와 같은 용어들이 최근 만들어지는 데서도 알 수 있듯이 그것이 인간의 삶에서 계속적인 동경의 대상으로 자리 잡고 있기 때문이다.

이처럼 유토피아는 인간이 지니는 희망의 반영으로 여겨질 수 있다.

좀 더 좋은 사회 혹은 세계에 대한 꿈과 동경, 그것의 가능성에 대한 사색 그리고 그러한 이상이 실현되리라는 기대와 희망 등이 바로 그것이다. 한마디로 유토피아는 현실 세계에 대한 끝없는 질타와 개혁의 노력, 변화에의 갈망 등을 표현한 것이다.

<4-7> 세인트 팬크라스(St. Pancras) 역

무엇보다 빅토리아 시기 잉글랜드의 철도 기업은 그들 노동자의 주일 예배에 많은 비중을 두었다. 기독교인에게 예배 참석만큼 중요한 것이 있을 수 없다. 그렇기 때문에 당시 잉글랜드의 철도는 복음주의의 주요 수단이 될 수밖에 없다. 그것은 철도 역사에서 당장 나타난다. 엑서터Exeter의 다윗St David 역처럼 그 명칭을 성경적 전통을 따른 역사가 건축되거나 스코틀랜드에 있는 글래스고우Glasgow의 에녹St Enoch 역도 마찬가지이다. 런던에 있는 세인트 팬크라스St Pancras 역처럼 대성당의 외양을 갖춘 것도 있기 때문이다.

또한 당시 철도는 복음을 의미하는 용어로도 사용되었다. 복음주의자들은 철도를 통한 비유를 적극 적용했다. '그리스도께서 천국으로 가는 노선을 만드셨으며, 당신이 죄를 회개하면, 열차는 당신을 멈추어 당신을 태울 것입니다'와 같은 비유가 1840년에 이미 사용되기 시작했다. 음주의 폐해를 지적한 것도 마찬가지였다. '지옥으로 가는 철도'나 '술주정꾼을 지옥행 열차에 몸을 싣는 자' 등으로 묘사된 것이 바로 그것이다.[28]

한마디로 당시 잉글랜드의 철도는 빅토리아적 가치를 실현시키는 사회적 도구로 사용되었다. 철도 기업인도 그것을 꿈꾸었다. 그 대표적인 경우가 1820년대 이래 잉글랜드에서 널리 퍼진 '절주 운동' temperance movement이다. 산업 혁명 초기 잉글랜드 사회의 노동 현장에서 음주는 심각한 상황이었다. 17세기 이래 잉글랜드의 경우 수공업에 종사하는 노동자들이 관례적으로 급여를 주는 토요일부터 술에 취해 월요일도 출근을 하지 않는 성 월요일 Saint Monday의 관습이 1835년에도 확인될 정도였다.

그러나 엄격한 도덕성을 추구하는 빅토리아 시기 잉글랜드에서 음주는 분명 지양되어야 할 일이었다. 그것은 입법 활동과 더불어 사회 운동으로 이어졌다. 실제로 '술을 마실 수 있는 주점' on-licence과 그렇지 못한 '술 판매소' off-licence로 규정한 1834년의 맥주법 the beer act의 제정 이후 부유층이 거주하는 곳에는 술 판매소가 그리고 노동자나 빈민이 거주하는 곳에는 주점이 자리 잡게 되었다.

이처럼 빅토리아 시기 잉글랜드의 절주 운동은 중간 계급을 중심으로 일어나고 있었다. 철도도 거기서 예외가 아니었다. 오히려 절주 운동의 중심이었다.[29]

금주 운동에 철도의 사용은 여러 방면에서 이루어졌다. 먼저, 19세기 이래 잉글랜드의 최대 여행 업체인 '토머스 쿡' Thomas Cook의 예를 들 수 있다. 그것을 설립한 쿡은 원래 비국교회 목사였다. 절주 운동을 위해 여행을 주선한 것을 계기로 사업가로 변신한 그는 1841년에 레스터

Leicester-로프버러Loughbourgh 구간을 대상으로 철도 여행을 추진했다.

그 다음, 1877년에 형성된 '철도 노동자 선교회'the Navvy Mission Society와 같은 단체도 음주의 폐해를 강조했다. 당시 그 단체는 술을 악마의 음료로 간주했다. 철도 노동자 선교회가 악마의 음료를 대신할 수 있는 홍차를 적극 권장했던 것도 바로 그와 같은 이유에서 비롯되었던 것이다.[30]

끝으로 철도 회사의 직접적인 조치를 들 수 있다. 피토의 사례에서 알 수 있듯이 맥주 판매를 금지하는 것과 같은 주류 판매의 금지와 술을 마시지 않은 사람을 직원으로 고용하는 것 등이 바로 그것이다. 그것을 엄격히 지킨 프레스턴Preston 지역이 절대 금주주의teetotalism의 중심지가 된 것이 결코 우연은 아니라 할 수 있다.[31]

철도의 복음적 선용과 그 의의 |

이처럼 빅토리아 시기 잉글랜드의 사회 분위기는 적어도 외면상으로는 성실함과 도덕성이 나날이 강조되고 있었다. 그러한 상황에서 영국의 철도 산업은 비약적으로 성장했다. 빅토리아 시기에 그것은 단일 사업 분야에서 가장 많은 노동 인력을 고용하고 있었다. 그렇기 때문에 철도는 당시 잉글랜드의 사회 분위기와 직·간접적으로 영향을 주고받을 여지가 다분했다. 제한된 접근이라 한계는 있을 수 있겠지만, 분석의 결과 대체로 다음과 같은 사실을 알 수 있었다.

먼저, 빅토리아 시기 잉글랜드의 가치관은 자조와 체통으로 요약·정리될 수 있다. 당시 중간 계급을 중심으로 특히 두드러진 그것은 경쟁이 생산과 효율을 극대화한다고 믿었다. 그렇기 때문에 그들은 종래의 후원이나 국가의 보조에서 탈피하여 스스로의 자립을 강조했다. 하늘은 스스로 돕는자를 돕는다는 말이 그것을 잘 나타낸다. 또한 당시 빅토리아 시기 잉글랜드인들은 그와 관련하여 체통을 중시하는 모습을 보였다. 독립, 절제 그리고 예의바른 행동 등이 중요한 사회적 합의로 등장했던 것이다. 그 결과 하층민에게서조차도 그들 자녀에게 정직, 소박 그리고 근면 등을 강요하는 분위기가 나타났다.

둘째, 빅토리아적 가치의 이면에는 복음주의가 강력한 영향력을 행사하고 있었다. 그것의 특성 가운데 실천을 의미하는 행동주의가 주요 동인이었다. 18세기 잉글랜드 사회에 부도덕한 세속화가 만연했다는 의식을 가진 복음주의자들이 적극적인 사회 개혁을 추구했던 것도 바로 그와 같은 배경에서 비롯했던 것이다. 잔인한 스포츠 등이 부정적인 평가로 이어진 것 또한 염두에 둘 필요가 있을 것 같다.

셋째, 당시 외국인들도 높이 평가한 잉글랜드 사회의 도덕적 분위기는 삶의 방식과 가치관에 심대한 영향력을 행사했다. 그것은 가족 생활에서 두드러졌다. 많은 가정에서 주일에 세속적 활동과 잔일을 멈추고 교회 예배에 참석하고 조용히 성경을 읽게 되었다. 또한 중간 계급을 중심으로 그들 자녀의 교육과 경건한 생활을 유지하기 위해 탈 도심화라는 현상이 나타났다.

넷째, 빅토리아적 가치는 철도를 통해 더욱 공고해질 수 있었다는 것을 지적할 수 있다. 철도는 당시 잉글랜드인의 교외로의 이주를 실질적으로 뒷받침할 수 있었다. 또한 철도는 종래 교통 사정으로 용이하지 않았던 교회 관리를 더욱 효율적으로 할 수 있게 했다. 국교회의 경우 주교의 지역 교회 방문을 더욱 빈번하게 할 수 있게 했다. 철도를 통해 여러 지역에서 집회가 열릴 수 있었음은 물론이다.

다섯째, 철도는 복음을 전파하는 중요 수단이 될 수 있었다. 기업인의 교회에 대한 봉사, 노동자에 대한 처우 등은 바람직한 기업인으로 높이 평가되어 하나님을 영광스럽게 했다. 나아가 철도를 통한 절주 운동의 전개는 다른 어떤 대책보다 실용적이었다. 한마디로 철도는 복음을 전파하는 용어이자 수단이었다.

이처럼 복음주의에 영향을 받은 빅토리아적 가치는 당시 발전하는 철도에도 그대로 반영되어 복음적으로 활용되어 잉글랜드 사회의 도덕성과 경건성 유지의 바탕이 되었다. 바로 거기에 피토와 같은 복음주의적 철도 기업인이 있었다.

제5장 이탈리아

비토리오 발레타의 피아트와 보수적 유토피아[1]

장문석(영남대학교 역사학과 교수)

슘페터와 기업가의 사회적 이상 I

현대 기업사business history에서 슘페터Joseph A. Schumpeter가 새롭게 조명되고 있다. 이른바 '신 슘페터주의'가 마치 새로운 패러다임처럼 부상하고 있는 듯하다. 슘페터는 저 유명한 『경제 발전의 이론』이라는 저작에서 발전의 동력이 기본적으로 혁신에 있다고 역설했고, 이 혁신의 주인공으로서 기업가entrepreneur의 역할을 강조했다. 오늘날 우리에게 너무도 친숙한 견해가 바로 슘페터의 것인 셈이다. 여기서 다시 강조해두자. 슘페터가 말하는 기업가란 단순히 기업을 소유하거나 경영하는 사람이 아니라 "창조적 파괴"를 수행하는 혁신자innovator 그 자체를 뜻한다고 말이다. 요컨대 슘페터의 혁신적 기업가는 종래의 생산 요소들을 새로운 방식으로 조합함으로써"신결합" 경제의 순환 상태를 깨뜨리고 경제 발전을 추동한다는 점에서 단순한 관리 기능을 갖는 경영자manager와는 완전히 구별되는 존재다.

그런데 슘페터의 논의에서 상대적으로 잘 조명되지 못한 부분은, 혁신적 기업가를 움직이는 동기의 문제다. 혁신적 기업가는 왜 일하는가? 바꿔 말하면, 혁신적 기업가는 무엇으로 사는가? 슘페터는 기업가와 경제 발전의 관계를 길게 설명하면서 짧게 지나치듯 기업가의 동기를 다음 세 가지로 제시했다. 첫째는 "사적 제국을 건설하려는......자기 왕조를 건설하려는 꿈과 의지"이고, 둘째는 "정복 의지", 즉 "자신이 타인보다 우월함을 입증하기 위해, 성공의 과실이 아니라 성공 그 자체를 위해 성공하려는 투쟁에의 충동"이며, 셋째는 순수한 "창조의 기쁨"이다.[2] 요컨대 기업가에게는 왕조 개창자의 권력의지와 스포츠맨의 승부욕, 예술가의 창작열이 깃들어있으며, 이런 열정들이 기업 활동을 추진한다는 것이다. 결국 슘페터가 말하려고 한 바는, 경제적 합리성의 화신으로 간주되는 기업가에게 비경제적이고 비합리적인 동기들이 잠복해 있다는 것이다. 물론 이는 새로운 주장이 아니다. 일찍이 베버Max Weber는 이제 고전이 된 『프로테스탄티즘의 윤리와 자본주의 정신』에서 개신교도들의 종교적 동기가 결과적으로 자본주의 정신을 촉진하는 원리를 훌륭하게 해석한 바가 있다.[3]

이 글의 목표도 슘페터와 베버의 통찰에 의지해 기업가의 동기를 밝혀보는 것이다.[4] 다시 질문하도록 하자. 기업가는 왜 일하는가? 그런데 이 '왜'에 대해 슘페터는 '사적'이고 '개인적'인 차원에서 접근하지만, 이 글에서는 '공적'이고 '사회적'인 차원의 동기 역시 존재한다고 가정한다. 그리하여 기업가에 내재한 사회적 개념과 그에 기초한 사회적 이상이 기업 활동의 숨은 동기로 작용할 수 있다는 가설을 세워본다. 이런 문제의식은 생각만큼 그리 파격적인 것은 아니다. 기업은 재화와 용역을 생산하고 분배하는 사회 활동의 주요한 공간인데, 여기서는 노동력을 관리하고 조직할 필요로부터 특정한 사회적 관계가 형성된다. 그에 따라 기업가는 기업 내부의 사회적 관계와 이에 영향을 주는 기업 외부의 사회적 관계를 파악하는 특정한 개념들을 발전시킬 뿐만 아니라 가장 바람직하게 보이는 특정한 사회적 이상을 구상하게 마련이다.

물론 자본주의 세계에서 기업가의 사회적 이상은 대체로 이윤 획득이라는 경제적 목표에 종속되는 경향이 있다. 그러나 반드시 그런 건 아니다. 기업 안팎의 사회적 관계들은 이상적인 민주주의적 상황이 아니라면 항상 지배·피지배—한쪽은 명령하고 구상하며, 다른 쪽은 복종하고 실행하는—에 기초한 특정한 권력 관계와 위계질서를 수반하는데, 바로 여기서 이상적인 권력과 질서에 대한 사회적 개념이 나타나며, 이것이 거꾸로 기업의 이윤 추구 행위에 영향을 준다. 이렇게 말한다고 해서 사회적 이상이 경제적 목표에 선행한다고 주장하는 것은 아니다. 다만, 그것이 기업 활동의 한 동기로 작용할 수 있다고 볼 뿐이다. 확실히, 기업가는 체계적인 저작을 남기는 법이 별로 없다는 점에서 그런 사회적 동기를 추적하는 일은 쉽지 않다. 그런데다 종종 경제적 동기와 사회적 동기는 구별하기 힘들 정도로 얽혀 있기도 하다. 그럼에도 기업가의 말과 행동 속에서 사회적 개념과 이상의 흔적들을 발견하고 재구성하는 일은 그 자체로 기업가 연구를 심화하는 데 도움이 되는 의미 있는 작업일 것이다.

피아트의 경영자 - 기업가 비토리오 발레타의 등장 I

<5-1> "피아트의 제 1노동자" 비토리오 발레타(가운데)

이 글에서는 1899년 창립되어 이탈리아를 대표하는 자동차 기업으로 성장한 피아트Fiat의 기업가 비토리오 발레타Vittorio Valletta, 1883-1967의 사례를 통해 기업가의 동기에 사회적 차원이 있을 수 있다는 개연성을 실증적으로 밝혀보고자 한다. 발레타는 누구인가? 그는 1883년생으로 엄격한 교육 철학을 가진 하급 장교인 아버지와 어머니 밑에서 자랐다. 훗날 발레타는 어머니의 엄격한 가정교육을 다음과 같은 특유의 무미건조한 말로 요약했다. "나는 당시에 빳빳한 셔츠 깃이 주는 고통을

처음 알았습니다.” 발레타는 어려서부터 인간은 어떤 상황에서라도 열심히 일해야 한다는, 거의 종교적일 정도의 신념을 배웠다고 한다. 이런 환경이야말로 역사가들이 발레타에게서 ‘노동의 종교’나 ‘칼뱅주의’를 발견한 배경이었다.[5] 발레타는 1909년에 토리노 고등상업학교를 졸업했고, 1921년 4월에 피아트에 입사했다. 피아트에서 발레타는 입사 전에 대학 강단에서 잠시 강의한 경력이 있어 “교수”로 불리며 회사 창업자인 조반니 아녤리Giovanni Agnelli의 “집사”로서 오랫동안 최고 경영진에 참여했다. 1945년 아녤리의 사망 이후 발레타는 “피아트의 아버지papà Fiat”로 불리며 피아트 회장이자 대표이사로서 20여 년 동안 단독으로 피아트를 이끌었다. 충직한 발레타는 1966년에 창업자의 장손인 “변호사” 잔니 아녤리Gianni Agnelli에게 자신의 직위를 고스란히 물려주고 이듬해 사망했다. 그의 사망 소식은 이탈리아 주요 일간지들의 톱뉴스에 올랐는데, 아녤리 가문이 소유한 일간지 「라 스탐파*La Stampa*」는 당시 제1면 헤드라인에서 “교수”이자 “집사”이며 “피아트의 아버지”로 불린 발레타를 “피아트의 제1 노동자”로 규정하기도 했다.

<5-2> 피아트의 창업자 조반니 아녤리와 그의 손자 잔니 아녤리(1940).
발레타는 이 두 세대를 연결시켜준 피아트의 “집사”였다.

발레타는 슘페터가 말한 전형적인 혁신적 기업가였다. 그는 이탈리아의 자동차 대중화motorization와 경제 기적을 주도하면서 피아트를 글로벌 기업으로 우뚝 세운 혁신자였다. 물론 발레타는 피아트의 소유주는 아니었다. 그는 피아트 회장직에서 물러났을 때 놀랍게도 피아트 주식의 1%도 채 못 미치는 지분을 소유했을 따름이었다. 그러므로 기업가를 소유주로 보는 관행에서 발레타는 기업가가 아니라 경영자였다. 그렇기는 해도 발레타는 소유주의 '섭정'으로서 전권을 행사했다는 점에서 기업가적 경영자 혹은 경영자적 기업가로 보인다. 요컨대 발레타는 경영자로서 혁신을 수행한 기업가였던 것이다. 이런 점에서 발레타를 "조물주 경영자*manager* demiurgo" 혹은 "경영자-기업가*manager*-imprenditore"로 부를 수 있다.[6]

그러나 발레타가 경영자인지 기업가인지 구별하는 것은 의미 없는 논쟁이다. 이탈리아에서처럼 소유와 경영이 명확히 분리되지 않은 환경도 환경이거니와 발레타처럼 스스로를 피아트와 일체시킨 인물에 대해 그런 명칭을 구별하는 것이 무슨 의미가 있겠는가? 이런 명칭 문제보다 더 중요한 것은 "경영자-기업가" 발레타를 그토록 열정적으로 일하게 한 동기가 무엇이었는지의 문제다. 과연 발레타를 잘 아는 당대인들이나 연구자들은 발레타를 움직인 사회적 개념들과 비전들이 있었음을 지적해왔다. 그들은 민족주의나 민중주의, 사회민주주의 등 널리 통용되는 사회정치적이고 이데올로기적인 일반 개념들로써 발레타의 기업 활동에 숨어있는 사회적 동기를 설명하려고 했다. 이 글에서는 그런 개념들이 발레타를 얼마나 잘 설명해주는지, 나아가 그를 더 잘 설명해주는 다른 개념은 없는지를 검토해볼 것이다. 이를 위해 발레타의 기업 활동을 파시즘, 전후, 경제 기적 등 세 시기로 나누어 살펴보려고 한다.

피아트 기업 조직의 방향 |

발레타가 피아트에 입사한 때는 이탈리아에서 파시즘이라는 새로운 정치 운동이 대두하고 정권을 장악한 시기와 대략 일치한다. 그런 점에서 기업가 발레타의 사회적 이상을 검토하기 위해서는 필수적으로 파시즘에 대한 발레타의 입장이 무엇이었는지를 고려하지 않을 수 없다. 그러나 그 점을 고려하기 전에 먼저 발레타가 입사한 시절 피아트가 처해 있던 객관적 상황과 그 이후 피아트의 발전 전략이라는 문제를 검토해둘 필요가 있다. 그래야만 파시즘에 대한 발레타의 태도를 발레타의 기업관과 사회관이라는 유기적 전체 속에서 올바르게 파악할 수 있을 것이다.

발레타가 피아트에 입사한 1921년 4월은 이탈리아 현대사에서 '붉은 2년biennio rosso, 1919-1920'으로 불린 혼란의 끄트머리였다. 당시 피아트가 소재한 토리노는 노동자들의 파업과 공장 점거로 들끓는 '이탈리아의 페트로그라드'였다. 그런 혼란 속에서 1920년 9월에 아넬리는 피아트를 협동조합으로 바꾸겠다는 파격적인 제안을 내놓기도 했다. 아넬리는 "권위주의적 부르주아 체제의 진정한 대변자"로 자처하며 무규율과 불복종이 만연하는 피아트를 포기할 수밖에 없으며, 대안은 "자본주의 체제"로 가능하지 않다는 점에서 협동조합밖에 없다고 천명했다. 이 흥미로운 일화에 대해 여러 역사가들은 좌파 세력과 정치 계급에게 은근히 위협을 가하며 여론을 떠보는 책략이었다고 평가한다.[7] 이 책략은 맞아떨어져 아무도 '피아트 협동조합'을 인수하겠다고 나서지 못하는 상황에서 아넬리의 제안은 백지화되었다. 곧이어 아넬리는 피아트 대표이사직에서 사임하겠다고 발표했는데, 이 사임안도 주주총회에서 부결됨으로써 공식적인 재신임과 그에 따른 강력한 정당성을 확보하여 피아트에 복귀했다. 복귀 직후 아넬리는 자신이 생각하는 자본주의란 곧 권위와 질서의 체제임을 천명했고, 이 원칙에 따라 1921년 1월부터 대규모 해고 조치와 새로운 성과급 도입을 통해 좌파 세력에 반격을 개시했다. 발레타가 입사한 때는 이렇듯 전후 위기에서 자본과 노동 사이의 균형추가 자본 쪽으로 기우는 가운데 공장과 기업의 재조직화가 시작된 무렵이었다.

피아트의 재조직화 방향은 "포드처럼 만들자"라는 표어 아래에서 테일러주의와 포드주의에 바탕을 둔 미국식 대량 생산 체제를 본격적으로 갖추어나가는 것이었다. 그 과정에서 발레타는 아넬리의 사회 이념에 대한 해석자로 나섰다. 발레타에 따르면, 아넬리의 이상은 자동차를 노동자들의 생활 세계에 침투시키는 것이었고, 이를 위해 노동자들이 구매할 수 있는 저렴한 실용차를 대량 생산하고 이를 할부 판매 등을 통해 대량으로 보급함으로써 노동자들이 공장에 출퇴근하는 시간을 절약하고 삶의 질을 높이며 그럼으로써 더욱 생산을 증대하는 선순환을 가능하게 하는 것이었다. 물론 당시에 자동차는 여전히 고가였고, 이탈리아의 자동차 시장은 대단히 협소했다. 이를 고려하여 발레타는 4명의 노동자 가장이 공동으로 차를 구매하고 이 차로 함께 출퇴근하며 휴일에는 4주마다 한 번씩 차를 번갈아 이용하는 방식을 고안했다. 한 역사가는 이와 같은 발레타의 구상을 가리켜 "가난한 자의 포드주의"라고 명명하기도 했다.[8] 발레타의 포드주의 구상이 4인당 1차라는 방식으로 왜소화되기는 했지만, 이는 자동차의 대량 생산과 대중 소비에 기초한 이탈리아 자동차 대중화에 대한 최초의 진지한 구상이었다고 할 만하다.

발레타와 이탈리아 파시즘의 관계 |

자동차 대중화에 대한 발레타적인 구상의 결정판은 1938년 8월에 발레타가 무솔리니에게 보낸 제안서였다. 발레타는 제안서에서 자동차가 소수의 사치품이 아니라 노동과 여가를 위한 필수품이라고 전제하고 자동차 대중화를 위한 구체적인 기반을 정부가 당장 마련해야 한다고 주장했다. 그리고 이를 위해 연료세 부담 완화, 사치성 소비세 폐지, 직접세에서 자동차 구매가의 공제, 도로세 폐지, 다목적 대형 지하 주차장 건설 등의 신속한 조치들을 촉구했다. 그러나 파시스트 정부는 발레타의 제안을 일축했다. 근거는 이탈리아에서 실용차에 기초한 자동차 대중화는 먼 미래에나 가능한 "유토피아"에 불과하다는 것이었다.[9] 이에 역사가 바이라티Piero Bairati는 발레타의 제안이 거부된 사실에 주목하여 피아트와 파시즘의 관계가 "결렬"되었다고 논평하기도 했다.[10] 여기서 하나의 문제가 제기된다. 발레타는 파시즘에 어떤 태도를 취했는가?

이 문제에 단서를 제공하는 문서가 있다. 그것은 1932년 파시즘의 로마 진군 10주년을 기념하여 출판된 책자—『로마 진군 10주년에 즈음하여: 이탈리아 저명인사들의 사상 모음집』—에 실린 발레타의 글이다. 여기서 발레타는 "민족을 함정에서 구해내고 민족이 경제 위기를 극복하기 위해 당당히 맞설 수 있게 한 노동과 품성의 규율을 가져다 준" 파시즘의 두체인 무솔리니에게 감사함을 표했다.[11] 이 글에서 발레타는 특히 '붉은 2년'의 끔찍한 무질서와 불복종으로부터 이탈리아에 질서와 규율을 다시 뿌리내리게 한 파시즘의 공적을 찬양했다. 역사가 루가피오리Paride Rugafiori는 바로 이 발레타의 글에서 "전통적인 민족 연대의 이데올로기적 공식들"을 확인할 수 있다고 하면서 공식적인 글을 거의 쓰지 않은 발레타가 체제 기념집에 글을 남긴 점을 매우 의미심장하게 여긴다. 그러면서 발레타가 확신에 찬 파시스트는 아니었지만, 파

시즘에 대해 딱히 불편함을 느끼지도 않았다고 지적한다.[12]

그러나 발레타의 이 글을 그의 '친파시스트적' 태도의 증거로 간주하기는 어렵다. 왜냐하면 파시즘의 위세가 절정에 달한 때에 그와 같은 기념사는 어디까지나 의례적이고 수사학적인 것에 지나지 않을 수 있기 때문이다. 그러므로 파시즘에 대한 발레타의 우호적인 태도를 입증하려면 이 문서보다 발레타의 '속마음'을 좀 더 잘 보여주는 다른 증거들이 필요하다. 실제로 그런 증거가 있다. 대공황과 경제 위기의 한가운데에서 피아트 임원 및 간부에 대한 내부 회람용으로 작성된, "위기에 대한 몇 가지 고찰: 테크노크라시에 대하여"라는 1933년 1월자 문서가 바로 그것이다. 이 문서는 비단 파시즘에 대한 발레타의 태도뿐만 아니라 그의 포괄적인 사회적 이상의 핵심적인 단면들을 잘 보여준다는 점에서 귀중한 사료다.

이 글은 미국 엔지니어 하워드 스캇Howard Scott이 대공황 극복의 대안으로 제안한 테크노크라시에 대한 논평의 형식을 취하고 있다. 발레타는 스캇의 논지가 다음 세 가지 전제에 바탕을 두고 있다고 분석했다. 첫째, 기계의 진보는 모든 산업 분야에서 계속된다. 둘째, 이런 진보는 환원될 수 없는 과정이다. 셋째, 기술적 진보는 근대 사회에서 실업을 양산하는 경향이 있다는 점에서 위기의 항구적 요인이다. 발레타는 이 전제들에 대체로 공감을 표했지만, 거기에 약간의 수정을 가했다. 첫째, 생산 수단의 기술적 진보는 무제한적이지만, 그 과정은 일직선이 아니라 지그재그의 형태를 취한다. 둘째, 기계는 인간 노동의 산물이다. 셋째, 그렇기에 기계가 육체노동을 100% 대체하는 "지상 천국"은 도래하지 않는다. 최소한 "생산물의 분배와 향유를 위한 청결과 질서, 관료제라는 중요한 문제들"은 제기되기 마련이며, 이로부터 노동의 조직화는 항상 필요하다. 이런 맥락에서 "대중의 지성과 영혼의 발전을 위해 육체노동의 피로를 감소시켜주는 인간적 진보의 궁극적 이상"이 무엇보다 중요하다.

이상의 전제들로부터 발레타는 파시즘이 이탈리아의 정치경제적 위기의 타개책으로 제시하고 실행한, "국가 코포라티즘의 개념concetto corporativo dello Stato과 경제 활동 일체에 대한 민족적 규율, 그리고 국부를 창출하고 확대하기 위한 의도에서 새로운 공공사업을 일으켜 여기에 막대한 인간 노동을 투입하기 시작한 것"에 대해 칭찬을 아끼지 않았다. 그러면서 파시즘과 비교하여 마르크스주의의 시각을 소개했는데, 발레타에 따르면 마르크스주의는 생산 수단의 기술적 진보를 역사 발전의 중요한 요인으로 강조하는 점에서는 옳지만 생산 수단의 사회화라는 혁명적 목표를 추구하는 점에서는 받아들일 수 없다고 주장했다. 그 대신 미국 엔지니어들이 혁명의 대안으로 제시한, "기술적 진보라는 지배적 요인을 불가피한 것으로 만드는 진화"에 주목했다. 발레타의 결론은 다음과 같다. "이런 의미에서 극자본주의 국가인 미국에서 건너온 테크노크라시는 일일이 증거를 거론하지 않더라도 징후적 가치가 있다. 사실, 현행의 경제 체제가 역사의 전환점에 도달했고, 무엇인가가 사라지고 수정되며 바뀌어야 한다는 무솔리니의 사상은 날이 갈수록 그 근거가 확고해지고 있는 것처럼 보인다."[13]

이 문서에서 주목할 점은 다음 세 가지로 보인다. 첫째, 발레타는 기술과 생산의 세계에서 인간 노동의 요소를 무엇보다 중시했고, 이에 따라 노동의 조직화와 규율화의 문제를 천착했다. 앞서 언급한 기념사에서 파업과 점거로 점철된 '붉은 2년'의 혼란을 정리한 것을 파시즘의 최대 공적으로 제시한 것도 정확히 이런 맥락에서였다. 둘째, 발레타는 파시즘이 도입한 코포라티즘과 테크노크라시에 대해 상당한 기대감이 있었다. 그에게 파시즘은 현상 유지의 수단도 아니요, 혁명적 변화의 수단도 아닌, 능동적인 변화와 진보의 매체였다. 특히 파시즘은 마르크스주의의 대안으로서 기술적·경제적 진화를 가능하게 하는 수단으로 파악되었다. 셋째, 발레타는 자신의 경영 전략을 그보다 훨씬 더 포괄적인 "사회 이론" 혹은 사회적 이상의 견지에서 이해하고 재구성하려고 했다. 이상으로부터 이 문서에서는 "기술적 진보", "노동", "규율", "민족", "인간적 진보" 등의 핵심어들이 확인되며, 이런 핵심어들이 어우러져 루가피오리가 발레타의 기념사에서 발견한 "전통적인 민족 연대의 이데올로기적 공식들"이 만들어졌다. 그렇다면 루가피오리의 말대로, 발레타를 파시스트로 규정할 수는 없을지라도물론 발레타는 1932년에 정식으로 파시스트 당에 가입한 바가 있다, 최소한 발레타가 파시즘을 찬양하는 기념집에 글을 남긴 것은 상당히 의미심장하다고 말할 수 있을 것이다.[14]

파시즘의 붕괴 이후 피아트의 온정주의 이념

1945년 파시즘의 붕괴와 패전으로 피아트와 발레타는 완전히 새로운 상황에 처하게 되었다. 이탈리아의 전세가 악화되면서 이미 피아트는 연합군의 폭격과 물자 부족으로 큰 고통을 받고 있었다. 당시 발레타는 어떤 생각을 품고 있었는가? 당시 피아트 엔지니어였던 라가찌Paolo Ragazzi는 어려웠던 당시에 대해 다음과 같이 회고하고 있다. "발레타는 항상 우리가 훌륭한 독일인일 수도 있고 훌륭한 미국인일 수도 있으며 훌륭한 파시스트일 수도 있으나, 결단코 피아트를 지켜내는 것이 바로 우리의 정책이라고 말했다."[15] 이런 진술은 당시의 어려운 시절에 발레타가 무엇보다 피아트의 생존과 유지를 지상 목표로 하여 독일과 미국, 파시즘과 반파시즘 사이에서 카멜레온과 같은 전술을 펼쳤음을 말해주고 있다.

전쟁 말기와 전쟁 직후의 상황에서 특히 흥미로운 것은 피아트가 전통적인 온정주의 이념을 활성화하면서 국가의 총체적 몰락의 시기에 시민들을 구원하는 또 다른 국가의 보호 기능을 적극적으로 수행함으로써 회사의 정당성과 연속성을 확보하려고 고투했다는 사실이다. 피아트의 그런 공공 부조 사업을 상징하는 것이 "감자 포대"와 "피아트 수프"의 배급이었다. 피아트의 온정주의는 파시스트들에게 피아트가 국가의 무능을 부각하면서 마치 '국가 속의 국가'처럼 행동한다는 의구심을 불러일으켰다. 실제로 당시 토리노 지사는 시민들에게 감자를 제공하기 위해 밭을 매입하는 피아트의 행위를 매점매석으로 고발하기도 했다. 이에 아랑곳없이 회사는 "피아트 수프"를 열심히 시민들에게 홍보하고 제공했다. 1943년 4월 19일자 피아트 사보 「백과 적*Il Bianco e il Rosso*」은 "피아트 수프"를 이렇게 소개하고 있다.

> 여러분은 공장에서든 사무실에서든 몇 달 전부터 매일매일 피아트 수프를 먹습니다. 직장 상사도, 기술자도, 종업원도, 노동자도 모두 먹습니다. 이 피아트 수프를 제공하는 데는 적지 않은 비용이 들며 앞으로는 더욱 많은 비용이 들겠지만, 여러분은 딱 60첸테시모만 내면 됩니다. 사원증 없이 먹을 수 있는 파스타와 리조토도 마찬가지입니다. 이 음식들은 훌륭합니다. 맛있고 따끈하며 접시마다 넉넉하게 담겨 나옵니다. 피아트가 일상적으로 공급하는 수십 가지의 수프마다 맛도 다양합니다.[16]

이런 사실로부터 역사가 무소Stefano Musso는 당시 "피아트 수프"를 구상하고 실행한 발레타에게서 "기업을 연대에 기초한 공동체로 보는 이념, 즉 새로운 운명 공동체의 이미지가 위계적 차별에 기초한 전통적인 질서를 대체하기 마련인 어려운 시절에 한층 더 강화되는 공동체에 대한 이념"을 발견했다.[17] 물론 이런 판단은 과잉 해석일지도 모른다. 그럼에도 피아트가 전시에 자사 직원들과 토리노 시민들을 부조하기 위해 상당한 비용—무소가 확인한 바에 의하면, 위생 지원 사업에 연간 2천 800만 리라 이상, 탁아 시설에 600만 리라 이상—을 지출한 것은 사실이며, 이는 회사에 대한 직원들과 시민들의 충성심을 확보함으로써 하나의 가족으로 표상되는 피아트의 이미지를 확립하고 사회적 연대를 강화하는 데 기여했다.

종전 직후 발레타는 아녤리 등과 함께 파시즘에 대한 협력 혐의로 민족해방위원회에 의해 기소되어 재판을 받았다. 재판은 1945년 여름부터 초겨울까지 열렸고 이 과정에서 발레타는 '피아트의 반파시즘'에 대한 많은 증거들을 제출하며 열렬하게 피아트를 변호했다. 그러나 민족해방위원회가 와해되면서 더 이상 재판은 열리지 않았고, 그에 따라 발레타에 대한 어떤 선고도 내려지지 않았다. 1945년 12월에 아녤리가 사망한 뒤, 이듬해 4월에 발레타는 피아트를 재건할 수 있는 유일한 인물로서 좌·우 정파들로부터 폭넓게 인정받아 피아트에 복귀할 수 있었다. 사법적 관점에서는 아무 일도 없었으나, 역사적 관점에서 발레타의 협력 문제는 상당한 논란을 불러일으켰다. 그러나 이 논란에 대해 발레타는 훗날 단 한 마디의 말, 즉 "불가피한 것과의 협력"[18] 이라는 말로써 스스로를 변호했다. 이는 자신의 협력 행위를 부정하지는 않으면서도 협력이 피아트를 구하기 위해 어쩔 수 없는 선택이었음을 말한 것이다.

발레타의 피아트 자동차 생산 재건 |

피아트에 복귀한 발레타는 본격적으로 피아트 재건에 나섰다. 경제 재건이라는 절체절명의 과제를 떠안은 발레타는 새로운 일자리를 창출하는 정부의 공공사업이 필요하며, 그에 따라 피아트도 일자리를 방어하겠노라 공언했다. 당시 피아트 생산 시설의 태반이 돌아가지 않았고,

그 반면에 노동자 수는 너무 많았다. 그리하여 순수하게 회사 채산성 기준에서 보면 피아트 노동자의 50%가 해고될 수밖에 없다는 견해가 표명되기도 했다. 그러나 발레타는 이런 견해를 일축하면서 다음과 같이 말했다. "만일 피아트가 해고 조치를 취한다면, 상황이 절망적이고 위기에 있으며 종내 붕괴하고 말 것이라는 확신이 모든 사람 속에 뿌리내리게 될 것이다. 그러므로 다른 개념에서 출발할 필요가 있다. 기업과 사회에 대한 우리의 의무는 명석하게 상황을 고려하면서 가능한 모든 노동력의 고용 프로그램을 실행하는 것이다."[19] 여기서 추론할 수 있는 것은 발레타가 일자리 방어에 대해 당장은 힘들지만 장기적 관점에서 이탈리아의 기업과 경세를 구원할 수 있는 일종의 투사로 생각했다는 점이다. 무소는 이와 같은 발레타의 입장을 가리켜 "케인스주의적인 경향의 사회경제 철학"으로 규정하기도 했다.[20]

그러나 발레타의 '케인즈주의'는 철저하게 권위와 위계에 기초한 것이었음을 잊어서는 안 된다. 특히 당시 공산주의 성향의 노동자들이 공장에서 선동을 강화하면서 소규모 작업 방해와 파업이 잦았음을 고려하면, 발레타가 노동 규율의 문제에 집착한 이유를 충분히 이해할 수 있다. 확실히, 발레타에게 당시 상황은 사반세기 전의 '붉은 2년'을 떠올리게 하는 것이었으니 말이다. 당시 노동 문제에 대한 발레타의 입장은 1948년 9월 「루니타*L'Unità*」지에서 공산주의자 상원의원인 네가르빌레Celeste Negarville와 벌인 논쟁에서 잘 확인된다. 먼저 포문을 연 쪽은 네가르빌레였다. 그는 9월 1일자 신문 제1면에 발레타에 대한 공개서한을 게시하여 피아트가 "공장에서는 사용자가 전제 군주"라는 원칙을 고집하면서 이른바 "한줌의 폭도들"이 공장 규율을 어지럽히는 것을 명분으로 삼아 노동자들에 대해 해고를 획책하고 노조를 무력화하려는 것에 엄중히 항의했다. 물론 네가르빌레는 자신과 같은 공산주의자들도 발레타가 말하는 "생산 증대의 필요성"이 "나라의 경제 재건을 위한 결정적 요소"라는 데 동의한다고 전제했다. 그러나 "생산성 증대를 위한 규율"을 내세워 해고 위협을 가함으로써 생산을 늘릴 수 있다고 생각하는 것은 "너무 단순한" 발상이라고 지적했다. 곧이어 그는 '붉은 2년'의 노조 탄압 정책이야말로 파시즘의 전매특허였음을 상기시키면서 다음과 같은 말로 항의를 끝맺고 있다. "언젠가 파시즘이 기업가들에게는 너무 비용이 많이 드는 것이었다고 말한 사람은 바로 당신이었습니다." 이에 대해 발레타는 소수의 "태만"과 "무능", "협조하지 않으려는 의도적인 계획"이 다수에게 악영향을 미치고 있는 현실을 개탄한 뒤 "더 많이, 더 낫게 생산하고 노동자들의 수입을 증가시켜 삶의 질을 향상시키며 이탈리아 경제의 사활이 걸린 조건인 비용 절감을 위해서는 생산 시설과 노동 과정을 혁신하고 재근대화하며 긴축 경제를 유지하는 것이 필요합니다"라고 힘주어 강조했다. 그리고 마지막으로 "노동의 규율과 효율, 열의와 정숙함"이야말로 이 모든 것을 위한 대전제임을 적시했다.[21]

이 발레타의 회신에서 중요한 점은 두 가지다. 하나는 발레타가 노동 규율을 경제 재건의 대전제로 파악했다는 점, 그런 점에서 엄격한 공장 질서의 확립을 위한 조치가 예고되고 있었다는 점이다. 다른 하나는 발레타가 노동력의 재조직화를 생산 시설의 재근대화와 동시에 사고하고 있었다는 점, 그런 점에서 곧 생산 시설에 대한 대규모 투자가 예고되고 있었다는 점이다. 그런 점에서 지금 살펴본 1948년 9월의 발레타와 네가르 빌레 사이의 논쟁은 전후 피아트 발전사에서 상징적인 전환점이었다. 이제 '전후'는 끝나가고 있었고, 발레타는 잿더미로부터 노동 규율을 위한 새로운 조직과 경제 재건을 위한 새로운 투자를 준비하고 있었다.

생산 시설의 재근대화를 위해서는 무엇보다 그 재원을 마련하는 일이 중요했다. 피아트는 이미 1947년 이탈리아 수출입은행을 통해 약

1,000만 달러에 달하는 차관을 얻어냈다. 그러나 피아트 재건에서 결정적인 사건은 1947년에 발표된 미국의 마셜 플랜이었다. 마셜 플랜을 통한 지원을 중심으로 피아트가 1947년부터 1950년까지 다양한 창구로부터 공여받은 차관과 지원금은 모두 합쳐 6,390만 달러에 이르렀다. 이 막대한 자금을 바탕으로 피아트는 생산 시설을 일신함으로써 전후 이탈리아의 자동차 대중화와 경제 기적의 주역으로 부상하기 시작했다.

전후 피아트 생산에서 주축은 당시 '실용차'로 불린 경차였다. 1951년의 피아트 주주총회에서 발레타는 다음과 같이 말했다. "저렴하고 유지기 쉬운 실용차는 항상 피아트 생산에서 우선권이 있습니다. 왜냐하면 경제적으로 후진적인 나라에서 오직 그런 차만이 주민들에게 다가갈 수 있기 때문입니다."[22] 이 진술에서 당시 발레타가 이탈리아 시장의 한계를 크게 의식하고 있었음을 알 수 있다. 또한 그는 미국과의 경쟁을 피할 수 있는 틈새시장으로서 실용차 부문에 집중했다. 요컨대 전후 피아트 경영 전략의 핵심은 미국 자동차 기업들과의 경쟁을 우회할 수 있는 틈새시장을 대상으로 한 경차의 대량 생산이었다. 그리하여 전후 양산된 피아트 실용차의 대표 주자는 1949년과 1952년에 출시된 '토폴리노 500' 시리즈(1936년에 출시된 '토폴리노 500'의 속편)와 1955년에 출시된 '피아트 600', 그리고 1957년에 출시된 '피아트 누오바 500' 등이다. '토폴리노 500' 시리즈의 두 차종('벨베데레'와 '베를리나')은 1955년 단종될 때까지 89만 6,016대, '피아트 600'은 1970년 단종될 때까지 269만 5,000대, '피아트 누오바 500'은 1975년 단종될 때까지 367만 8,000대가 생산되었다.[23]

이미 네가르빌레와의 논쟁에서 확인되었듯이, 당시 발레타는 파시즘과 전쟁을 겪은 피아트와 이탈리아가 직면한 사회경제적 문제의 본질이 노동자들에게 경제적 안정을 보증해주는 데 있고, 이는 오직 회사의 발전을 통해서만 가능하다고 확신하고 있었다. 그리고 회사의 발전은, 특히 이탈리아가 상대적 후발국의 상황에 놓여 있음을 고려하면, 전적으로 생산의 문제를 어떻게 해결할 수 있느냐의 여부에 달려 있다고 주장했다. 이처럼 소비보다 생산을 더 중시하는 발레타의 태도를 가리켜 역사가 갈리 델라 로지아Ernesto Galli della Loggia는 "발레타 특유의 민족적 생산주의nazional-produttivismo vallettiano"로 개념화한 바도 있다.[24] 실제로 발레타는 피아트가 급상승세를 보이던 1960년에도 생산력을 2배로 끌어올리려고 진력했다. 그는 다음과 같이 말하고 있었다. "피아트가 항상 견지해온 방식에 따라 시장 측의 수요가 가시화되기 훨씬 전에 이미 대부분의 생산 설비가 가동될 수 있도록 준비하기 위해서는 생산 설비를 가장 빠른 시일 내에 완비해야 한다는 것이 우리의 견해입니다."[25]

<5-3> 피아트 실용차의 대표 주자인 '토폴리노 500' 시리즈의 '벨베데레'

이처럼 발레타는 피아트의 생산을 급속하게 확대함과 동시에 대대적인 노동의 재조직화에 착수했다. 대체로 보아, 1948년 말까지 피아트에서 노사 관계는 협력적인 기조 위에 있었다. 그러나 발레타가 본격적으

로 노동력 관리와 조직 개편에 착수하면서 노사 관계는 급속히 냉각되기 시작했다. 이처럼 1948년 말과 1949년 초 사이에 상황이 돌변한 것은 발레타가 피아트 재건 계획을 가속화했기 때문이지만, 냉전 체제가 등장하면서 국제적 상황이 변화했기 때문이기도 했다. 당시 이탈리아에서는 데 가스페리Alcide De Gasperi가 이끄는 중도 우파 정부가 등장하고 좌파 세력이 퇴조하고 있었다. 그런 가운데 냉전이 심화되면서 미국의 대외 정책이 강경하게 바뀌고 있었다. 이런 가운데 피아트와 관련하여 의미심장한 만남이 있었다. 1954년 2월 4일 로마에서 주이탈리아 미국 대사인 루스Claire Boothe Luce와 발레타가 만났다. 여기서 루스는 발레타에게 피아트 내부의 공산주의 세력을 지목하면서 확고한 반공산주의 정책의 필요성을 역설했고, 발레타 역시 이에 동의했다. 그렇다면 피아트의 변화는 객관적인 대내외적 정세의 변화를 불가피하게 반영한 것이었다.

당시 피아트에서는 노사 문제를 둘러싸고 두 가지 모형이 대립했다. 하나는 노동력 관리에 대한 노동자 통제권을 유지하면서 노동자들의 자기 규율을 강조하는 사회주의적·공산주의적 성향의 노조 모형이었고, 다른 하나는 테일러주의와 포드주의에 입각하여 엄격한 위계를 통해 명령이 하달되는 중앙 집중화된 권위 질서를 강조하는 발레타 모형이었다. 두 모형의 충돌은 예컨대 1948년 말 한 달 동안 전개된 "비협력" 투쟁과 1949년 초 석 달 동안 전개된 "투쟁의 3개월"에서 정점에 달했다. 이 투쟁에서 결국 노조 측이 굴복하고 해고 물결이 이어지면서 노조 모형은 발레타의 반공산주의 모형에 의해 철저하게 패배했다. 좌파 노동 운동의 퇴조는 계속되어 1955년 3월에 있었던 노동자들의 조직인 내부위원회 선거에서 금속노동자연맹Federazione Impiegati Operai Metallurgici, Fiom의 득표율은 64%에서 37%로 급감했고, 2년 후 선거에서는 20%를 간신히 넘기면서 사실상 몰락하게 되었다.[26] 이상의 과정에서 보이는 좌파의 급속한 몰락은 너무나 충격적이어서 발레타 "교수"

에 대한 이탈리아 좌파 진영의 기억을 지배한 것은 그의 철두철미한 반공산주의 정책이었다.

그러나 또한 기억해둘 것은 발레타가 그렇듯 완고한 반공산주의 모형을 고집하면서 다른 한편으로는 회사의 정책에 군말 없이 따라오는 노동자들에 대해서는 당시 이탈리아의 어느 기업도 필적할 수 없는, 고임금을 비롯한 일련의 복지를 제공했다는 사실이다. 그러므로 발레타의 그와 같은 '사내 복지'는 피아트 경영 전략의 통합적 일부였다. 과연 발레타를 연구한 많은 이탈리아 역사가들은 이구동성으로 발레타의 '사내 복지'가 이탈리아 특유의 가족주의에 기초한 산업 온정주의paternalismo industriale의 변종이었다고 지적해왔다. 여기서 산업 온정주의란 노사 관계를 계약 관계가 아니라 부모-자식 관계로 표상하면서 기업가의 시혜와 노동자의 복종을 통해 산업 관계를 안정화시키려는 이념이나 관행을 뜻한다.

특히 피아트를 하나의 "대가족grande famiglia"으로 표상하는 담론과 이미지가 매우 강력했다. 물론 가족주의는 그저 은유에 불과한 것이 아니었다. 실제로 피아트에 입사하기 위해서는 가족의 보증과 추천이 필요했고, 피아트 직원의 자제들만이 피아트 학교Scuola allievi Fiat에서 직업 훈련을 받을 특권을 얻었다. 피아트 가족주의 대해 발레타는 1956년의 주주총회에서 이렇게 말했다. "피아트 노동자와 종업원 중 최소한 한두 명이라도 친척이 없는 사람은 거의 없습니다. 같은 곳에서 일하는 아버지, 어머니, 자식, 남편과 아내, 형제와 자매는......회사의 동료 의식과 연대 의식을 강화하는 혈족성의 근간입니다. 그렇게 자식은 부모의 일을 이어받습니다."[27] 무소에 따르면, 피아트 가족주의는 기업을 "노동 공동체"이자 "운명 공동체"로 만들려는 의식적인 노력의 산물이었다. 그리고 이 피아트 "대가족"에서 "좋은 아버지"는 당연히 발레타로 상징되는 "산업 지도자이자 사회 공학자"였다고 한다. 그런 점에서 발레타에게는 "보수적 온정주의자"이면서 동시에 "기술적 근대화의 옹호자"라는 양면이 있었으며, 이는 곧 발레타가 "사회적 근대화를 추구하지 않는 경제적 근대화의......옹호자"였음을 뜻한다고 한다.[28]

발레타와 소련의 자동차도시 건설의 유토피아적 의미 |

1966년 피아트 회장직에서 물러나기 직전에 발레타는 자신의 마지막 걸작을 선보였다. 소련 볼가 강 유역에 거대한 자동차 산업 도시를 건설하는 계약을 소련 공산주의 지도자들과 체결한 것이다. 이탈리아 공산당 지도자의 이름을 딴 톨리아티그라드Togliattigrad가 바로 그 산업 도시였다. 냉전이 한창이던 무렵 서방 기업이 소련 깊숙이에 거대한 산업 도시를 건설한다는 것은 정말이지 파격적인 일이 아닐 수 없었다. 많은 역사가들과 언론인들은 다소 호들갑스럽게 그와 같은 과업이 발레타였기 때문에 가능했다고 입을 모은다. 가령 바이라티는 후발국의 상황을 철두철미하게 의식하는 발레타 특유의 "민중주의적 민족주의"를 고려하건대, 그의 지향성이 소련과 제3세계로의 진출에 맞춰져 있었던 것은 우연이 아니었다고 본다.[29] 또한 갈리 델라 로지아도 발레타의 "민중주의"와 "생산주의"를 거론하면서 그가 가난한 이탈리아를 산업화하고 근대화하는 데 절대적 우선권을 두고 이는 오직 "자본과 노동의 협력적 만남"을 통해서만 실현될 수 있다고 생각했음을 강조한다. 실제로 발레타는 자본과 노동의 갈등을 부추기는 이탈리아 사회주의를 이탈리아 빈곤의 한 원인으로 생각했다. 그리고 발레타의 그런 의식은 무엇보다 '생산'과 '발전'이라는 지상 목표를 갖는, 공산권을 포함한 후발국들의 상황에 적합했다는 점을 시사한다. 그렇다면 '이탈리아의 페트로그라드'인 토리노의 기업 피아트가 소련에 톨리아티그라드를 건설

한 것은 결코 우연만은 아니었던 셈이다.[30]

이와 동시에 많은 역사가들은 발레타에게 '생산'과 '발전'의 명제만큼이나 중요했던 것이 '노동'과 '복지'의 명제였다고 말한다. 실제로 발레타는 노동자들에게 열심히 일하면 부유해질 수 있다고 설교했다. 피아트가 제공하는 높은 수준의 임금과 복지 혜택이 그 증거라는 것이었다. 본문에서 이미 언급했듯이, 발레타가 꿈꾼 세상은 피아트 노동자가 자신이 생산한 자동차로 출퇴근하며 충실하고 정당한 노동의 대가로 근대성의 편의를 누리는 세상이었던 것으로 보인다. 그리고 피아트는 가난한 후발국 이탈리아에서 하나의 본보기가 되는 '섬'이고 나머지 이탈리아 '본토'도 그런 피아트의 본보기를 따라야 한다는 확신을 갖고 있었다. 널리 인구에 회자되었듯이, "피아트에게 좋은 것이 이탈리아 공화국에게도 좋다"라는 말도 그런 확신의 오롯한 표현이었다. 발레타로부터 최고 경영권을 넘겨받은 잔니 아녤리도 한 인터뷰에서 발레타에 대해 다음과 같이 회고한 적이 있다. "발레타는 실제로 사회민주주의자였습니다. 피아트의 사내 복지 정책을 통해 자신만의 방식으로, 즉

<5-4> 피아트의 3세대 기업가 "변호사" 잔니 아녤리

사적인 형태로 이탈리아에서 '사회 국가Stato sociale'를 처음 세운 사람은 다름 아닌 발레타였습니다."31

그러나 피아트와 이탈리아를 '생산'과 '노동'의 공동체로 만든다는 발레타의 구상이 철저한 '권위'와 '규율'의 대원칙에 입각해 있었음을 잊어서는 안 된다. 이 대원칙과 관련해서는 협상 가능한 게임의 규칙 따위는 없었다. 오직 힘의 논리만이 관철되었고, 발레타는 좌파 노조와의 정면충돌을 조금도 꺼리지 않았다. 충돌의 양편은 어느 쪽이건 부러져야 했고, 먼저 부러진 쪽은 노조 측이었다. 그러나 발레타의 승리는 오래 가지 못했다. 1962년의 파업은 노동자들의 불만이 잿더미 속 불씨로 남아 있었음을 입증했다. 게다가 발레타의 "자동차 공화국repubblica dell'automobile"의 꿈이 현실이 되면서 이탈리아 사회도 개인주의와 민주주의를 향해 변모해갔다. 그런 상황에서 발레타의 권위주의는 그 정당성과 실효성을 상당 부분 상실하게 되었다. 발레타의 사망 후 1969년에 발생한 총파업—"뜨거운 가을autunno caldo"—은 낡은 발레타 모형이 새로운 사회에서 더 이상 유효하지 않음을 웅변으로 보여주었다. 요컨

<5-5> "뜨거운 가을" 시기 파업에 돌입한 노동자들

대 피아트 노동자들이 보여준 전투성은 발레타 모형에 대한 조종弔鐘이었던 셈이다.

이상으로부터 발레타의 사례는 기업가의 경제 행위 근저에 특정한 사회적 개념과 이상이 작동하고 있음을 잘 보여준다. 이렇게 말한다고 해서 발레타가 기업가로서 냉정하게 경제적 합리성을 추구했다는 사실을 부정하는 것은 아니다. 발레타는 기업가였지, 사상가는 아니었다. 다만, 이 글에서 보여주려고 한 것은 기업가의 동기는 다양하며 사회적으로 지향된 동기가 존재할 수 있다는 점이다. 예컨대 발레타의 경우에 '권위'와 '규율'에 의해, 자본과 노동의 협력을 통해 강력하게 결속된 공동체의 이념을 피아트에서 실험해보려고 한 것이 그런 사회적 동기의 한 단면일 것이다. 물론 발레타의 사회적 이상을 당대인들이나 역사가들이 보았던 것처럼 민족주의나 민중주의, 사회민주주의 등의 이데올로기적 개념들로 파악하기는 어렵다고 생각된다. 논란의 여지없이 그런 개념으로 파악할 수 있을 정도로 합의된 개념 정의가 있지도 않을뿐더러, 발레타의 이상이 그런 한두 가지 개념으로 포착될 수 있을 정도로 일관되지도 않고 명료하지도 않기 때문이다. 그렇다면 다른 개념을 전용해보는 것도 가능할 것이다.

즉 부담스러운 이데올로기적 개념들보다는 일찍이 발리츠키Andrzej Walicki가 말한, 좀 더 느슨한 의미의 "보수적 유토피아"의 개념이 발레타의 사회적 이상을 더 잘 설명해주는 듯하다. 발리츠키에 따르면, 모든 이데올로기는 세계를 바라보는 특정한 포괄적 관점, 즉 세계관과 일련의 유토피아에 뿌리를 둔다. 그러나 이데올로기가 모두 포괄적 세계관은 아니며, 모든 세계관이 유토피아는 아니다. 나아가 그는 보수주의를 그 기능과 내용의 측면에서 정의할 수 있다고 본다. 기능의 측면에서 통상 보수주의는 변화에 적대적이다그런 점에서 "보수적 자유주의자들"이나 "보수적 공산주의자"라는 표현이 가능하다. 그러나 내용의 측면에서 보수주의는 달리

정의된다. 이 경우에 보수주의는 “프랑스 혁명과 영국 산업 혁명에 대한 반응으로 출현한 하나의 스타일로서, 부르주아적 자유주의와 합리주의적·개인주의적 계몽 철학에 적대적인” 세계관을 말한다. 이런 정의에서 보면, 이탈리아의 역동적인 산업화와 노동의 공동체를 추구한 발레타의 유토피아는 변화에 적대적이지 않았다는 점에서, 그리고 개인주의나 자유주의와는 거리가 멀었다는 점에서 그 기능이 아니라 내용의 측면에서 ‘보수적’이었다고 할 수 있다.[32] 그러나 흥미로운 것은, 발레타의 이른바 “보수적 유토피아”가 어떤 이탈리아인에게는 유토피아였으되 다른 이탈리아인에게는 디스토피아였고, 어떤 이탈리아인에게는 파시즘을 떠올리게 했으되 다른 이탈리아인에게는 사회민주주의를 떠올리게 했다는 점이다. 이탈리아 현대사의 비밀을 푸는 하나의 열쇠도 그런 역설에 대한 설명에 있을지 모른다.

제6장 프랑스

루이 르노의
르노자동차회사와 글로벌 기업의 꿈

윤은기(계명대학교 사학과 교수)

본장에서는 한 때 프랑스의 국영기업이었던 르노자동차회사이하 르노자동차로 약함가 세계 4위의 글로벌 기업으로 발전하기까지 어떻게 발전해왔는가를 주요 시기별로 고찰하고자 한다. 우선 르노 자동차가 1898년 창설된 이후 국유화되고 나서 1973년 오일쇼크 때까지의 발전과정을 간략히 검토할 것이다. 이어서 르노사가 오일 쇼크 이후 1980년대 중반까지 그리고 1990년대 초반에서 중반 사이에 왜 경영상의 위기에 처했으며, 그러한 위기를 어떻게 극복하였는지 고찰하고자 한다. 또한 그러한 위기 극복에 그 당시의 사회경제적 상황이나 국가정책 특히 민영화정책이 르노의 글로벌화 전략 추진에 어떠한 역할을 하였는가를 살펴볼 것이다. 이와 같은 검토는 프랑스의 국가 경제[1]에서 커다란 비중을 차지하는 르노사의 역사를 제대로 이해하고, 그 과정에서 한 기업의 경영위기 극복과 경영혁신이 해당 기업의 성패와 나아가 글로벌화에 어떠한 영향을 미치는지를 깨닫게 해 줄 것이다.

루이 르노 Louis Renault와 프랑스 르노자동차 산업의 시작 |

자동차 역사에 대한 프랑스인의 자존심은 독일 못지 않다. 그들은 세계적으로 공인받고 있는 휘발유 자동차의 원년인 1886년조차 인정하지 않는다. 조셉 퀴뇨1725-1804의 증기차가 세계 최초의 증기기관차라 주장하는 프랑스는 휘발유차 역시 벤츠1844-1929와 다임러1834-1900가 1886년 최초로 만들었다는 것을 부정하고 그보다 2년 빠른 1884년에 프랑스인인 에드와르 드라말이 최초로 만들었다고 역설한다. 자동차에 관한 프랑스인들이 지니고 있는 자존심의 바탕에는 드라말 뿐 아니라 많은 인물들이 자리하고 있다. 세계 최초의 자동차 메이커인 푸죠Peugeot를 세운 아르망 푸죠, 그리고 자동차의 근대화에 큰 업적을 남긴 르노

형제 등 자동차 역사를 화려하게 장식한 많은 인물들이 프랑스의 자부심을 높여주었다.

자동차 경주도 프랑스에서 처음 시작되었다. 당시 레이스는 경주 이상의 의미를 지니고 있다. 당시 자동차기술은 최첨단 기술이었기 때문에 자동차경주의 우승은 곧 그 나라의 기술우위를 의미했다. 이처럼 자동차경주가 국가대항전의 성격을 갖게 되면서 프랑스 차들은 자유를 상징하는 파란색을 칠했다. 이 파란색이 프랑스 자동차를 상징하는 프렌치 블루Franch Blue가 되었다. 프렌치 블루라는 것은 곧 '독창적이고 합리적인 차'를 의미하는 말이 되었다.

이러한 특성을 가장 잘 드러내주는 것이 르노자동차이다. 1898년 르노형제회사Société Renault Ferères라는 상호명으로 승용차생산을 시작한 르노사는 1900년에는 직원 수가 100명을 상회하고 공장도 제법 크게 확장되었다. 르노가 급속히 성공한 이유는 그가 가진 발명의 재간 덕분이다. 특히 중요한 발명은 새로운 동력전달 방식이었다. 이전의 자동차들은 자전거처럼 체인을 통해 동력을 전달하는 방식이었다. 기어 달린 자전거를 타본 사람은 이러한 방식의 동력전달 체계가 얼마나 불편한지 짐작할 것이다. 더욱이 자동차에는 엔진이 달려 있어 그 속도를 마음대로 줄이지 못한다. 르노는 이러한 단점을 기어가 맞물려 동력을 전달하는 "직접전동 방식prise directe"으로 해결하였다. 동력전달 방식에서의 이러한 획기적인 발명은 이후 지금까지 모든 자동차들이 채택하는 전동방식이 되었다. 당시에도 이 방식은 높이 평가되어 많은 자동차 제작자들이 이 방식을 그대로 도입하였다. 특허사용료도 지불하지 않고 직접 전동 방식을 사용하였기 때문에 르노는 이러한 특허침해행위에 대해 법적 대응을 하였다. 판매액의 1%를 받았다고 하는데, 그래서 번 돈이 자그마치 350만 프랑이었다. 이러한 향상된 성능을 가진 자동차를 갖고 르노와 그의 형 마르셀은 용감하게 직접 자동차 경주에 뛰어들었다. 오늘날과 같은 자동차 전용 경주장을 여러 바퀴 도는 것이 아니라 이 도시에서 저 도시로 자동차를 최고속력으로 몰고 가는 것이 당시의 경주방식이었다. 1900년 당시 자동차의 최고속도는 이미 시속 100킬로미터에 달해 있었다. 속도에 비해 안정장치는 부실하였다. 아직도 자동차를 위한 도로 -아스팔트로 포장한 도로- 는 출현하지 않아 마차들이 붐비는 도로를 달려야 하였으며 운전자는 먼지를 뒤집어써야 하였다. 고장과 사고가 빈발하였음은 말할 필요도 없다. 위험을 무릅쓰고 자동차를 직접 운전한 르노 형제는 여러 경주에서 승리하였다. 엔지니어로서 뿐만 아니라 뛰어난 레이서이기도 했던 르노형제는 1902년 파리-비인 레이스에 참가해 우승을 거두었다. 1903년 르노는 600여명의 종업원으로 3천대의 차를 생산하는 기업으로 발돋움했다. 이후 르노는 새 시장 개척에 힘을 쏟아 다섯 종류의 모델을 새롭게 선보였다. 초창기 르노는 다른 메이커와 마찬가지로 엔진과 섀시를 따로 사서 조립하는 방식으로 차를 만들었으나 차츰 독자적인 엔진개발에 성공하였다. 주행거리를 기준으로 하는 요금미터도 부착한 르노택시는 파리의 명물이 되었다.

1909년에 런던의 택시는 절반 가량이 르노 차였을 정도로 르노 자동차는 큰 인기를 누렸다. 1차 세계대전 이전에 창업자인 루이 르노Louis Renault는 수천 명의 노동자를 고용하는 대기업가의 한 사람이 되었다. 무엇보다 1913년에는 프랑스 자동차공업 협회의 회장이 되었다. 이러한 자리로 인해 그는 정부인사들과 빈번한 접촉을 하게 되었다. 밀랑과 브리앙 그리고 알베르 토마 같은 인물들이 그러한 사람들이다. 특히 알베르 토마는 사회주의 지도자로서 노동문제에 정통한 사람이었다. 두 사람은 긴밀한 관계를 유지하였다.

1차대전은 르노에게 커다란 기회가 되었다. 알베르 토마는 전쟁이 일어나자 군수장관으로 임명되었으며 르노는 산업계의 대표로서 군수물자 생산에 협력했다. 르노의 비양쿠르 공장 역시 군수공장으로 전환되었다. 무엇보다 긴박하게 요구된 것은 포탄 생산이었다. 르노사는 이 시기에 프랑스 제일의 포탄생산 공장이 되었다. 포탄 외에도 르노사가 생산한 군수물자로는 트럭, 대포, 비행기 엔진과 비행기 동체, 탱크 그리고 소총 등이 있었다. 특히 항공기 엔진은 전후에도 르노의 주력 생산품 가운데 하나가 되었다. 제1차 세계대전은 항공기 -물론 전투용 비행기-의 급속한 발전을 이룩한 시기이다. 르노사는 비양쿠르 공장에 항공기 생산 작업장을 설치하였다. 이러한 기반을 바탕으로 전쟁후 르노는 소형차에서 고급 대형차까지 생산하는 프랑스 최대의 메이커로 올라섰다.

루이 르노는 1차 세계대전이 끝난 1918년 이후 사업 영역을 다양한 분야로 확장했다. 특히 탱크 제조에서 얻은 기술을 농업에 연결시켰다. 전쟁을 겪으며 먹을 게 부족했고, 유럽 각국이 농업증산에 적극 나서자 농업의 기계화에 착수했다. 이점에서 루이 르노는 사업가로서의 자질을 보여주었다. 그래서 만든 첫 번째 농기계는 '타입 GP'로 불린 트랙터였다. 특이한 건 기본이 된 기계가 자동차가 아닌 FT 탱크였다는 점이다. 군수산업을 농업으로 연결한 셈이다. 결과적으로 1919년과 1930년 사이에 생산된 '타입 GP' 트랙터 덕분에 많은 농가에서 식량을 가파르게 증산할 수 있게 되었다.

<6-1> **Renault Type GP 광고 포스터** (출처 : Steel-wheels)

풍부한 자금과 기술축적을 배경으로 1925년에는 파리 남서부에 위치한 비양쿠르Billancourt에 최초로 초현대식 자동차공장을 세웠다. 이 공장은 이제 원자재를 제외한 자동차 부품의 대부분을 생산하게 되었다. 이에 더해 과감하게 컨베이어벨트 시스템을 도입하였다. 동시에 르노는 제품이 늘면서 본격적으로 전국적인 유통망을 갖추게 되었다. 그 첫 번째가 프랑스 북부 지방의 실업가인 구스타프 구에데와 맺은 판매 대리점 계약이다. 이를 시작으로 서서히 프랑스 전역에 르노자동차를 공급하며 위상을 굳혀갔는데, 1928년 당시 르노의 제품군을 소형차에서 대형차까지 구비돼 있었고, 한 해 4만 5,809대를 생산할 만큼 규모가 커졌다.

그 이후에도 르노자동차는 이후 철강, 비철금속, 부품, 기계 분야의 기업을 다수 매입함으로써 자동차 대량생산의 토대를 마련하였음은 물론 농업기기, 기차, 항공기 등 비자동차 분야에도 사업을 확대하여 1940년대에는 수송기계 종합메이커로 성장하였다.

<6-2> 루이 르노

2차대전이 일어나자 루이 르노는 독일군에 협력하게 되었고, 2차대전 직후 반역죄로 재판을 받는 과정에서 사망하였다. 르노사는 제2차 세계대전 기간에 나치스에 협조했다는 혐의로 1945년 국가에 의하여 몰수됨과 동시에 국유화되었다. 국유화된 르노자동차의 새 역사는 4CV로 시작된다.

<6-3> 르노 4CV(1947)

1940년 개발하기 시작해 6년만에 빛을 본 4CV의 성공으로 르노는 다시 프랑스 제일의 자동차 메이커로 올라섰다. 르노 최초의 앞바퀴굴림 차인 르노4는 700만대 생산이라는 대기록을 세웠다. 제2차 세계대전 이후 정부의 적극적인 자동차산업 육성책에 힘입은 르노사는 1958년 도핀차 등 일련의 소형 승용차의 대량생산에 성공하여 프랑스 최대의 자동차 기업이 되었다. 1955년 자회사인 사비엠을 설립하여 트럭, 버스 등의 생산에도 진출하였고, 1966년 경쟁력 강화를 위하여 푸죠사와 업무제휴를 맺기도 하였다. 르노사는 1950~70년대에 국내에서는 생산시설을 확충하고 해외에서는 유럽의 판매망을 정비하는 등 국내외

에 사업을 확대[2]하였다.

1970년대에도 사업규모가 지속적으로 확대되어 1974년에는 경영위기에 빠진 시트로엥 S.A.의 자회사인 Automobiles M-Berliet S. A.를 매수하고, 1978년에 정부로부터 22억 프랑의 자금원조를 받아 Saviem과 합병하여 상용차의 생산과 판매를 담당하는 Renault Véhicules Industriels RVI를 설립하였다. 또한 1979년에는 미국의 AMC와 Mack Trucks Inc에 자본을 참가하고 북미지역에서의 판매거점을 확충하였다. 제품면에서는 1972년 투입한 R 5를 시작으로 저가격대 대중차와 더불어 1970년대 후반부터 고가격대의 R 20 및 R 30 계열과 Fuego 등의 차종을 연이어 투입하여 제품계열의 확대를 도모하였다. 1975년 조직이 재검토되어 승용차, 상용차, 금융서비스, 산업제품의 4개 부문으로 사업부제를 도입하고 자동차관련 부문에 경영자원을 집중하였다. 80년대에 들어오면서 르노차들은 앞바퀴굴림으로 바뀌게 된다. 르노 4, 5 이외에 르노 9, 11, 18 그리고 고급차인 르노25도 생산되었다.

1898년 창설된 이래 지속적으로 발전해 온 르노사[3]는 어떻게 해서 1980-90년대의 두 차례에 걸친 위기를 극복하고 나아가 진정한 글로벌 기업으로 변신할 수 있었는가? 르노사의 위기극복과 성공을 제대로 파악하려면 1970년대의 오일 쇼크 이후 르노사가 위기를 어떻게 극복하였는지를 보다 종합적으로 고찰해야만 한다.

르노의 위기와 철저한 구조조정을 통한 경영혁신

정부의 적극적인 보호 정책 하에 70년대 초까지 두드러진 성장을 해 온 르노사는 1973년과 1979년에 불어 닥친 두 차례의 오일쇼크로 인한 세계 경제 침체, 이로 인해 더욱 치열해진 메이커간 경쟁, 그리고 인건비 상승 등의 어려운 여건에 처하게 되었다. 이러한 외부 요인 이외에도 르노사는 상용차 부문의 부진, 한 박자 늦은 모델교체[4], 충분치 못한 제품 차별화 정책 등의 내부 요인도 작용하여 80년대 초중반에 연속적인 적자 행진을 이어갔다. 자국의 경쟁사인 푸죠[5]가 84년을 기점으로 경영이 회복기로 접어들었던 반면, 르노사는 오히려 투자 재원 부족으로 인해 이에 적절히 대응하지 못하고 막대한 적자84-87년 누적손실: 250억 프랑를 기록하며 회사의 존폐 위기에까지 몰리게 되었다.

1979년의 제2차 석유파동 이후 국내와 유럽시장에서의 경쟁이 심화되고 과잉인력, 생산설비의 노후화 등으로 프랑스 차의 국제경쟁력이 상당히 저하되었다. 이에 따라 1980년 이후 1984년까지 프랑스 차의 시장점유율은 국내 승용차시장에서 약 10% 정도, 유럽 승용차시장에서 5% 정도 줄어들었다. 1980년에는 푸죠사, 1981년에는 르노사가 각기 적자로 전환되었고, 그 후에도 푸죠는 1983년까지, 르노사는 1984년까지 적자폭이 확대되었다.

이로 인해 르노사는 어떠한 미래도 없는 것처럼 여겨졌다.[6] 1981년에 발족한 프랑소와 미테랑 대통령Francais Mitterrand 사회당정부는 국영기업인 르노사를 회생시키기 위해 경영합리화를 모색하였다. 정부의 의뢰를 받은 국가산업위원회는 1984년에 1) 1988년까지 2대 메이커인 르노사 및 푸죠사의 고용원 7만 명과 부품업체 고용원 2만 명의 감축, 2) 이민노동자의 귀국 촉진과 노동자 재훈련을 위한 25억 프랑 조성, 3) 1985년과 1986년 두 해 동안 르노사 및 푸죠사에 대한 정부의 60억 프랑 저리 융자, 4) 승용차 가격통제의 완화 등이 필요하다는 보고서 Dalle Report를 제출하였다. 또한 이러한 정책들을 과감히 추진할 개혁적인 마인드를 가진 기업리더가 필요함을 지적하였다.[7]

이러한 보고서에 자극받은 프랑스 미테랑 정권은 1985년 1월, 기업 재건을 꾀하기 위해 알루미늄 포장재 메이커인 페시네사를 성공적으로 재건한 엔지니어 출신의 조르쥬 베스를 총재로 임명하여 국영기업인 르노의 회생을 책임지게 했다. 조르쥬 베스는 르노 공단 총재로 취임한 뒤 곧바로 종업원들에게 "1프랑은 1프랑 이상의 가치가 있다"며 엄격한 비용 관리를 부르짖었고, "민간 기업과 같이 고품질의 자동차를 만들어 팔자"며 민간 기업과 같은 수준의 이익 지향 의식을 키우도록 하였다. 베스 총재는 노동 조합에 대해서도 강력한 정리책으로 대응해, 공산당계 노조의 극심한 반대에도 불구하고 2년간 21,000명의 인원 정리를 실시했다.

베스 총재가 재무지식이 풍부한 슈바이처에게 르노 입성을 요청한 것이 바로 이 시기로, 슈바이처는 1986년 5월, 르노의 대표 이사에 취임했다. 44세에 선택한 제2의 도전이었다. 그러나 베스 총재가 그로부터 얼마 지나지 않은 1986년 11월, '악시옹 디렉트'라는 과격 좌파조직의 테러로 암살되자, 보수계의 시라크 내각은 후임 총재에 정부 기술관 출신인 레몽 H. 레뷔를 임명했다. 레뷔 총재는 유럽에 집중하는 사업 전략을 선택하고, 1987년에 미국 AMC아메리카자동차 회사와의 자본 제휴를 끊는 등 합리화를 추진했다. 그 결과 르노는 1987년에 흑자로 전환했다. 처음에는 레뷔 총재와의 마찰도 있었던 슈바이처이지만 1987년에 CFO, 경영 기획 담당 부사장, 1989년에 상급 부사장으로 기용됐다. 슈바이처는 도요타자동차의 사례 등을 연구해, 재고가 나지 않는 생산 방식인 JITjust in time ; 적시 생산 시스템와 TQCtotal quality control ; 종합 경영관리 시스템 등의 품질 개선 활동을 적극적으로 도입했다. 레뷔 총재는 이러한 성공을 높이 평가해, 슈바이처를 1990년 5월에 사장 겸 COO에 임명하고, 1990년 2월에 발표한 스웨덴의 볼보사와의 합병을 전제로 한 자본 제휴 교섭의 책임을 맡겼다. 그러던 중 프랑스 정부가 1991년 9월, 르노의 민영화 방침을 결정하자 르노는 주식회사가 되어 볼보에 정부 보유주식 일부를 매각했다.

레뷔 총재는 승용차 사업의 유럽 집중, 인원감축, 비수익사업 철수 등의 지속적인 경영합리화 작업을 추진하여 흑자전환을 달성했다. 이 당시 여러 개혁 정책 중에서 가장 어려운 과제가 노동자의 인원감축 문제였다. 왜냐하면 노동자들이 노동조합을 통해 격렬하게 저항하였기 때문이다. 그렇지만 좌익의 사회당 소속이었던 프랑소와 미테랑 대통령 집권 중이었던 1986년에 우익인 쟈크 시라크Jacques Chirac이 수상에 취임하여 노동문제를 관장하게 되었다. 시락은 사회당 정권하에서 제대로 이루어지지 않았던 인력감축을 통한 경비절감을 과감히 추진하였다. 이 덕분에 르노사는 회사의 구조조정에 박차를 가할 수 있었다.

흑자 전환 다음 해인 1988년에도 프랑스 정부는 르노사의 경쟁력 강화를 위해 1987년 말 기준으로 464억 프랑에 달했던 동사의 부채를 삭감하기 위해 120억 프랑 상당의 공적자금을 투입하였다.[8] 수익성 위주로 경영 방식을 바꾼 결과 르노사의 노동자 일인당 연간 자동차생산량이 10.4대였으나 1992년에는 18대에 달하게 되었다. 이에 더해 르노사의 자동차 대당 생산비는 유럽에서 가장 낮았다. 이와 같은 경영합리화 조치와 정부의 지원을 기반으로 르노사는 1987년부터 1990년까지 평균 7.5%의 영업이익률을 달성하였다. 이러한 회생에 힘입어 프랑스 국내의 6개 공장 외에 벨기에, 스페인, 아르헨티나, 브라질 등 전 세계 10여 개국에서 르노차의 조립과 생산이 정상적으로 이루어지게 되었다.

그렇지만 프랑스 자동차업계는 1990년대 들어 일기 시작한 유럽시장의 침체와 EC통합 등의 대외적 요인과 프랑스 정부의 고금리 및 긴축정책 시행 등 자국의 내부 상황이 복합적으로 작용하면서 다시 한 번 어려움을 겪게 된다. 르노사는 1990년대 초반 서유럽 시장의 침체에도 불구하고 다른 서유럽 업체들과 비교하여 상대적으로 견고한 수익성을 유지해 왔지만, 1995년에 수익성이 현저히 악화되었고 결국 1996년 52.4억 프랑의 순손실을 기록하였다. 르노사의 경영 재 악화의 요인으로 폐차 인센티브제도 폐지의 심각한 후유증9과 메이커간의 출혈 경쟁에 의한 수익성 악화 그리고 신모델 출시에 따른 제반 비용의 급격한 증가 등을 주요인으로 꼽을 수 있다.

그렇지만 르노사는 1990년대 위기 때에 폐차 인센티브제 폐지에 따른 자국 판매 감소에도 불구하고 1980년대의 경영위기 때와는 달리 발 빠른 대응을 하였다. 르노의 신속한 대응을 주도한 것은 바로 슈바이처 사장이었다. 1992년 5월, 그는 49세의 나이에 레뷔의 후임 총재로 지명되기까지 했다. 슈바이처는 경영 위기 탈출과 도약을 위해 우선 고비용 체질 개선을 위한 인원 감축과 생산거점 집약화를 동시에 추진해나갔다. 노동력이 비싼 벨기에 빌보르드Vilvoorde 공장을 1997년에 폐쇄하기까지 했다. 프랑스 내에서 조기 퇴직제를 도입하여 2,700여 명을 감축하고 1,000여 명을 재배치하였다. 둘째, 1997년까지 대당 제조원가를 3,000프랑 정도 낮춤으로써 연간 45억 프랑의 비용절감 효과를 가져왔다. 이후에도 제조, 판매, 부품조달 등 전 부문에 비용 삭감 프로그램을 도입하여 1999년까지 총 200억 프랑의 비용절감 효과를 거두었다. 이와 병행하여 스페인 정부로부터 보조금을 지원 받아 스페인 발돌리드Valldolid 공장의 경영합리화를 추진하여 생산능력을 확충하는 역발상의 정책을 밀어부쳤다. 이 덕분에 르노는 1999년 3월 일본의 닛산자동차를 인수하였다. 2000년 9월 한국의 삼성자동차를 인수하여 본격적인 아시아 시장 공략에 나섰다.

르노가 이처럼 1980년대와 1990년대의 두 차례에 걸친 경영 위기를 극복할 수 있었던 것은 르노의 과감한 구조조정 덕분이기도 하지만, 프랑스 정부에 의해 적극 추진되었던 민영화 정책 덕분이기도 하다.

민영화와 글로벌 기업으로의 꿈 |

르노사 민영화 추진의 실질적 권한은 프랑스 정부가 가지고 있었다. 1993년 민영화 관련법을 보면 정부는 민영화 대상기업의 성격, 경영성과, 사회적 반응, 대외적 여건 등을 고려하여 특정기업의 민영화 실시 시기를 결정할 권한을 가졌다. 르노사의 민영화 추진이 결정된 것은 스웨덴의 볼보Volvo사와 합병이 무산된 직후인 1994년 2월경이다.[10] 당시 정부에 의해서 르노가 민영화 대상기업으로 선정된 배경으로서는 우선 프랑스 역사 혹은 사회에서 차지하고 있는 르노의 위상 변화를 지적할 수 있다. 제2차 세계대전 직후의 국유화 이후 1970년대 말까지 르노는 여러 가지 면에서 '프랑스 사회의 거울'[11]이었다. 뿐만 아니라 프랑스 노동운동의 상징적인 존재로서 프랑스 국민에 대한 르노의 이미지는 특별하였다. 하지만 1984년 기준으로 120억 프랑에 달하는 적자 발생으로 르노는 민족 기업으로서의 기존 이미지에 커다란 상처를 입었다. 이러한 상황이 르노의 민영화에 유리하게 작용하였다. 둘째, 외국 기업과의 국제적인 협력을 용이하게 위해서다. 이는 주로 회사 경영진의 주장으로서, 정부의 통제 하에 놓인 공기업으로 있는 것보다 민간 기업으로 그 기업의 지배구조 성격이 바뀔 경우 기업 간의 국제적 협력 가능성이 더 크다는 것이다. 그리하여 프랑스에서 1990년대 이후 자국 및 EU의 경제침체가 장기화되자 르노의 민영화 정책은 가속도를 내면서 추진되었다.[12]

르노사는 우파출신으로 1995년에 집권한 쟈크 시라크 대통령 치하에서 우파 수상이었던 알랭 쥐뻬Alain Juppe 총리에 의해 민영화가 가속화되었다. 르노사에 대한 자본 참여자는 정부, 르노사 직원, 볼보사, 엘프사ELF Aquitaine, 파리국립은행, 라가르데르 그룹Groupe Lagardere 그리고 일반 국민이다. 이처럼 정부는 르노사의 주식을 다양한 민간 집단에게 분산

매각함으로써 민영화에도 불구하고 여전히 대주주로 남아 경영권을 장악할 수 있었다.

공기업의 민영화 추진에 대해서 노조는 반대 입장을 취하는 것이 일반적인 경향이다. 그 이유는 고용불안과 노동자의 기업 경영참가 배제에 대한 우려를 들 수 있다. 한마디로 노조는 민영화로 인한 노동자 권리의 박탈 혹은 제한에 대한 우려때문에 민영화를 반대했던 것이다. 대표적인 노동단체인 CGTConfédération générale du travail: 노동총동맹는 시종일관 민영화 반대 입장을 고수하였다. CGT의 금속노조 지도자인 쟝 루이 푸르니에Jean-Louis Fournier는 "프랑스의 전통을 생각할 때 거대 산업을 민영화하는 것은 하나의 이단이다"라고 주장한다.[13] 이에 CGT는 1994년 4월에 르노 직원들의 민영화 의견을 수렴하기 위해 선거를 실시하였다. 이 선거에서 전체 투표 참가자의 70%가 민영화 반대 의견을 표시하였다. 이를 바탕으로 CGT는 동년 9월 20일 대규모 파업을 주도하였다. 르노의 민영화에 대한 반대 운동에는 노동단체뿐만 아니라 정당인 공산당과 사회당도 가담하였다. 이러한 상황에서 정부가 제시한 대안은 '부문민영화'론이다. 즉 르노의 완전매각이 아닌 자산의 일정비율은 국가가 계속 소유하고 일부만 민간에게 이전하겠다는 것이다. 이와 같은 정부의 '부분민영화'[14] 실시 결정은 노조와 야당의 반대 운동을 무마시키거나 적어도 약화시키는 데 결정적인 역할을 했다.

프랑스 정부는 1993년 6월 의회에 의해 의결된 '르노사 부분 민영화 프로그램'에 따라 1994년 11월 3일 르노사에 대한 민간자본의 참여를 허용하였다. 시라크 수상에 이은 보수파 내각의 발라뒤르 수상 지휘하에 르노의 민영화는 착실하게 추진되어, 프랑스 정부는 1994년 11월, 르노 주식의 일부를 시장에 방출하였고, 정부 소유주 비율은 53%로 떨어졌다. 1996년 7월, 정부는 추가로 지분을 과반수 이하인 46%로 내려 오랜 국영화의 역사에 막을 내렸다.

국영 기업으로서 내부에 복수의 유력 노동 조합을 가지고 있는 르노였지만, 그러한 노조와의 관계는 문자 그대로 정부와의 관계에 의해서 지배되어 왔다. 민영화가 실현된 전년에도 르노는 노조의 파업에 큰 어려움을 겪었는데, 그 발단은 정부의 사회 보장 제도 개혁에 반대한 공무원 파업이었다. 정부의 지분이 50% 이하가 됨으로써 르노는 조합과 정치 문제를 떼어버리고, 자신의 경쟁력 향상을 향해서 노사 관계를 재검토할 수 있는 찬스를 잡은 것이다.[15]

레뷔에 뒤이어 후임 총재가 된 슈바이처는 타고난 정치적 수완을 발휘하여 프랑스 정부 등의 불안을 가라앉히는 노력을 계속하면서도, 합리화에 관해서는 한 걸음도 물러날 생각이 없었나. 3월 중순에는 벨기에 공장의 폐쇄에 이어 프랑스 국내에서 2700명의 인원을 삭감하는 계획을 발표하였다. '사면초가'의 상태에서도 슈바이처에게는 강력한 우군이 있었다. 그것은 바로 시장의 반응이다. 벨기에 공장의 폐쇄 계획 발표는 정치적으로는 국민과 좌파 정치가들의 격렬한 반발을 불러 일으켰지만, 주식시장에서 거꾸로 르노의 주가가 단숨에 20%나 상승한 사실은 슈바이처가 합리화 정책을 밀어부치는데 큰 힘이 되었다.

이러한 시장의 반응은 프랑스 정부에게도 큰 압력으로 작용하였다. 기업이 고용이라는 국가의 중요한 사명의 일익을 짊어지고 있는 이상 완전한 시장 원리의 메커니즘에 맡길 수는 없고, 일정한 정부의 개입이 필요하다고 하는 것이 프랑스를 필두로 하는 그때까지의 유럽 사회주의적 국가의 기본적 입장이었다. 그러나 그러한 정책은 기업의 국제 경쟁력 저하와 정부에 의한 중첩되는 기업에 대한 보조금 지급이라는 악순환을 초래하여, 정부의 재정을 크게 압박하기 시작하고 있었다. 1993년의 유럽 시장 통합, 1999년의 유럽 통화통합은 그러한 국가 보조금 지급의 악순환의 고리를 끊어버리고 EU 역내에서의 기업 경쟁을 가속시킴으로써 유럽 기업의 국제 경쟁력을 회복시켰다. 여기서 프랑스 정부가 르노의 구조 조정 계획에 개입하면, 시장은 '강한 유럽'을 지향하는 프랑스의 의도에 의구심을 품게 되고, 프랑스 국내에 들어온 자본의 유출을 초래할 위험을 안고 있었다.

1980년대 이후 르노사의 경영전략의 핵심은 비용삭감인데, 비용 중에서도 인건비 절감에 큰 비중을 두고 노동력 감축을 도모해 왔지만, 이러한 인원감축은 고용의 유지를 원하는 국영기업 하에서는 일정한 한계를 지니고 있었다. 그렇지만 민영화 덕분에 르노사는 인력감축 등을 과감히 추진함으로써 생산 비용절감 효과를 증대시켰다. 1991년에서 1994년까지 르노 그룹 전체의 종업원 수가 약 10만 명 정도 감축된 것을 비롯하여 승용차 부문과 상용차 부문의 종업원 수도 지속적으로 줄어들었다.

이러한 구조개혁 덕분에 프랑스정부와 업계는 르노의 영업실적이 호전되어 프랑스 산업의 부흥을 주도할 것으로 기대했다. 그리고 이러한 기대는 상당한 근거를 지니고 있었다. 우선, 1995년에 출시한 중형차 메간Megane의 판매가 1996년 상반기에 호조를 보였고, 르노가 품질개선, 생산비절감, 인원감축 등의 조치를 꾸준히 취한 덕분에 이후 수치가 크게 개선되었다. 르노의 슈바이처 회장은 1997년까지 대당 제조비를 3,000프랑 정도 절감시켜 연간 45억 프랑의 비용절감 효과를 보았다. 아울러 프랑스 정부와 업계는 민영화 조치로 인해 그동안 방만하게 운영되어 오던 자동차사업을 기업 자율에 맡김으로써 책임있는 경영을 수행할 수 있게 되었다. 르노는 민영화조치 덕분에 소유와 경영을 정부로부터 민간으로 이관시킴으로써 효율성을 도모할 수 있었다.

르노사는 수익을 내지 못하고 있는 공장의 구조조정에도 착수하여, 먼저 1996년 6월 포르투갈 공장에서 생산을 중단했다. 또 1996년 12월에는 거대 타이어 메이커, 미슐랭의 북미 본사 사장 겸 회장으로 있던 카를로스 곤을 상급 부사장으로 스카우트해 간부진을 보강하고 본격적인 국제 전략의 전개를 준비했다. 레바논에 루트를 가지고 브라질, 미국, 프랑스와 여러 지역에서 일해 온 곤의 국제적인 경험을 높이 사 면접을 본 슈바이처는 한눈에 그의 경영자로서의 뛰어난 자질을 간파하고 자신의 뒤를 이을 2인자로 대우했다.

르노는 카를로스 곤의 주도하에 1997년 11월, "1998년부터 2000년까지의 3개년 계획으로 총액 200억 프랑약 4000억 엔의 비용 삭감을 실시한다"고 발표했다. 이 계획에 따라 물자 구입의 효율화로 100억 프랑, 생산 공정의 합리화로 50억 프랑, 개발·판매 관리비의 합리화화로 50억 프랑을 각기 삭감하였다. 이는 그 후 닛산에서도 실시한 구조개혁의 모델이 되었다. 그리하여 르노사는 1997년까지 대당 제조비를 3,000프랑 정도 절감시켜 연간 45억 프랑의 비용절감효과를 보게 되었다. 그 덕분에 르노사의 영업실적이 크게 호전되었다.

중요한 비용 삭감 계획 중 하나는, 부품 납품 메이커의 수를 줄여 장기 거래를 보증하는 대신 납품 단가의 인하를 요구한다는 옵티마 제도의 도입이었다. 거기다가 프랑스 각지에 흩어져 있는 연구 개발 거점을 1992년에 파리 교외의 갸크르에 신설한 르노 테크노센터에 집약시켜 개발 효율을 높였다. 또한 개발 단계에서부터 전략적으로 비용 삭감과 부품의 공유화를 진행시켜 제조 비용의 대폭 삭감을 실현시켰다. 테크노 센터의 가동에 의해 신형 차의 기획에서 생산 개시까지의 기간이 대폭 단축되어, 동 센터에서 최초로 개발된 '뉴클리오'의 개발 기간은 종전의 36개월에서 1998년 모델에서는 24개월까지 단축됐다. 아울러 1990년 이전에는 수십 기였던 플랫폼의 수는 8기로 줄어 1997년에 대히트한 '메간느'의 생산에 있어서는 하나의 공통 플랫폼에서 6개 모델 생간이 가능한 효율적인 개발 체제가 만들어졌다. 이에 의해 프랑스 국내 뿐 아니라 스페인, 아르헨티나, 터키, 브라질 등 해외에서 동일 차를 생산하는 공장에서는 비용 삭감이 대폭 이루어졌다.

개발·생산의 양면에서 이러한 비용 삭감이 진행된 결과, 카를로스 곤이 발표한 300억 프랑의 비용 삭감 3개년 계획은 순조롭게 진행되어, 1998년에는 연결 순이익이 전년 대비 63% 증가인 88억 프랑약 1700억 엔이 되었다. 1993년에는 1100억 프랑 가까이 되었던 이자 부채를 1998년에는 1000억 프랑까지 삭감하는 등의 재무체질 개선도 진행, 적극적인 세계화 전략에 필요한 자금도 풍부해졌다.

결국, 슈바이처는 승리했다. 현지 노동 조합 등과의 협의를 거친 뒤에 1996년 6월 당초 계획대로 벨기에 공장의 폐쇄를 임원 회의에서 정식 결정하였다. 대담한 구조 조정책의 효과와 '메간느', '메간느 세닉' 등 신형차의 히트가 겹쳐, 1997년 12월기 연결 결산의 순손익은 전기의 52억 4800만 프랑 적자로부터 일전하여 54억 2700만 프랑의 흑자로 V자형 회복에 성공하였다.

이러한 민영화 정책에 힘입어 르노사는 1996년의 적자를 극복하고 1997년, 1998년에 각각 9.3억 달러, 15억 달러의 순이익을 달성하였다. 르노사는 플랫폼 통합, 제조 코스트의 삭감, 부품조달 코스트의 삭감 등 제품의 쇄신과 코스트 삭감책을 추진함으로써 체질 개선에 성공했다. 출시 모델의 히트와 해 묵은 과제였던 제품구성의 변화를 들 수 있다. 르노사는 피나는 기업 구조조정 노력과 서유럽시장의 호황에 힘입어 1998년 유럽 자동차 업체들 가운데 최고의 경영실적을 달성하였다.[16]

급속하게 수익력을 회복한 르노이지만, 그것만으로 동사가 장래에도 살아남을 수 있으리라 생각하는 사람은 드물었다. 르노의 1998년 세계 판매 대수는 220만 9300 대로 세계 10위의 어중간한 규모인 것은 물론이거니와, 그 판매 대수의 30%를 프랑스 국내 시장에, 50%를 서유럽 시장에 의존하고 있었기 때문에 글로벌화에서 크게 뒤쳐져 있었다. 이러한 약점은 르노사에게 치명상을 초래할 가능성이 높았다.

그렇지만 르노사의 민영화는 르노사로 하여금 차후에 있을 외국 기업과의 인수합병에 자신감을 갖게 하는 주요한 동인이 되기도 하였다. 민영화에도 불구하고 프랑스정부는 1999년까지 여전히 르노사 자산의 44%를 보유하고 있었다.[17] 2001년에는 닛산이 르노사의 지분을 15% 차지하게 된 결과 프랑스정부 보유 주식은 25%까지 낮아졌지만 여전히 정부가 경영권을 보유하고 있었다. 그러나 르노사는 다른 국영기업들과는 분명한 차이를 보여준다. 이것이 가능했던 이유는 프랑스 정부가 르노사의 사장을 임명하는 것 이외에는 기업의 경영에 거의 간섭하지 않아 르노사가 민간기업과 마찬가지로 운영될 수 있었기 때문이다. 민영화로 르노사는 그 동안 정부에 의존해 오던 보수적인 경영 스타일을 탈피하고 자율적이고 책임 있는 경영을 실현할 수 있게 되었다. 실제로 르노의 민영화는 기업경쟁력 강화에 크게 기여하였다.[18]

동시에 민영화는 르노가 장래의 글로벌 경쟁을 향하여 해외 기업과의 제휴 합병을 진행시키는 데 있어서 커다란 밑바탕도 된다. 볼보와의 합병 교섭에서도, 볼보의 종업원들이 '프랑스에 탈취당하는 것은 아닐까'라는 불안을 가진 데에는, 르노의 배후에 프랑스 정부가 있다는 의구심을 떨쳐버릴 수가 없었기 때문이다. 그렇지만 프랑스 정부의 지분이 50% 미만이 된 것은 제휴 상대방에게 안도감을 불어넣어 제휴를 촉진하는 요인이 되었다. 정부는 르노 주식을 아직도 보유하고 있지만 슈바이처가 10년에 걸쳐 진행해 온 체질 개선과 정부의 민영화 계획은 순조롭게 진행되었다. 이렇게 해서 염원하던 민영화가 실현되자, 슈바이처는 '성장, 확대, 국제화'를 그룹의 목표로 삼아 '공무원밖에 타지 않는 르노를 세계의 르노로 바꾸는' 도전을 시작했다. 자동차 메이커는 유럽의 수요만으로는 큰 성장을 바랄 수 없는 상황이었고, 더구나 미국과 일본의 메이커 등과의 국제 경쟁은 한층 더 극심해져 있어 새로운 국제화 전략이 필요했다. 이러한 인식 아래 르노사는 우선 브라질에 진출1995년 8월하고, 미국 제너럴 모터스GM의 유럽 법인과 소형 상용차 분야에서 제휴1996년 6월하는 등, 새로운 국제적인 전략적 제휴관계를 적극 추진해나갔다.

타업체와의 제휴에 적극적이었던 르노사는 1997년 이후의 경영실적 호전을 바탕으로 닛산을 인수함으로써 약점을 조기에 보완하겠다는 전략을 수립하였다. 그리하여 르노사는 1999년 3월 27일 일본자동차 기업 닛산에 54억 달러를 출자하여 닛산을 인수하였다. 르노가 닛산에 출자한 금액은 모두 330억 프랑54억 달러이다. 이에 따라 르노는 닛산의 최대주주가 되고 닛산은 르노그룹의 일원으로 경영 재건에 나서게 되었다. 르노는 닛산의 최고책임자로 카를로스 곤Carlos Ghosn 집행부사장을 파견하여 철저한 코스트 삭감을 추진하였다. 1998년 경영보고에서 르노는 기업 구조조정을 계속 진행시키는 한편, 2010년까지 400만대 생산체제의 실현을 목표로 하는 중기계획을 발표하였다. 르노는 이를 위해 전체 사업의 50%를 해외에서 전개하기로 하였는데 닛산에 대한 출자는 이 경영계획 발표 직후에 결정되었다. 르노의 닛산 출자 및 경영권 장악은 르노의 세계 경영전략에 합치하는 것이기는 하지만 동시에 닛산의 부실한 재무구조의 개선이 선결과제로 대두되고 있다. 실제로 르노의 닛산 인수가 발표되었을 때 인수에 따른 메리트를 의문시하는 사람들이 의외로 많았다. 닛산의 생산·판매·제품·기술·해외사업의 경영자원을 감안하더라도 4조엔이 넘는 부채가 르노그룹 전체를 부실화시킬 가능성이 높았기 때문이었다. 실제로 르노의 닛산에 대한 출자 발표 이후 무디스 등 세계적인 신용평가기관들은 르노의 장기신용등급을 낮추었다. 그러나 이러한 부정적인 효과를 넘어 르노가 닛산에 대한 출자를 단행한 이유는 제품개발력, 제조기술, 인적자원을 포함한 닛산의 종합적인 경영자원에 대하는 호의적인 평가와 적절한 인수합병 타이밍이다. 특히, 적절한 타이밍은 르노가 닛산을 인수하는데 결정적인 영향을 미친 것으로 보인다. 르노의 입장에서는 유럽시장 호황을 배경으로 경영실적이 호조를 보인 시점이 자국 및 아시아시장의 불황으로 심각한 자금난에 직면한 자신보다 덩치가 큰 닛산을 인수하는데 적기라고 판단한 것으로 보인다. 시장 점유율 6위 닛산자동차일본 2위와 9위 르노자동차프랑스 1위가 지난 99년 3월 27일 자본제휴를 포함한 포괄적 제휴에 최종 합의하여 세계 4위의 자동차 연합을 구축하게 됐다.

제휴합의서 서명 후 루이 슈바이처 르노 회장은 르노가 닛산을 회생시켜줄 수는 없다며 닛산의 뼈를 깎는 정상화 노력을 거듭 주문했다. 특히 르노 측은 코스트 킬러란 별명의 카를로스 곤 수석부사장을 닛산에 파견키로 하여 역시 비용절감에 주력할 뜻을 분명히 했다. 지난 96년도 민영화 당시만 해도 52억4천8백만 프랑에 날하는 적사에서 지난해 서유럽 17개국 자동차판매에서 폴크스 바겐을 제치고 유럽 제 1업체가 되기까지 르노가 행한 노력에 비추어보면 르노의 시도가 불가능한 것만은 아니다. 이전의 3년간 공장폐쇄, 인원감축, 경비절감 등 몸집 줄이기를 통해 르노를 세계 최고의 효율적인 비용구조를 지닌 업체로 변모시킨 카를로스 곤 부사장이 닛산개혁의 선두주자로 나서고 있다는 점도 이를 받침해 주고 있다.

어쨌든 르노의 닛산 인수에는 많은 우려에도 불구하고 적지 않은 메리트가 있는 것 또한 사실이다. 우선 규모의 경제를 확보할 수 있게 되었다. 르노와 닛산의 경영실적을 단순 합계하면 매출액 915억 달러, 세계 판매대수 479만대로 세계 4~5위권에 해당한다.

동유럽에서는 1999년 10월에 루마니아의 자동차회사 다치아에 51%를 출자하여 경영권을 취득하였다. 러시아에서도 모스코비치Moskvich 공장을 이용하여 메간을 생산하는 등 복수의 프로젝트를 추진하고 있다. 아시아에서는 일본과 동남아시아에 있는 닛산의 사업기반을 활용하여 르노차 판매확대를 모색하고 있으며, 아울러 닛산의 기술제휴선인 삼성자동차 지분 70%를 획득하여 경영권과 브랜드 사용권을 취득하였다. 르노사에 있어서 삼성과 다치아에 대한 자본참가는 전략적인 의미에서 매우 중요하다. 400만대 판매 달성에 필요한 신흥시장emerging market의 점유율을 확보하기 위해서는 이들 신흥시장에 뿌리를 내리고 있는 세컨드 브랜드가 필수적이기 때문이다. 르노사는 아직 계획이 확정되지는 않았지만 중국과 인도에서도 삼성과 다치아라고 하는 세컨드 브랜드를 활용하고 있다. 다치아에서는 6천 달러짜리 초저가차를 준비하고 있는데, 이것으로 동유럽 시장 뿐 아니라 중국 시장도 공략하고 있다. 이밖에 르노사는 투자비와 위험을 줄이기 위하여 닛산의 광범한 세계 거점들을 적절히 활용하고 있다.

르노사는 유럽 화폐통합 이래로 서유럽권 밖 파트너와의 제휴를 점진적으로 확대하면서 글로벌화를 시도해 왔다. 브라질, 동구, 아시아 시장이 글로벌화의 주요 대상이었다. 그렇지만 이러한 글로벌화 시도에도 불구하고 르노사의 생산과 판매는 유럽과 남미대륙을 크게 벗어나지 못하는 한계를 지니고 있었다. 이러한 한계는 1999년에 닛산을 인수한 덕분에 극복되었다. 나아가 1999년 말 루마니아의 1위 자동차 생산 업체 다치아를 인수하고, 2000년도에는 우리나라의 삼성자동차까지 인수하였다. 여기에 머물지 않고 남미 등에 사업을 확대하였다. 오늘날에는 그룹 전체적으로 모두 650만대의 규모를 갖추면서, 도요타, 폭스바겐, GM에 이어 세계 4위 업체로 도약하였다. 이와 같은 글로벌화 전략의 성공의 토대가 된 것은 르노의 경영혁신 전략과 민영화 정책이 자리 잡고 있음을 간과해서는 안 될 것이다.

끝으로, 루이 르노는 제 1차 세계대전에서 군수품 생산과 납품을 계기로 국가와 사회에 기여했다는 확고한 자부심을 가졌다. 그렇지만 제 2차 세계대전이 발발하자 독일군용 차량 생산에 사실상 협조했다. 그의 부인에도 불구하고 그는 반역자로 낙인찍혔고 더욱 나아가 르노자동차조차 드골에 의해 국유화되었기 때문에 선구적인 자동차회사를 통해 국가와 사회에 기여하고자 하는 르노의 꿈은 물거품이 되어버렸다. 이제 그 꿈을 국유화된 르노공단이 이어받게 되었다. 르노사는 전세계에서 국유 자동차기업이 생존함은 물론 성공한 유일한 케이스이다. 1990년에 민영화된 이후 글로벌 기업으로 도약하는데 성공하였으며, 프랑스 공업 생산량의 10% 이상을 책임지는 국민기업으로 자리매김하고 있다.

제7장 스페인

아리스멘디의 꿈, 기업의 협동조합 질서

황보영조(경북대학교 사학과 교수)

몬드라곤과 아리스멘디 Ⅰ

요즘 논의되고 있는 기업사의 정체성과 연구 방법에 미국의 기업사가 알프레드 챈들러가 미친 영향은 상당하다. 그는 개별 기업의 사례들을 나열하던 전통적 기업사를 넘어서 개별 사례들로부터 과감하게 일반 결론을 도출하는 새로운 기업사를 지향했다. 이른바 "챈들러식 기업사"다.

챈들러식 기업사의 장점은 방대한 사료 연구와 사회학 이론을 접목시켜 매우 설득력 있고 명쾌한 일반 결론을 도출해낸다는 데 있다. 하지만 이에 대한 비판도 없지 않다. 기업의 내부 구조에만 집중한 나머지 기업가의 역량을 제대로 포착하지 못한다는 비판이 그것이다. 기업가는 합리적 동기만으로 움직이는 것이 아니라 비합리적 동기로도 움직인다. 단순한 이윤 추구가 아니라 "자기 왕조를 건설하려는 꿈"이나 "승리자가 되고자 하는 의지", 혹은 순수한 "창조의 기쁨"이 기업가를 움직이는 동기일 수 있다.

챈들러식 기업사는 또한 기업과 사회 사이의 역동적 관계를 간과한다는 한계도 지니고 있다. 사실 기업은 사회적 진공 상태가 아니라 사회적 환경 속에 존재한다. 나아가 기업은 사회의 기능을 흡수하기도 한다. 요즘 우리 사회에서 흔히 강조하는 기업의 사회적 책임이나 "사회적 기업" 개념은 바로 이런 맥락에서 나온 것이다.

요컨대 기업가를 움직이는 비합리적 이상이나 기업과 사회의 역동적 관계를 중심으로 기업을 새롭게 조명할 필요가 있다. 우리는 이러한 시도의 맹아를 안토니오 그람시에게서 찾아볼 수 있다. 그는 제2차 세계대전 이전에 이미 『미국주의와 포드주의』에서 포드주의를 노동자의 생산은 물론이고 노동자의 생활을 합리화하려는 자본주의의 새로운 기획이라고 규정했다. 제2차 세계대전 이후 세계적 흐름으로 자리 잡게 되는 이러한 포드주의는 바로 노동자를 새로운 사회적 존재로 만들고자 한 헨리 포드의 이상에서 비롯되었다.[1] 기업가와 기업과 사회는 이처럼 불가분의 역동적 관계에 있다.

요즘 대안 기업의 모델로 주목을 받고 있는 스페인의 협동조합 기업 몬드라곤 그룹의 경우도 마찬가지이다. 몬드라곤[2]의 역사는 스페인 내전으로 폐허가 된 작은 마을에 가톨릭 사제 호세 마리아 아리스멘디아리에타[3]가 부임하면서 시작되었다. 그의 가르침을 받은 기술전문학교 졸업생 일부가 1956년에 석유난로 공장 울고르Ulgor를 설립했다. 이 울고르가 2010년 현재 금융, 제조, 소매, 지식 분야 사업체 256개와 종업원 8만4천여 명을 거느린 몬드라곤 그룹으로 발전했다.

<7-1> 몬드라곤 전경

연구자들은 물론이고 여러 운동가들이 최근 몬드라곤에 상당한 관심을 기울이고 있는데, 그들이 몬드라곤에 주목하는 이유는 단지 몬드라곤의 외형적 성장 때문만이 아니다. 회사를 소유하고 경영자를 선임하며 경영 전체를 관리·감독하는 일에 노동자들이 직접 참여하는 기업이

기 때문이다. 뿐만 아니라 기존의 자본주의 질서를 인간 중심의 질서로 재편하는 협동조합 실험을 보여주었기 때문이다. 몬드라곤은 인도주의를 추구하는 사람들에게 영감을 제공해주었다. 또한 근대 산업사회를 재조정하거나 제3세계의 발전 모델을 구상하며 민주적인 사회주의 경제를 모색해나가는 데 좋은 시사점을 제공해주기도 한다.[4] 게다가 "노동자 생산협동조합과 종업원소유 경영 관련 입법을 마련하는 데 상당한 영향을" 끼치면서 노동조합과 대학의 관심을 샀다.[5] 그 결과 몬드라곤이 전하는 메시지가 세계 도처로 확산되어 나가고 있다. 우리나라에서 2011년 말에 협동조합기본법을 제정한 것이나 유엔에서 2012년을 "세계협동조합의 해"로 제정한 것도 이와 무관하지 않을 것이다.

몬드라곤에 관한 연구는 1970년대부터 진행되었지만 이들 연구는 대부분 몬드라곤을 기업경제 차원에서 분석했다.[6] 몬드라곤 협동조합운동에 영감을 불어넣은 아리스멘디 신부의 사상에 관한 연구가 등장하는 데는 좀더 시간이 필요했다. 아리스멘디가 자신의 생각을 체계적으로 밝히지 않았기 때문이다.[7] 그가 사망한 뒤에 다행스럽게도 전집이 출간되었다. 하지만 15권에 달하는 방대한 분량 탓에 소수의 연구자들을 제외하고는 접근할 엄두를 못 냈다.

몬드라곤 연구의 전환점은 1984년에 출판된 단행본 『협동조합 인간』[8]이었다. 이 책은 저자 호세 아수르멘디가 아리스멘디의 방대한 글들을 모아 정리하고 몬드라곤기술전문학교와 노동인민 금고의 문서고에 소장된 사료를 분석한 것으로 아리스멘디의 사상을 체계적으로 연구한 최초의 연구서다. 이에 자극을 받아 1980년대 후반에는 아리스멘디의 협동조합운동을 다룬 연구가 쏟아져 나왔다. 교육학과 인류학, 사회언어학, 도시건축학 차원의 연구도 없지 않았지만 사회경제적 분석이 주종을 이루었다.[9]

<7-2> 몬드라곤 로고

오늘날의 몬드라곤은 아리스멘디 신부의 꿈에서 비롯되었다. 그의 제자이자 몬드라곤 최초의 협동조합 기업 울고르의 창립 멤버인 호세 마리아 오르마에체아는 몬드라곤의 실험을 다른 시도들과 구별시켜주는 유일한 요인은 아리스멘디라고 했다. 몬드라곤은 아리스멘디 신부의 작품이라고 해도 과언이 아니다.

아리스멘디는 1915년 4월 22일 몬드라곤에서 약 50킬로미터 떨어진 비스카야 주의 마르키나라는 마을에서 부유한 자영농 집안의 맏아들로 태어났다. 그는 어린 시절부터 사제로의 부르심을 느꼈고 열두 살 되던 해에는 결국 맏아들의 상속권을 포기하고 신학공부를 위한 예비학교에 들어갔다. 이런 결단의 과정에 참 교사 역할을 해준 사람은 바로 그의 어머니였다.

아리스멘디는 그 후 비토리아에 있는 신학교에서 신부 수업을 받았는데 신학뿐만 아니라 사회문제와 사회운동에 대해서도 폭넓게 독서했다. 스페인 내전 중에는 나이 때문에 군복무를 하게 됐지만 군복무 말기에 이르러서는 짬을 내서 신학공부를 계속해 나갔다. 그는 신부서품을 앞두고 대주교에게 벨기에 루벵대학에서 사회학을 공부하도록 허락

해달라고 간청했다. 하지만 대주교는 그의 요청을 무시하고 신부서품을 받은 그를 몬드라곤 성당의 보좌신부로 파견했다. 대학에서 사회학을 공부하려던 그의 희망은 좌절되고 말았다. 하지만 그는 이에 굴하지 않고 몬드라곤이라는 지역을 사회학 교과서로 삼아 사회학 공부를 계속하기로 했다. 1976년 11월 29일 세상을 떠날 때까지 그는 쉼 없이 그 공부를 계속했다.

<7-3> 아리스멘디 신부

아리스멘디가 몬드라곤에 도착한 것은 1941년 2월 5일이었다. 당시 몬드라곤은 스페인 내전으로 황폐화된 데다 사회적 갈등마저 심각한 상태였다. 그는 도착하자마자 난관에 봉착했다. 가톨릭 신도들이 신부를 갈아 치우자고 했다. 그의 미사 강론이 마음에 들지 않았던 것이다. 목소리가 단조로운 데다 구사하는 화법마저 산만하고 반복적이었다.

신도들의 반응은 시간이 지나면서 바뀌었다. 일대일 대화나 소그룹 토론에서는 물론이고 그가 펼친 각종 활동에서 그의 진정성을 확인하게 되었다. 그는 처음 5~6년 동안 마을 주민들을 대상으로 스포츠, 건강, 경건, 교육, 건축 등의 각종 조직을 결성했다. 특히 노동자들과 긴밀한 관계를 맺었고, 실업과 주거 부족, 결핵, 아이들의 불행 등에 지대한 관심을 보였다. 청년스포츠단을 창설하고 미래의 노동 지도자들을 양성하기 위한 사회학아카데미를 설립하였다. 1943년에는 몬드라곤 주민들에게 기술교육이 필요하다며 노동자 자녀들을 위한 기술전문학교를 열었다.

1956년 4월 14일 마침내 몬드라곤 최초의 생산협동조합 기업인 울고르를 설립했다. 이는 공장에 취직한 기술전문학교 졸업생들이 노동 착취를 당하는 꼴을 참다못한 그가 일부 제자들에게 다니던 공장을 그만 두게 하고 자신의 이상을 실현할 기업을 만들자고 독려한 결과 얻어낸 결실이었다. 1959년에는 노동인민 금고를 설립하고 사회보장 서비스도 개시했다. 1962년에는 이투리페에 기술전문학교를 신축했으며 학생수가 천 명을 넘어섰다. 1965년에는 국가로부터 노동훈장을 수여받기에 이르렀다.

아리스멘디의 꿈은 협동조합 질서를 실현하는 것이었다. 오늘날의 몬드라곤은 그 결과물인 셈이다. 그렇다면 그가 염원한 협동조합 질서는 어떤 것일까? 사실 이를 살펴보는 작업이 그렇게 간단하지는 않다. 이와 관련한 아리스멘디의 사상이 체계적으로 정리되어 있지 않을 뿐더러 그것이 수많은 활동과 논쟁을 통해 형성된 것이기 때문이다. 여기서는 다만 몇 가지 개념을 중심으로 그의 협동조합 질서를 그려보고자 한다.

아울러 아리스멘디가 추진한 몬드라곤 협동조합 운동에 대한 반응도 들여다 본다. 그의 협동조합 운동은 초기부터 강한 비판을 받았다. 비판가들의 비판 내용을 살펴보는 작업은 아리스멘디가 꿈꾼 협동조합 질서의 의미를 가늠해보는 데 도움을 주게 될 것이다. 이는 또한 몬드라곤을 넘어 전 세계로 확산되고 있는 협동조합 운동을 이해하는 데도 유용할 것이다.

아리스멘디의 협동조합 질서 ㅣ

"협동조합 질서"는 아리스멘디의 사상을 압축해 표현한 말이다. 아리스멘디는 사실 이 말 대신에 "새로운 질서"란 용어를 사용했다. 그가 말한 새로운 질서란 "새로운 문명"이나 "새로운 역사"를 뜻한다. 그는 이 용어를 제2차 세계대전 중인 1944년 10월 1일 처음 사용했다. 당시 "한 질서가 폐허 속으로 사라지고 '새로운 질서'가 다가온다"며 "새로운 문명을 건설해 나가자"고 했다. 여기서 새로운 질서란 이중적 의미를 지닌다. 하나는 폐허나 전쟁을 극복하기 위해 용기를 북돋우고 신뢰를 자아내며 행동을 촉구하기 위한 차원의 의미이고, 다른 하나는 구질서의 원리를 대체할 새로운 원리란 뜻이다. 물론 시간이 지나면서 아리스멘디는 전자보다 후자의 의미를 더욱 중요시했다. 그에게 새로운 질서는 곧 새로운 원리였다. 여기서 새로운 원리란 협동조합 질서를 뜻한다.

아리스멘디는 자신이 구상하고 추진한 협동조합 운동을 제3의 길이라고 선언했다. 그가 얘기한 제3의 길이란 자유주의와 사회주의 사이에 위치한 길이 아니라 자유주의와 집산주의 사이에 위치한 길이다. 그는 "협동조합의 개념과 비전은 개인과 공동체를 동시에 존중한다. 협동조합은 개인주의와 집산주의에 등거리를 둔 입장"이라고 했다. 또한 "(협동조합 운동은) 개인주의적 자본주의와 영혼이 없는 집산주의에 등거리를 둔 제3의 길이다. 사회적 맥락을 지닌 인간 개인이 그 중심과 주축을 이룬다"고 말하기도 했다. 아리스멘디는 집산주의와 공동체주의를 구분하고 협동조합 철학은 전자가 아니라 후자라고 하며 협동조합 운동을 일종의 사회주의 운동으로 간주했다. 이런 면에서 그가 말한 협동조합 질서를 협동조합 사회주의라고 부르기도 한다.

아리스멘디는 자유주의와 집산주의 같은 구질서의 원리를 대체할 새로운 질서로 협동조합 질서 혹은 협동조합 사회주의를 꿈꿨다. 그는 자신의 생각이나 사상을 이렇듯 구질서나 혹은 기존 질서와 대비해 이야기했다. 이런 면에서 그가 생각한 협동조합 질서를 두 가지로 나누어 살펴보는 것이 좋을 것이다. 한 가지는 그것이 기존 질서와 대비해서 어떤 의미를 지니는가 하는 것이고, 다른 한 가지는 그렇다면 그것이 과연 어떤 질서인가 하는 것이다. 전자가 그의 사상을 소극적으로 검토하는 것이라면, 후자는 그것을 적극적으로 살펴보는 것이 되겠다.

먼저 기존 질서와 비교하면서 그 의미를 살펴보자. 아리스멘디는 당시 좌파들이 문제 삼은 몇 가지 개념에 대한 자신의 생각을 이따금씩 밝혔다. 민족주의와 계급투쟁, 평등주의, 유토피아, 혁명이 그것이다. 이에 관한 아리스멘디의 생각은 이렇다.

민족주의. 먼저 민족주의에 대한 아리스멘디의 입장이다. 19세기 후반 들어 산업혁명과 자본주의가 낳은 폐단을 극복하기 위한 시도가 노동조합 조직과 정치 조직, 협동조합 조직 등 세 부류의 조직을 중심으로 전개되었는데 아리스멘디는 노동자 해방을 위해서 이 세 부류가 협력해야 한다고 주장하면서도 협동조합 방식이 더 유효하다고 보았다. 나아가 이 협동조합 방식이 바스크 민족의 역사와 전통에 잘 부합하는 길이라고 주장했다. 이 때문에 그의 협동조합 운동이 바스크 민족주의 운동이 아닌가 하는 의혹을 사기도 했다. 몬드라곤의 신화를 연구한 미국 인류학자 샤린 카스미르도 이를 바스크 지역에 보수적이고 기술 관료적인 안정된 중산 계급을 만들어내려는 바스크민족당PNV 정책의 또 다른 표현이라고 보았다.

바스크 지역에서는 19세기 말 이래 사회주의와 민족주의가 상호 반목했다. 스페인 내전 이전에는 양 진영이 이런 반목을 극복하기 위한 시도를 펼쳤으나 지속적인 성과를 거두지 못했다. 아리스멘디도 이러한 전통을 따라 사회적 열망과 민족적 열망을 종합하려고 노력했다. 하지만 내전의 혹독한 시련과 그에 뒤이은 프랑코 정권의 바스크족 억압

정책으로 민족에 대한 관심을 접었다.[10]

그가 민족에 대한 관심을 접은 데는 또 다른 배경이 있었다. 그는 애초부터 자신이 벌이고 있는 작업이 정치적인 것이 아니라고 주장했다. 그가 수학한 비토리아 신학교의 학풍과 프랑코 정권 초기 바스크 지역의 분위기는 정치를 금기시하거나 유심론을 중시했다. 게다가 아리스멘디는 초기에는 민족주의를 강하게 비판한 에마뉘엘 무니에와 자크 마리탱을 따르고 있었다. 이들 인격주의[11] 철학자들이 특히 비판한 것은 인종주의와 배제주의를 지향한 독일과 이탈리아의 민족주의였다. 또한 앞서 얘기한 대로 민족주의 운동을 무시해온 사회주의의 영향도 받았을 것이다.

이러한 영향을 받은 아리스멘디는 바스크족을 언어나 문화가 아니라 노동을 중심으로 다시 정립했다. 바스크족을 노동자공동체로 파악한 것이다. 바스크는 사람들의 노동으로 이루어지는 것이고 정신적이고 문화적인 가치도 이 노동을 중심으로 생겨난다고 보았다. 따라서 그에게 바스크 국가를 건설한다는 것은 정치적 의미가 아니라 인간 중심의 경제를 건설한다는 의미였다. 그는 협동조합 운동이 이러한 일에 협력과 연대의 정신을 제공하기를 바랐다.

그가 민족에 대한 관심을 회복하기 시작한 것은 1960년대 들어서다. 당시 망명 중이던 바스크 자치정부 수반에게 보낸 1961년 7월 19일자 편지[12]에서 바스크족과 바스크족의 정치·문화적 회복에 대해 관심을 보이기 시작했다. 1963년에는 교황 요한 23세와 제2차 바티칸 공의회가 조성한 새로운 분위기 속에서 바스크 민족에 대한 관심을 공개적으로 밝혔다. 아리스멘디가 몬드라곤 협동조합 운동이 바스크족의 전통 미덕과 정신을 체현한다고 보기 시작한 것은 이 무렵, 곧 1960년대부터다.

요컨대 아리스멘디가 바스크족의 역사와 전통을 애초부터 강조한 것은 아니다. 협동조합 운동을 그 전개 과정에 따라 신학 단계, 도구 발전 단계, 바스크족 단계의 3단계로 구분한 그는 바스크족의 미덕과 정신을 체현하는 바스크족 단계를 세 번째 단계로 설정했다. 하느님께서 창조활동을 완성할 협력자로 인간을 창조하셨다며 인간의 초월적 소명으로 협력을 강조한 신학적 단계와 더불어 도구가 발전함에 따라 협동적인 인간의 협력이 필요하게 되었다고 하는 도구 발전 단계를 그보다 앞선 단계로 설정했다.

하지만 그렇다고 해서 그가 이 3단계를 상호배타적인 것으로 본 것은 아니다. 그는 세 방식이 상호 보완적인 성격을 지닌 것으로 보았다. 따라서 어느 한 단계나 한 방식을 그것이 마치 전부인 것처럼 환원해서는 안 된다.

이런 면에서 몬드라곤 협동조합 운동을 민족주의 운동의 일환으로 보는 시각은 문제의 핵심을 제대로 파악하지 못한 것이다. 아리스멘디가 협동조합을 바스크족의 학교[13]라고 말했다고 해서 그를 민족주의자라고 단정하는 것은 곤란하다. 아리스멘디는 사실 노동자 계급을 민족계급으로 이해했다. 그는 노동자들을 대중이 아니라 민족으로 보았고, 바스크족을 얘기할 때는 언제나 노동자들을 언급했다. 게다가 그는 협동조합 운동을 바스크인의 특성에 맞는 사회주의를 건설하려는 노력으로 이해해 주기를 바랐고, 더 나아가 그것이 바스크 특유의 사회주의 모델이 되기를 희망했다.

계급투쟁. 아리스멘디가 사실 계급투쟁의 의미를 따진 적은 없다. 그는 처음부터 이를 기정사실로 받아들였다. 그래도 그가 이해한 계급 개념을 추적해 본다면 그는 이것을 '특권'과 긴밀하게 연결된 것으로 파악한 것처럼 보인다. 따라서 아리스멘디에게는 '특권폐지'가 계급투쟁의 내용이 된다. 좀더 구체적으로 말해 상속 개념을 바꾸고 교육의 기회를 평등하게 제공하며 급여 차이를 조정하는 것 등이 그 내용에 해당된다.

아리스멘디는 사실 계급투쟁이 아니라 계급 협력이나 계급 협동에 호소했다. 그는 인류의 위대함은 노동과 단결의 연대 정신에 있다고 했다. 계급투쟁은 인류의 이러한 본성과 반대되는 것이다. 자유와 정의의 새로운 질서를 건설하는 데 필요한 것은 단결, 곧 협력이다. 이것이 아리스멘디 사상의 기본 원리이다.

아리스멘디는 더 나아가 노동자가 자기 자신을 프롤레타리아 계급으로 이해하는 것에 반대했다. 프롤레타리아 계급이 아니라 시민으로 여기고 그에 걸맞는 책임을 져야 한다고 했다. 이는 나중에 살펴볼 아리스멘디 특유의 혁명관에서 나온 것이다. 뿐만 아니라 아리스멘디는 노동자들이 생산수단을 소유한 자들에게 종속되지 않고 자신을 해방하려면 노동자-기업가가 되는 길밖에 다른 대안이 없다고도 했다. 노동자가 노동자-기업가가 되는 사회가 곧 협동조합 사회이다. 이것은 계급투쟁이 아니라 해방의 주역이 되기를 열망하는 자들의 노동과 단결을 통해서 획득된다.

평등주의. 협동조합 운동은 계급 없는 사회를 실현하고자 한다. 협동조합 사회가 평등주의 사회를 지향하는 것이 아닌가 하는 의혹을 사는 이유가 바로 여기에 있다. 아리스멘디는 모든 차이를 거부하는 평등주의를 단호히 반대했다. 계급 없는 사회가 차이 없는 사회를 의미하는 것은 아니다. 연대와 평등을 추구한다고 해서 차이가 가져다주는 풍요로움을 포기해야 하는 것은 아니다. 진정한 연대 사회는 그 반대로 차이를 받아들이고 공공선을 위해 그 차이를 활용하는 사회이다. 아리스멘디는 "차이가 개성을 드러내고 공동체에 이바지할 때 우리의 연대는 그 차이와 양립할 수 있어야 하고 그 차이를 수용해야 한다"고 했다.

아리스멘디가 평등주의를 반대하는 이유는 이밖에도 다양하다. 그는 평등주의가 부당하고 반사회적이며 연대책임이 없고 비효율적이라고 보았다. 평등주의가 부당한 것은 그것이 능력과 소질이 다양한 인간 존재에 귀를 기울이지 않기 때문이고, 평등주의가 반사회적인 것은 그것이 경쟁적이고 진취적이며 상상력이나 분별력을 지닌 사람들을 고려하지 않기 때문이며, 평등주의가 연대책임이 없는 것은 그것이 연대하여 새로운 힘을 창조하지 않고 단순히 개인 이해를 합치하거나 더하려 하기 때문이다. 아리스멘디가 관찰한 바에 따르면 대중은 본능적으로 효율성보다 평등을 중시한다. 모든 인류는 이런 점에서 끊임없이 평등주의에 매료되었다. 하지만 전문적이고 경제적인 구별을 일체 거부하는 평등주의는 연대의 결여만큼이나 해로운 결과를 가져다준다. “자유를 누리고 경영에 참여하면서도 효율성의 법칙을 인정해야 한다는 사실을 잊어서는 안 된다.” 다소 만족스럽지 않은 일이 벌어지더라도 조심스런 구별 체제를 수용해야 한다. 이것이 아리스멘디가 내린 결론이었다.

유토피아. 아리스멘디의 글에는 유토피아란 말이 자주 등장한다. 그는 우리의 가능성을 자각하기 위해 그것이 필요하다며 유토피아의 긍정적 측면을 언급하기도 했지만 결론은 언제나 비판적이었다. 그 이유는 첫째로, 유토피아가 ‘말장난’이 되기 쉽거나 ‘교조주의’에 빠지기 쉽다는 것이다. 협동조합 운동은 사회와 경제와 인간의 현실을 냉철하게 인식하는 실험이고 협동조합 노동자들은 작업장과 들판에 관심을 갖고 열심히 일하는 자들인데 ‘말장난’과 ‘교조주의’가 이들에게 이익보다는 혼란을 가중시킬 위험이 있다는 것이다. 둘째로, 유토피아가 오히려 보수 반동적이 될 수 있다는 것이다. 그는 “유토피아 창설자가 사람들의 바람과는 반대로 자신의 꿈을 강요”하거나 “혁명이나 변혁을 위한답시고 자유와 존엄 혹은 참여를 담보로 우리의 손발을 묶기 시작한다면 그것은 좋은 것이 아니고 좋은 것일 수도 없다”고 했다. 셋째로, 유토피아와 같은 완벽한 해결책이 없다고 생각했기 때문이다. 복잡한 문제를 간단한 해결책으로 풀 수 없다는 것이다. 나아가 완벽한 해결책이 있다면 그것은 곧 불구의 세계를 의미한다고 했다.

아리스멘디는 오히려 현실주의자나 실용주의자가 된다는 것이 이상을 포기한다는 말이 아니라면서 이상을 포기하지 않는 현실주의를 주장했다. 여기서 그가 말하는 이상은 “꿈을 꾸는 것이 아니라 실현 가능한 선을 행하는 것”이다. 그에게는 이상이 환상이나 몽상이 아니라 실현해 나갈 목표였다.

아리스멘디는 현실주의를 얘기하면서 상식과 행동을 강조했다. 그가 말한 상식은 시장을 위해 물건을 생산해야 하는 협동조합원들이 고객이 원하는 품질과 가격의 상품을 생산해야 한다는 것이었다. 그리고 “말보다는 행동, 예언자보다는 약속을 지키는 자, 환상보다는 실제”가 중요하다며 협동조합 운동은 해결책을 제시하는 데 머무르지 않고 그 해결책을 실제로 보여주는 운동이라고 했다.

혁명. 아리스멘디는 그 해결책으로 협동조합 혁명을 주창했다. 이는 한편으로는 보수주의자들에 맞서고 다른 한편으로는 유토피아적이거나 과격한 평등주의자들에 맞서 제시한 해결책이었다. 그는 협동조합 운동을 경제 분야의 “코페르니쿠스 혁명”이라고 생각했다. 협동조합 운동이 “경제 분야에서 자본주의와 매우 다른 새로운 방향”을 추구하기 때문이다. 곧 인간을 지배해온 경제를 인간에게 봉사하는 경제로 바꾸는 것이다. 인간이 노동을 위한 것이 아니고 노동이 인간을 위한 것이다. 새로운 질서는 기술과 생산, 발전 등이 사람을 위해 봉사하는 질서이다. 사람이 중심이 되는 질서이다.[14]

그가 말한 협동조합 혁명은 다양한 성격을 지니고 있다. 첫째로, 실제적인 필요를 해결하는 현실적 혁명이었다. 내전을 겪은 몬드라곤은 경제적으로 매우 빈곤한 상태에 있었다. 1950년 당시 몬드라곤은 공업노동자가 2,500여 명에 이르고 공장과 작업장이 40여 개에 달하는 조그만 공업도시였다. 주거 환경이 열악하고 영양이 부족하여 1945년 12월에 결핵환자가 100여 명에 이를 정도였다.[15] 배급과 빈곤, 불행, 질병, 결핍, 원한, 추위, 희생, 숙청으로 압축되는 몬드라곤의 현실 문제를 개선하는 것이 혁명의 일차적 목표였다.

둘째로, 일상의 혁명이었다. 아리스멘디는 지배 권력을 타도하는 과격한 혁명에 반대했다. 새로운 사회를 건설하기 위해서는 그것을 건설할 사람들이 필요한데 이 점을 고려하지 않았기 때문이다. 이를 위해서는 긴 교육 과정이 필요하고, 따라서 시간이 필요한 법인데, 즉각적인 혁명을 꿈꾸는 사람들은 이러한 요소를 망각하고 있다고 했다. 아리스멘디가 바란 혁명은 "새로운 구조로 정착되는 꾸준한 변혁이 일어나는 일상의 혁명"이었다. 지속적이고 심오한 변화는 즉각적인 쿠데타가 아니라 협력과 자유를 통한 연속적인 쿠데타로 이루어진다고 했다.

셋째로, 다수의 혁명이었다. 자유와 인민의 이름으로 진행된 근대 혁명들의 결과가 지배 계급을 교체한 것에 불과하다는 사실에 충격을 받은 아리스멘디는 다수를 위한 다수의 혁명을 바랐다. 그는 소수의 전위대가 주체가 되고 다수가 그 도구로 전락하는 혁명에 반대했다. 혁명의 주체는 지도자가 아니라 대중이다. 지도자의 임무는 다만 교육과 협력을 통해 대중을 의식화하는 것이다. 이를 넘어서서는 안 된다.

넷째로, 민주 혁명이었다. 혁명은 민주적이어야 하고 목표는 물론이고 수단과 절차도 민주적이어야 한다.

다섯째로, 도덕 혁명이었다. 아리스멘디가 지향한 혁명은 성경에 등장하는 나사렛 예수의 혁명이었다. 이는 "가난하고 낮은 곳으로 내려오며 말석에 앉고 가난한 자들의 아픔을 나누며 다른 사람들을 사랑하고 그들을 섬기"는 혁명이었다. 그는 이에 대해 "이것은 한 번도 언급된 적이 없는 가장 완벽한 혁명이다. 이것은 사실 유일한 진정한 혁명이다. 다른 혁명들은 누군가를 무너뜨리는 혁명이지만 이 혁명은 (...) 혁명가 자신이 죽는 혁명이다"라고 했다. 아울러 "사람의 혁명은 아무 것도 바꾸지 못한다. 인간의 부정과 불평등을 없앨 유일한 힘은 (...) 기독교 전통에서 나오는 힘이다"라고 했다. 여기서 그의 도덕 혁명은 기독교를 기반으로 한 것임을 확인할 수 있다. 시간이 지나면서 표현은 바뀌어도 혁명에 대한 이러한 기본 이념은 그에게 변함없이 유지된다.

요컨대 그가 주창한 혁명은 사람에게서 출발하고 경제적 현실에서 출발하는 혁명이고 새로운 사회경제 질서를 수립하는 혁명이었다. 그는 "인간의 존엄과 인류 공동체의 요청"에 따라 경제를 새롭게 변화시키고 새로운 사회경제 질서를 수립할 수 있다"며 "신화가 아니라 노동에 기초한 혁명"을 주장했다.

그렇다면 아리스멘디가 주장한 새로운 질서, 곧 협동조합 질서란 어떤 질서일까? 아쉽게도 아리스멘디는 이에 대한 정의를 내리기는 커녕 대강의 묘사도 하지 않았다. 따라서 우리는 새로운 질서를 끊임없이 언급하고 있는 그의 글에서 그 의미를 나타내는 일반적인 표현들을 찾을 수밖에 없다. 그것은 인간이 중심이 되는 질서이다. 기술과 생산과 발전이 사람을 위해 봉사하는 질서 말이다. 여기서는 그가 반복적으로 강조한 3가지 개념을 중심으로 이 질서를 살펴본다.

인간관. 아리스멘디 사상의 초석은 사람이다. 그는 사람을 다음과 같은 존재로 보았다. 첫째로, 인간은 절대적인 존재이다. 그는 인격주의를 제창한 프랑스 철학자 무니에의 글을 인용하면서 이를 강조했다.

"인간은 사회적이거나 물질적인 현실에 관계없이, 다른 인간에 관계없이 절대적인 존재이다. 인간을 전체, 곧 가족, 계급, 국가, 민족, 인류의 일부분으로 간주해서는 안 된다. 그 어떤 개인이나 그 어떤 집단이라도 인간을 수단으로 이용할 수 없다. 기독교 교리에서는 하느님조차 인간의 자유를 존중하신다."[16]

이를 달리 표현하면 사람은 그 자체가 존엄한 존재라고 할 수 있다.

둘째로, 인간은 영적인 존재인 동시에 육체적인 존재이다. 인간이 오직 영적인 존재라면 인간 사회란 경계도 없고 아무런 구분도 없는 보편적 사회가 될 것이다. 하지만 인간은 육체를 지니고 있고, 따라서 민족과 계급이 서로 다른 공동체를 이루고 있다. 프랑스 철학자 자크 마리탱의 표현에 따르면, 인간은 "사회생물학적 기초"를 지닌 존재이다.

셋째로, 인간은 공동체적 존재이다. 사람의 주요 특성 가운데 하나가 공동체성이기 때문에 개인과 공동체가 긴밀하게 연결되어 있다. 사람다움이란 공동체 속에서, 그리고 공동체와 더불어 개발된다. 따라서 성숙한 사람이 되려면 공동체 생활에 참여해야 한다.[17]

넷째로, 인간은 협동적 존재이다. 협동은 협동조합 운동의 효시인 영국의 로치데일이나 스페인의 몬드라곤협동조합에서 비롯된 것이 아니라 인간 자체에서 나온 것이다. 아리스멘디는 인간을 협동조합 인간 hombre cooperativo으로 이해했다.

아리스멘디의 협동조합 기업은 이러한 인간관을 바탕으로 하는 인도주의적 기업이다. 이에 대해 그는 다음과 같이 말한 적이 있다.

> "협동조합 기업의 최종 목표는 스스로 만족하는 벼락부자를 양산하는 것이 아니라 말 그대로 인간을 만들어내는 것이다. 인도주의를 최대한 실현하는 것이 그 사명이다.
>
> 인도주의와 인간(지적인 능력이 있고 자유로우며 책임성이 있는)이 협동조합 정신과 구조의 핵심이자 주축을 이룬다. (...)
>
> 협동조합 기업이 경제적 기업임을 잊어서는 안 된다. 하지만 경제와 경제적인 것은 그 자체가 목적이 아니라 (...) 인도주의의 토대와 같은 것이다."[18]

그는 이처럼 경제 분야에서 인간과 인도주의적 가치의 우위를 강조했다. 협동조합 질서에서는 인간과 인간의 노동이 힘의 원천이고 자본은 종속적인 수단에 불과하다.

노동관. 아리스멘디에게 노동은 그의 꿈을 실현하는 중요한 열쇠였다. 몬드라곤협동조합 경험을 가능하게 만든 초석이 바로 그의 노동관이다. 그는 노동을 동물에게는 없는 인간 고유의 능력이며 사회통합의 수단이라고 보았다. 노동에 참여할 때 사람이 동료들과 소통하며 관계망을 확장하고 노동공동체의 일원이 된다. 이런 소속감이 개인의 존재에 새로운 의미를 부여하게 된다.

노동은 또한 공동체에 봉사하고 개인의 자아를 실현하며 사회를 발전시키고 자연에 변화를 가하는 수단이다. 자신의 이익을 위해 노동을 이용하는 자본가는 사회적 악이다. 협동조합 운동은 이러한 자본주의 체제에 반기를 들고 인간이 자기 노동의 주인이 되게 하려는 운동이다. 노동은 나아가 새로운 공동체를 건설하는 수단이기도 하다. 이를 위해서는 노동자들이 단결하고 협력해야 한다. "노동자들이 분열하면 약하지만 단결하면 강력한 힘을 발휘한다." 아리스멘디는 이렇듯 단결과 협력의 필요성을 여러 차례 강조했다.

아리스멘디는 또한 노동자의 인간적 가치를 회복하기 위한 노동의 인간화를 부르짖었다. 뿐만 아니라 이를 위해서는 노동자들의 자질함양이 필요하다며 그들을 교육하는 데 온 힘을 쏟았다. 그가 기술전문학교를 설립한 이유가 여기에 있었다.

아리스멘디의 노동관은 기본적으로 기독교 사회교리의 노동관과 일치한다. 노동이란 "하느님의 징벌이 아니라 인간을 신뢰한 하느님이 인간을 협력자로 삼은 증거"이다. 이렇게 볼 때 노동은 즐거움의 원천이 될 수 있다.

소유권. 아리스멘디는 소유권을 자연권으로 인정했다. 인간이 인간답게 살기 위해서는 개인 소유가 필요하다고 보았다. 하지만 소유권이

상대적이며 조건적이고 제한적인 자연권임을 강조했다. 왜냐하면 생산재를 소수의 특권 엘리트 수중에 들어가게 내버려두면 개인 소유가 불평등을 확대시키기 때문이다. 따라서 개인 소유는 받아들일 수 있지만 "재화는 모두의 소유이고 우리 각자의 소유"라고 했다. 이와 더불어 그는 생산재의 공동 소유를 주장했다. 게다가 인간이 인간답게 사는 데 필요한 정도를 넘어서는 소유는 모두 잉여라고 했다. 소유 개념을 상대화한 것이다.

몬드라곤 최초의 협동조합 기업 울고르를 설립한 창립 멤버들과 아리스멘디는 이상에서 살펴본 협동조합 질서의 기본 이념들을 반영한 사회경제적 기본 원칙을 마련했다.[19] 1987년 10월 2일과 3일에 열린 제1차 몬드라곤 협동조합그룹 회의[20]는 이 기본 원칙을 바탕으로 몬드라곤의 10대 원칙을 세웠다. 이는 협동조합 운동의 실천과 이념을 성문화한 것으로 아리스멘디가 꿈꾼 협동조합 질서가 실제로 어떻게 정리되었는지 살펴볼 수 있는 좋은 자료가 된다. 이를 간략하게 정리하면 이렇다.

첫째 원칙은 가입의 자유이다. 몬드라곤은 몬드라곤의 기본 원칙을 받아들이고 직업적으로 일을 수행할 수 있는 남녀 모두에게 가입을 개방한다. 가입과 관련해 종교적·정치적·민족적 차별은 물론이고 성적 차별도 금한다. 한 가지 조건이 있다면 내부 규정을 존중해야 한다는 것이다.

둘째 원칙은 조직의 민주화이다. 조합원은 누구나 권리와 소유와 정보를 기본적으로 평등하게 누린다. 최고의사 결정기관은 모든 조합원들로 구성된 총회이고, 총회는 '1인1표'로 의사를 결정한다. 관리기관인 이사회는 총회에서 선출하고 이사회는 총회에서 경영에 대한 책임을 진다.

셋째 원칙은 노동 주권이다. 노동을 자연과 사회, 인간을 변화시키는 중요 요소로 간주한다. 자본보다 노동을 우선하며, 창출된 부는 제공된 노동에 따라 분배한다. 분배 정책은 연대의 원칙을 따른다. 보상은 급여와 배당으로 이루어진다.[21]

넷째 원칙은 도구적이고 종속적인 자본이다. 자본은 사업에 필요한 도구로서 노동에 종속적인 것으로 간주한다.

<7-4> 조합원 투표

다섯째 원칙은 경영 참여이다. 협동조합의 민주적 성격은 자주관리와 조합원의 점진적인 경영 참여를 의미하기도 한다. 이를 위한 적절한 장치와 통로를 개발하고 경영 추이에 관한 기본 정보를 공유한다. 조합원에게 영향을 미치는 경제·조직·작업의 결정 과정에 조합원 및 그들의 대표와 토의하고 협의한다. 가장 중요한 참여기구는 총회이다. 총회는 이사와 감사를 임면하고 경영평가를 실시한다. 총회는 또한 일반 정책 및 전략을 승인하고, 증자·출자금에 대한 지급이자율, 신규조합원의 가입비 등을 승인하며, 기업정관을 개정하고, 경제적·조직적·기능적으로 구조에 상당한 변화를 가져올 사항을 승인한다. 대의적인 경영·관리기관인 이사회는 협동조합 경영이사를 임면하고 정기총회와 임시총회를 소집한다. 이사회는 또한 조합원 가입·탈퇴, 직무 및 훈련시스템 관련 결정, 협동조합 조직과 운영 변경 사항, 예·결산 및 잉여 배분과 손실 할당 등을 총회에 승인 요청한다. 조합원 대표 조직인 조합평의회 Consejo Social의 평의원은 조합원 수에 비례하여 부문별로 선출한다. 조합평의회는 조언과 정보제공, 협상, 사회적 통제 활동을 하고, 이사회가 승인해야 할 사항에 대한 제안서와 보고서를 작성하며, 소속 조합원들에게 관련 정보를 전달하거나 조합원들의 발의를 이사회에 전달한다.

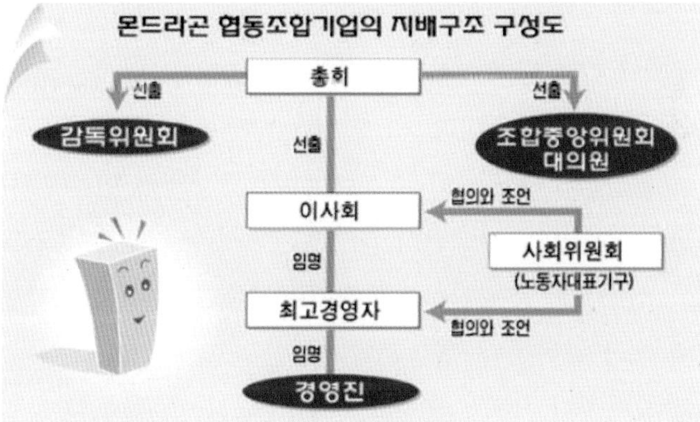

<7-5> 몬드라곤의 지배구조

여섯째 원칙은 급여 연대이다. 연대 원칙에 입각한 충분한 급여를 지급하는 것이 경영의 기본 원칙이다. 내부적으로 연대에 기초한 급여체계를 수립한다. 최하위 노동조합원과 최고위 경영진 사이의 급여 차이는 3배로 한다. 외부적으로 동일부문 일반기업 및 동일지역 임노동자 급여수준이 현저히 낮지 않는 한 그와 대등한 수준을 유지하며, 급여수준은 동일부문 주식회사의 90~110퍼센트를 유지하고 연간 노동시간은 동일부문 주식회사의 97~103퍼센트를 유지한다.

일곱째 원칙은 상호 협력이다. 상호 협력 원칙은 구체적인 연대의 실현이자 효율성을 높이기 위한 조건이다. 개별 협동조합들이 동일한 사회노동 체계 수립을 위한 그룹을 창설하고, 이윤을 공동 운용하며, 노동자 조합원을 교류하는 등 통합의 규모에서 나오는 잠재적 시너지를 위해 상호 협력한다. 바스크 지역은 물론 스페인 국내의 다른 협동조합들과 협력하고 유럽 및 세계 협동조합 운동과도 협동한다.

여덟째 원칙은 사회개조이다. 몬드라곤 협동조합 운동은 사회경제적 발전을 도모한다. 이를 위해 순이익의 상당 액수를 재투자하고 공동체 기금에 배당을 해 고용을 창출한다. 사회복지 기금 출연을 통해 특히 교육 분야에서 공동체의 발전을 지원한다. 연대와 책임을 토대로 한 협동조합 체계와 걸맞은 사회보장정책을 실현한다.

아홉째 원칙은 보편성이다. 국제 협동조합 운동이 지향하는 평화와 정의, 발전을 지지하고, 사회 경제 분야에서 경제적 민주주의를 위해 일하는 모든 사람들과 연대한다. 국제노동자협동조합연맹CICOPA, 유럽협동조합EUROCOOP, 스페인사회경제기업연합회CEPES, 바스크협동조합연맹 등에 적극 참여한다. 협동조합기업연구소OTALORA를 통해 협동조합 문화를 전파한다.

마지막으로, 열째 원칙은 교육이다. 몬드라곤협동조합을 시작하고 발전시키는 데 교육과 훈련이 결정적인 역할을 했다. 아리스멘디는 "교육이 인민을 계발하는 열쇠"라고 생각했다. 그는 또한 "교육이 인간적이고 공정한 새로운 사회질서를 수립할 토대"이며 "권력을 민주화하기 위해서는 지식을 사회화해야 한다"고 강조했다. 그는 이러한 신념에 따라 1943년 몬드라곤에 기술전문학교를 설립했다. 이 학교가 협동조합 운동의 일꾼을 배출한 산실이었다. 교육과 훈련이 협동조합 운동을 강화하는 핵심 요소이다.

이상을 통해 몬드라곤 협동조합 운동은 자본이 아니라 사람을 중심으로 하는 민주운동이고, 인간의 존엄과 더불어 노동과 교육에 바탕을 둔 운동임을 확인할 수 있다. 요컨대 몬드라곤 10대 원칙은 아리스멘디의 협동조합 질서를 잘 반영하고 있는 원칙이라고 할 수 있다.

몬드라곤 협동조합 운동에 대한 비판 |

하지만 아리스멘디의 몬드라곤 협동조합운동에 대한 주위의 시선은 곱지 않았다. 짐작하다시피 제일 먼저 비판을 제기한 자들은 자본주의 기업가들이었다. 하지만 좌파 진영의 비판이 더욱 거셌다. 그 비판은 1966년부터 시작되었고 주로 자유시장 원리와 소유, 노동귀족, 배신 등의 문제를 중심으로 제기되었다.

좌파 진영은 먼저 몬드라곤 협동조합 운동이 자유시장의 원리를 받아들이고 평등주의 원리를 져버렸다고 비판했다. 협동조합 운동이 자본주의의 아류에 불과하다는 얘기였다. 이 비판에 대해 아리스멘디는 진지하게 대응했다. 그는 자유시장과 사회주의가 양립이 가능한지를 물은 다음에 몬드라곤은 자유시장의 원리를 받아들이고 자본주의적 조직과 공존하는 길을 선택했다고 말했다. 이에 대해 비판자들은 협동조합원들이 전쟁에 진 것이라고 생각했다. 이들은 시장 조직과 경제 원리를 수용하는 제도가 자본가 계급을 강화해줄 뿐 협동조합 운동에는 오히려 족쇄로 작용할 것이라고 보았다. 협동조합 운동이 "마르크스 테제와 모순이 되는 원칙을 그대로 유지"하는 꼴이라고 강변했다.

이에 대해 아리스멘디는 자신의 사회주의 개념이 마르크스주의 개념과 다르다면서 "민주주의를 본질로 하는 협동조합 운동은 제도적 상부구조가 민주주의 규칙을 따른다면 다른 방식과 공존하는 방안도 받아들일 수 있다"고 응수했다. 자본주의가 지닌 유익한 점을 받아들이거나 배울 수 있다는 얘기였다. 자본주의 조직과 경제활동 경험, 효율성이 그러한 사례들이라고 말했다. 그렇다고 해서 그가 자본주의를 지지한 것은 아니다. 그는 자본가를 인간의 신성한 의무이자 자아실현 수단인 노동을 빼앗은 "강탈자"요 "사회적 악"이라고 불렀다. 협동조합 운동은 오히려 자본주의 체제에 반기를 들고 인간을 "모든 사회경제 생활의 주인이자 중심이요 목적"으로 삼는 운동이라고 말했다.

아리스멘디는 어떤 체제도 전적으로 좋거나 전적으로 나쁜 체제는 없다고 보았다. 모든 체제가 긍정적인 면과 부정적인 면을 지니고 있다고 했다. 이런 점에서는 심지어 그가 협동조합 운동을 받아들인 것도 그것이 결점이 없는 체제이기 때문이 아니라 다양한 가능성을 검토한 결과 그것이 인간적인 사회를 향해 나아가는 보다 적절한 길이라고 생각하기 때문에 받아들인 것이라고 볼 수 있다.[22]

협동조합 운동이 자본주의의 실제적인 대안이 되기 위해서는 효율성 측면에서 자본주의를 극복해야 한다. 아리스멘디는 "우리 협동조합 운동이 자본과 기술, 조직의 기동성 면에서 뒤지지 않도록 추진되어야 한다"고 강조했다. 협동조합 운동은 끊임없이 변화하는 세계에 적응해야 하고, 크고 작은 기업에 모두 적용 가능해야 하며, 기술 발전의 요구에 부응해야 한다. 따라서 자유시장의 원리를 수용한 협동조합 운동, 곧 자본주의 속의 협동조합 운동[23]은 사실 매우 힘든 운동이다. 하지만 아리스멘디는 협동조합 운동이 효율성 면에서 자본주의를 극복해야 하고 또 그럴 수 있다고 생각했다. 그 비결은 바로 사람이다. 복잡하고 힘든 기업 경영을 감당할 훌륭한 사람들이다. 이렇듯 아리스멘디의 협동조합 운동은 앞서도 강조했다시피 실제로 인간에 대한 신뢰에 바탕을 두고 있다.

좌파가 협동조합 운동에 대해 제기한 두 번째 비판은 그것이 생산수단의 개인 소유를 유지하고 있다는 것이다. 아리스멘디가 밝히고 있다시피 협동조합 이론은 생산수단의 개인 소유를 거부하지 않는다. 협동조합 운동은 더욱 적극적으로 특권 계급의 형성을 막는 권력의 인간화와 경제 민주주의, 연대를 통해서 새로운 수준의 의식, 곧 새로운 수준의 문화를 만들어낸다. 아리스멘디는 이때 소유의 실용적 가치가 생겨난다고 말했다.

좌파 진영이 제기한 세 번째 비판은 협동조합 운동이 일종의 신흥 노동귀족을 만들어내 자본주의 해체를 지연시킨다는 것이었다. 그들은 결국 협동조합이 자본주의를 타도하는 데 무용지물이라고 생각했다. 이에 대해 아리스멘디는 직접적인 대응을 하지 않았다. 하지만 협동조합 운동이 "저속한 자본주의"라는 점은 부인했다.

그는 조합원들 상당수가 기본 소양을 결여하고 있고 집단 내부에 집단을 만들고 자신들 내부 문제에만 관심을 보인다며 안타까워했다. 협동조합 운동의 변혁 에너지는 인간의 정신과 원칙에 있다. 협동조합 운동의 변혁 능력은 사람에게 달려 있고, 조합원들의 노동귀족 전락 여부도 그들의 소양에 달려 있다. 아리스멘디는 조합원들이 노동귀족으로 전락하는 사태가 발생하지 않도록 애를 썼다. 그가 주장한 바에 따르면 협동조합 운동이 자본주의를 저지하는 문제 또한 그것이 사회 속에서 차지하는 힘에 달려 있다. 규모도 작고 기술도 부족하며 조직이 단순해서 협동조합 기업이 중요한 역할을 하지 못할 수도 있지만 협동조합 운동의 변혁 능력은 사람의 정신에 달려 있다.

마지막으로, 바스크의 신흥 좌파인 에타ETA는 협동조합 운동이 바스크를 배신하고 노동자 계급을 배신했다고 비판했다. 특히 중국 문화혁명의 영향을 받은 에타의 한 계파는 지배 집단이 "새로운 계급", 곧 관료 계급을 구성할 경우 생산수단이 집단 소유인 사회에서도 계급투쟁이 일어난다고 주장했다. 몬드라곤 관료 계급이 노동자 계급을 배신했다는 얘기이다. 이들은 또한 협동조합 운동이 몬드라곤 지역 사회의 공공부문을 잠식해나가고 있다고 비난했다. 바스크를 배신하고 있다는 얘기이다. 관료제의 위험성을 우려한 아리스멘디는 일부 비판을 수용하여 보직 순환 원칙을 도입했지만 원래 노동자를 위한 협동조합이 자본가를 위한 것으로 전락했다는 점에는 수긍하지 않았다.[24] 변화의 힘이 수사학에 있지 않다고 생각한 그는 이들과 논란을 벌이고 싶어 하지도 않았다. 1970년대에 이들 신흥 좌파의 비판이 봇물처럼 쏟아져 나왔지만 아리스멘디는 그들의 생각에 반박하기보다 운동의 실천에 관심을 두었다.

제 3의 질서와 협동조합 인간상 |

우리는 이상에서 아리스멘디가 꿈꾼 협동조합 질서의 내용과 그 의미를 살펴보았다. 요컨대 그것은 인간을 중심으로 하는 질서이고 노동과 교육에 바탕을 둔 질서이다. 이 질서는 자유주의 질서도 아니고 집산주의 질서도 아닌 제3의 질서, 곧 새로운 질서이다. 몬드라곤 협동조합 운동은 이를 구현하기 위한 운동이고, 몬드라곤 기업은 이를 가시적으로 보여준 결과물이다. 노동자들이 회사를 소유하고 경영자를 선임하며 경영 전체를 관리·감독하는 몬드라곤은 바로 아리스멘디의 꿈과 노력에서 생겨났다. 영웅주의에 매몰돼서는 안 되겠지만 오늘날의 몬드라곤이 아리스멘디의 집념에서 비롯되었다는 사실을 부정할 수는 없을 것이다.

하지만 아리스멘디도 인정했다시피 세상에 완벽한 체제란 없다. 자본주의 기업가들은 물론이고 좌파 진영도 그의 협동조합 운동을 비판하고 나섰다. 좌파가 문제 삼은 요지는 그것이 자유시장의 원리를 받아들이고 노동귀족을 양산한 나머지 자본주의를 해체하기는커녕 그 해체를 지연시키고 있다는 것이다. 바스크의 신흥 좌파인 에타는 그것이 바스크를 배신하고 노동자를 배신하는 이중배신을 했다고 비난했다.

비판은 이들에 그치지 않았다. 자주관리나 조직의 민주화 등 몬드라곤 10대 원칙이 제대로 지켜지고 있는지에 대해 비판적인 시각을 보여주는 연구자들도 있다. 또한 유럽시장을 둘러싼 경쟁과 세계화라는 새로운 도전 앞에서 아리스멘디의 정신이 제대로 유지되고 있는지도 문제이고, 조합원들이 몬드라곤을 실제로 어떻게 생각하고 있는지도 문제이다.[25]

이러한 비판과 문제는 객관적인 입장에서 따져보아야 할 것들이지만 그 결과가 긍정적이든 부정적이든 간에 몬드라곤은 자본주의 질서를 인간 중심으로 재편하는 협동조합 실험을 보여주었다. 그것이 인간적인 사회를 향해 나아가는 또 다른 길일 수 있음을 제시해주었다. 세계의 많은 사람들이 몬드라곤이 전하는 메시지에 귀를 기울이는 이유가 여기에 있다. 몬드라곤이 향후에도 새로운 질서의 모델이 될지는 아리스멘디의 말마따나 사람에 달려 있다. 협동조합 인간에 달려 있다.

제8장 독일

베르너 폰 지멘스
:유토피아를 하나로 연결한
독일 19세기 전신전기산업의 선구자

김건우(경북대학교 사학과 교수)

빛의 기업가, 베르너 폰 지멘스 ǀ

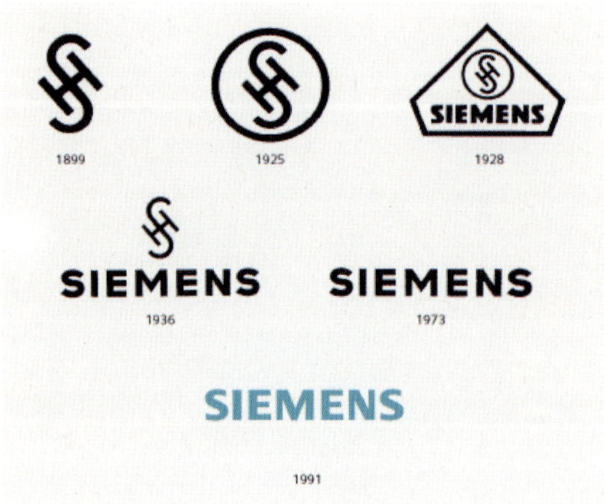

<8-1> 지멘스 로고

지멘스 주식회사Siemens AG는 1847년 "지멘스 & 할스케 전신 건설 회사Telegraphen - Bauanstalt von Siemens & Halske"로 처음 설립된 후, 올 2016년 창립 169번째 생일을 맞이하였다. 일반적으로 서유럽과 미국에서 기업의 평균수명이 20년을 넘지 못하는 것에 비하면 대단한 일이 아닐 수 없다. 지멘스 주식회사는 이러한 오랜 전통과 역사 이외에도 '세계1, 2위를 다투는 엄청난 연구개발비를 투자하는 기업', '세계에서 특허를 가장 많이 가지고 있는 기업'으로도 잘 알려져 있다. 이러한 오랜 전통과 끊임없는 연구개발을 바탕으로 현재 지멘스 회사는 전 세계적으로 반도체를 비롯하여 산업용 조명기구와 최첨단 의료기기 그리고 고속열차에 이르기까지 광범위한 영역에서 다양한 제품을 생산하고 있다.

10명으로 구성된 조그마한 작업장에서 세계최대 전기·전자공업의 기업집단으로 발전하게 된 지멘스기업의 원동력은 바로 창업주인 베르너 폰 지멘스Werner von Siemens의 남다른 기업정신과 자국 시장에 안주하기보다 더 넓은 시장을 개척해 나간 글로벌 경영방식 때문이라는 주장에는 이견이 없다. 과학자이자 발명가인 베르너 폰 지멘스의 성공은 다이얼 전신과 발전기 원리에서 독일 전기공업의 방향을 제시한 선구자적 발명과 개발을 체계적이며 학문적으로 공식화하였기 때문만은 아니었다. 오히려 성공의 열쇠는 기초인 발명에서부터, 이를 현실생활에 활용하고 응용한 마케팅에 이르기까지 하나의 통합적인 사고를 그가 가졌기 때문이었다. 기초과학적 업적을 쌓은 그는 이러한 과학적 지식을 그대로 학문에만 두지 않고 사업으로 연결시켰다. 다른 표현을 빌리자면 지멘스 기업관은 보편적 의미에서 전기의 기술적·과학적 사용 및 실용화였다.

지멘스에 대한 연구는 이미 19세기 말 이후 여러 학자들에 의해 이루어졌다.[1] 그러나 이들의 연구는 시대에 따른 기업의 개별사적인 성격이 강했으며, 기술사적인 측면에서 서술되어 창업자 지멘스의 창업이념이나 기업사상과 같은 분야는 물론이고 경영학이나 사회사적인 측면을 다루지는 못하였다. 특히 베르너 폰 지멘스의 창업정신과 지멘스 기업의 발전과정 속에 녹아들어가 있는 창업자의 정신과 이상에 대해서는 심도 있게 다루지 못하였다.

이러한 문제점을 해결하기 위해 먼저 지멘스 주식회사 기업관의 출발점이 되었던 베르너 폰 지멘스의 기업정신과 그의 경영방식에 대해서 살펴보고자 한다. 이를 위해 19세기 독일의 공업화와 전기산업에 대해서 간략하게 살펴봄으로써 그 당시 지멘스의 활동이 어떠한 역사적 환경 속에서 이루어 졌는지를 알아보고, 이어서 지멘스의 기업정신과 이상은 과연 구체적으로 무엇이었는지 고찰한다. 끝으로 그의 기업경영 방식을 사회복지정책을 중심으로 살펴봄으로써 기업 복지정책 내용과 시작의 계기가 무엇인지를 중점적으로 검토한다. 이를 통해 지멘스의 경영철학과 기업적 이상이 무엇인지를 보다 명확히 파악할 수 있을 것이다.

베르너 폰 지멘스 전기회사의 탄생 |

크기와 규모, 종업원 수와 매출액, 산업별 등 매우 다양한 기업들이 존재하고 있지만 어느 한 특정기업의 사회적 역할을 가장 잘 들여다 볼 수 있는 부분은 바로 그 기업의 사내 복지정책이라고 말할 수 있다. 이러한 연구를 통해서 한 기업가의 정신과 경영철학이 기업의 발전과 변화 그리고 더 나아가 사회에 얼마나 중요한 작용을 하게 되는지를 인식하는데 의의가 있다. 그리고 성공한 기업의 경영방식에서 긍정적인 예를 찾아, 지금 세계 각 국에서 벌어지고 있는 '경제전쟁'에 우리 기업들이 나아가야 될 올바른 길을 제시하고자 한다.

18세기 중반 영국에서 처음으로 일어난 산업혁명의 파도가 19세기에 들어오면서 서서히 대륙으로 진행되고 있을 무렵, 독일은 여전히 농업인구가 전체 ⅔이상을 차지하는 전형적인 농업 국가였다. 하지만 지역에 따라서 소규모 자본집중화가 발생하여 라인란트Rheinland, 작센Sachsen, 베를린Berlin에서는 원시공업화Protoindustralisierung 현상이 나타나고 있었다. 하지만 정치적으로 독일은 나폴레옹이 물러간 이후 39개의 분열된 연방국가로 나뉘어져 각기 다른 경제정책과 관세정책을 실시하고 있었다. 특히 관세장벽이 높아 각 국가 사이의 교역과 상품거래는 매우 어려운 상황이었다. 하지만 이러한 외적인 경제상황을 타개하기 위해 프로이센을 중심으로 관세장벽을 없애는 작업에 들어가게 되고, 결국 여러 과정을 거쳐 1834년 독일관세동맹Deutscher Zollverein을 결성하는 중요한 결실을 맺게 된다. 마침내 18개 국가와 인구 2,500만 명으로 구성된 하나의 경제통일체가 이루어진 것이다. 이 관세동맹으로 독일은 하나의 통일국가는 아니지만 프로이센을 중심으로 단일한 관세정책, 무역정책을 실시할 수 있게 되어 공업화의 기반을 닦게 되었다.

이러한 시장 형성과 더불어 각 지역을 서로 연결시켜 줄 철도산업의 발전도 공업화로 가기 위한 중요한 과정이었다. 육로와 운하를 통한 생산물의 교류가 초기공업화의 특징이라면, 본격적인 공업화 시작은 철도산업의 발전과 그 궤를 같이 한다. 영국은 이미 1814년 스티븐슨Stephenson이 제작한 증기기관차가 석탄운반을 위한 시험운행에 성공하여 많은 탄광지대에 철도건설이 시작되었다. 그 이후 1825년 자신이 발명한 증기기관차 '로켓The Rocket'을 이용하여 세계 최초로 여객철도용 기관차를 시험 운행하여 영국에서 '철도시대'를 활짝 열었다. 이러한 철도건설의 호황은 다시 석탄과 철강 산업의 수요를 유발시키면서 산업의 동반 상승효과를 불러 일으켰다. 이에 영향을 받은 독일의 프리드리히 리스트Friedrich List는 독일 내 철도건설의 필요성을 주장했다. 하지만 각 연방 군주들의 무관심[2]과 도로 통행에 연관된 수입 감소를 염려해 반대가 심했다. 군주들 이외에도 도로에 생계를 유지해온 일반인 - 마차꾼과 수레꾼, 거리노동자, 마차바퀴 제조업자, 우편배달부들의 반발도 많았다. 하지만 바이에른Bayern의 왕 루드비히 1세Ludwig I의 관심으로 독일에서 첫 철도가 뉘른베르크Nürnberg에서 퓌르트Fürth 사이에 개통되어 열차가 운행되었다. 독일의 첫 열차가 운행되는 모습을 지켜본 그 당시 많은 사람들은 마침내 '새로운 시대'의 도래와 진입을 확신하였다. 그 이후 1830년 말 프로이센과 작센에서 철도가 건설되었고, 1840년에 오게 되면 독일 내 연방 국가들이 서로 앞을 다투어 철도건설에 박차하였다.[3] 이 결과 1840년까지 500km 미만이던 철도길이가 1845년에는 약 2,000km로 연장되고, 1850년 약 6,000km, 1860년에는 약 11,000km, 1870년에는 약 20,000km로 늘어났다. 철도운행 초기에는 주로 여객수송을 주로 하였으나, 점차로 철도길이가 확장되면서 화물수송도 담당하게 되었다. 특히 포장도로를 이용한 수송에 비해 운송시간 단축과 비용절감은 각 지역 상품가격의 차이를 줄이고, 판로를 확대시켜 '공업화 시대'를 여는 중요한 요인으로 작용하게 되었다.[4]

19세기 초반 원시공업화 시대에 관세동맹을 바탕으로 공업화의 배경이 될 수 있는 철도산업의 발전 등에 힘입어 마침내 독일은 '공업화 시대'로 들어서게 된다. 정확한 독일 공업화의 시작 시기에 대해서는 학자들 사이에서 이견이 많다.[5] 하지만 일반적으로 19세기 중반에 이미 독일 공업화는 시작되었다고 보며, 독일 공업화를 이끈 주력산업은 면직물 공업을 바탕으로 한 섬유산업과 석탄 및 제철산업이었다. 특히 섬유산업 가운데 면직물 공업은 공장 기계화와 더불어 근대적 생산조직을 도입하고 발전시켜 독일 공업화의 주력으로 부상하였다. 공업화 이전의 섬유산업은 주로 모직물과 아마제품을 주력으로 생산했으며 면직물 공업은 겨우 국내 소규모 수요에만 의존했을 뿐이었다. 하지만 19세기 중반 새로운 방적기가 개발되고, 수입에 의존하던 면사를 국내에서 직접 생산하게 되면서 방직분야도 함께 근대적 생산체제를 갖추게 되면서 면직물 공업은 독일 공업화의 근간을 이루게 된다. 공업화 이전의 독일 아마제품은 주요 수출품목에 들어갈 정도로 해외에서 인기가 높았지만 독일 공업화 시작과 더불어 쇠퇴하기 시작했으며, 모직물 역시 주요 수출품목으로 자리 잡고 있었지만 공업화 시작과 더불어 급속도로 성장한 면직물 공업에 비하면 상대가 되지 못했다.

면직물 공업을 근간으로 하는 섬유산업 이외에도 석탄산업도 독일의 공업화를 이끌었다. 1850년 420만 톤의 석탄생산량은 1870년이 되면 거의 7배가 늘어 2,900만 톤으로 급등했다. 이러한 생산량은 그 당시 공업화가 먼저 진행되고 있었던 이웃 프랑스의 생산량 보다 두 배나 많은 량이었다. 특히 프로이센은 유럽최대의 석탄 매장량을 자랑하는 루르Ruhr지방의 탄광지대에 '광산법'을 제정하여 광산업에 대한 각종 규제를 제거하고[6], 세율을 조정하여 석탄 채굴을 촉진시키도록 유도했으며, 결국 이러한 정책은 석탄채굴에 대한 생산성을 높이는 결과를 야기해 전체 생산량을 확대시켰다. 단적으로 루르지방의 광부가 1815년에는 3,400명에 불과했던 것이, 30년 후 1840년 초반에는 9,000명으로 늘어난 것으로 드러난다.

독일 공업화는 결국 그 당시 발전해가는 여러 산업의 상호의존성과 상호촉진작용이 유기적으로 어울려 빚어낸 결과물이다. 이 유기적 관계를 엮은 기본단위가 바로 '국민경제'였다. 공업화에 들어선 19세기 중반부터 급성장 기반을 다지고 이를 발판으로 1871년 국가통일을 이루고 근대국가의 틀을 완성하였다. 하지만 이미 모든 부분에서 산업경쟁력을 가지고 있던 영국의 장벽을 뚫기 위해서는 산업자본을 금융자본성격 중심으로 독점 조직화 시키면서 시장진출에 나섰다. 그래서 독일은 영국과 달리 1870년 이후 카르텔과 같은 독점조직이 활발하게 확대되었다. 그리고 기간산업의 발전과 더불어 독일 공업화 과정의 중요한 특징 가운데 하나가 바로 일반 소비재산업의 발전에 의해 이루어진 것이 아니라, 그 당시 금융기술의 발전에 혜택을 받은 대기업 중심의 생산재산업이 독일 공업화의 주역이었다는 점이다. 독일 소비재 생산품은 경쟁국이었던 영국에 비해 대외적으로 생산과 판매여건이 좋지 못했다. 영국의 일반 소비재 생산품은 이미 19세기 중반 전 세계시장에 양질의 값싼 제품을 가지고 경쟁 상대가 없을 정도로 확고한 자리를 잡고 있었기 때문이었다.

그러나 독일 공업화 시대를 열어가는 섬유공업이나 석탄, 제철공업과 같은 기간산업과는 달리 전기산업은 전통적인 의미에서 독일 공업화를 이끈 주된 산업은 아니었다. 오히려 화학 산업과 함께 19세 중반 공업화 이후 새롭게 등장한 산업이었다. 이러한 사실은 그 당시 전기산업에 종사하는 근로자 수를 살펴보면 여실히 드러난다.

하지만 프로이센을 중심으로 한 독일제국의 통일 이후 1875년 전신청과 우체국이 서로 통합되어 전기산업 가운데 특히 전신사업 분야에서 더욱 더 발전할 수 있는 계기가 마련된다. 특히 1880년 이후에는 전

년도	근로자 수	수공업과 공업에 종사하는 전체 근로자에 대한 비율
1875	1157	(통계자료 없음)
1882	1815	(통계자료 없음)
1895	24,343	0,4%
1907	118,963	1,3%

<8-2> 전기산업근로자 수(1875-1907)

출처 : Wilfried Feldenkirchen, Werner von Siemens-*Erfinder und internationaler Unternehmer*(München : Piper, 1996), p.29.

화가 최신 통신수단으로 이용되고, 1866년 이후 새로운 발전기의 발명과 전기사용 확대로 1890년에는 독일 전체 전기산업의 생산량은 총 4천5백만 마르크에 이르게 되고, 교류발전기의 발명으로 1895년에는 1억5천5백만 마르크, 1898년에는 거의 2억2천9백만 마르크로 증가하게 되었다. 그리고 1913년이 되면 독일 전기산업의 생산량은 총 13억 마르크에 도달하게 된다. 이 액수는 전 세계 전기산업 총 무역액의 약 ⅓을 차지할 정도가 된다. 이러한 빠른 성장의 원인은 바로 공업화와 함께 나타난 급격한 도시화였다. 도시의 조명과 운송수단 외에도 전기의 용도가 다양화되었고, 무엇보다 경쟁관계에 있었던 증기기관을 대체하는 원동기의 역할을 맡게 되었기 때문이다.

베르너 폰 지멘스[7]는 1816년 12월 하노버 부근 렌테Lenthe에서 소작농이었던 크리스티안 페르디난트 지멘스Christian Ferdinand Siemens와 엘레오노레Eleonore의 아들로 태어났다. 그의 회고록에 따르면 그는 교육을 받은 시민계층에 속하는 자신의 부모와 당시 지배적인 사상이었던 자유주의와 프로테스탄트 정신, 자식이 많은 가족들이 겪는 경제적 어려움에 대한 경험이 자신에게 많은 영향을 주었다고 밝히고 있다. 어려서 경제적인 이유로 학교에 가지 못하고 집에서 가정교육을 받았으며 11세가 되어서 비로소 정식 초등학교에 입학을 하게 된다. 그리고 뤼벡Lübeck에서 김나지움을 다니기 시작하지만 정식으로 졸업하지 못하고 17세에 학교를 떠나 군대에 입대하여 기술교육을 받을 수 있는 길을 마련하게 된다.

<8-3> 베르너 폰 지멘스

막데부르크Madeburg 포병부대의 사관후보생 시험에 합격하여 1853년 베를린의 포병학교에 배치되었다. 베르너는 이곳 사관학교에서 탄도학뿐만 아니라 수학, 물리학 그리고 화학 등 기초분야에 관한 교육을 받게 된다. 이러한 교육을 통해 그는 종래 단순히 경험적이고 실질적인 교육만을 받은 기술자들에 비해 높은 기초과학적 지식을 가지게 되었으며, 이는 훗날 성공의 중요한 바탕이 되었다. 3년간 교육기간을 마친 후 장교로 임명된 후 자대에 배치를 받아 병영생활을 하면서 군복무를 하게 된다. 하지만 갑작스러운 부모의 연이은 죽음으로 인하여 어린 형제자매들에 대한 베르너의 책임이 더 커지게 되었다. 젊은 장교의 수입만으로 많은 동생들에 대한 교육을 감당할 수 없었기 때문에 무엇인가를 발명하거나, 그것을 상품화하여 재정적인 도움을 받기도 했다. 그러

면서도 물리학의 체계적인 학습에 더욱 더 집중하였고 다른 연구자들과의 교류를 통해 전기에 흥미를 가지게 되면서 본격적으로 전신기 개선에 많은 노력을 하게 된다.

마침내 1846년 베르너는 종전의 휘트스톤 다이얼 전신기를 근본적으로 개선한 새로운 형태의 전신기를 개발하게 된다. 이 다이얼 전신기는 종전의 시계태엽과 같은 방식으로 작동하지 않으면서 발신자와 수신자 사이에 자동으로 조절되는 동시 작동기능을 보유하고 있다. 이러한 기능은 그 당시 전기통신에 대한 새로운 해결방식이었으며 전신분야에서 최초의 선구적인 발전이라고 평가하고 있다. 이러한 혁신적인 기술을 바탕으로 학문서클인 물리학회에서 그의 동반자인 게오르크 할스케Georg Halske를 만나, 현재 지멘스의 전신인 '지멘스 할스케 전신건설회사'를 건립하게 된다. 할스케 이외에도 지멘스의 사촌인 요한 게오르그 지멘스Johann Georg Siemens도 자본가로서 이 회사에 투자하였다.

이렇게 시작된 회사는 그 당시 프로이센의 정치, 경제, 사회적 변화에 따라서 부침을 거듭하게 된다. 외부의 상황에도 민첩하게 대응했지만 어떠한 어려움 속에서도 꾸준히 연구와 기술개발에 매진했다는 사실이다. 이는 전신사업 이외에도 응용전기 영역에도 관여했다는 것으로 증명된다. 1866년 페러데이Michael Faraday의 유도법칙을 따라 전자석으로 전기를 만드는 방법에 착안하여 최초로 상업적으로 사용 가능한 발전기를 발명하였다. 그 후 1875년에는 최대용량이 5KW인 발전기를 개발하여 전기산업 가운데 '강전류혁명'을 주도적으로 이끌려고 노력했지만 강력한 경쟁상대인 아에게AEG의 등장으로 부분적으로 독보적인 지위를 조금씩 잃어 갔다.[8] 하지만 베르너 폰 지멘스는 새로운 전기제품과 기계를 계속하여 발명[9]하여 마침내 '독일 기술의 아버지'라고 평가받게 되었다.

회사를 설립하여 많은 제품의 생산과 판매를 맡아 온 기업가 베르너였지만, 다른 한편으로는 많은 사람들에게 기업가로 인식되기보다는 주로 과학자이자 발명가로 이해되었다. 이것은 그가 이 분야에서의 많은 업적들에 의하여 표창과 명예학위를 받았다는 사실로 증명된다. 1860년 베를린 대학의 명예박사에 이어 1873년에는 베를린의 '프로이센 왕립 학술원Königlich Preußische Akademie der Wissenschaft' 회원이 되었고, 이어 1886년 다시 하이델베르크 대학에서 명예박사 학위를 받았으며 그해 '과학과 예술에 대한 업적' 훈장을 받았다. 최초의 국립기초탐구연구소인 '제국물리공학원Physikalisch-Technischen Reichsanstalt'의 건립도 그의 개인적인 관심과 노력이 없었다면 불가능했을 것이다.

기초과학적 업적을 쌓은 그는 이러한 과학적 지식을 그대로 학문 안에만 두지 않고 사업에다 연결시켰다. 지멘스 기업관의 바탕이 되었던 것은 바로 학문과 사업의 결합이었다. 이러한 지멘스 기업관은 다른 기업들과는 구별되는 점이다. 지멘스 회사가 처음으로 설립될 당시에는 산업화가 인간 삶의 모든 영역에 걸쳐 커다란 변화를 초래한 시대였다. 물론 이러한 시대적 상황은 바로 '지멘스 & 할스케 회사'의 성장을 위한 밑바탕이 되었다. 이러한 외부적 조건도 지멘스의 성장의 한 요인이지만 오히려 지멘스가 독일 국내시장 진출이나 확장에 치중하기 보다는 외국시장으로 과감하게 눈을 돌려 사업을 확장하였다는 것 또한 회사 발전의 중요한 요인이다. 또한 전기 기술 분야에서 지속적인 기술개발은 이 분야의 대표적인 기술이라는 이미지를 갖게 하였다. 이런 성공의 밑바탕에는 창업자 지멘스의 기업철학과 발명가적인 기질이 아니었다면 불가능하였을 것이다. "나는 우리 회사가 빠른 속도로 발전하게 된 가장 큰 이유는 바로 우리 생산품이 우리 자체 발명에 기인하고 있기 때문이다. 우리의 발명이 특허를 통해서 보호받지 않았지만 발명을 통해서 우리는 경쟁자들보다 앞서 도약할 수 있었다. 일반적으로 기술적으로 앞서게 되면 새로운 발명을 통해서 다시 도약할 때까지 그것은 유지되었다."

이러한 그의 기업정신은 바로 기업 경쟁력의 원천을 곧바로 기술개발과 응용에서 찾고 있는 현재 지멘스 주식회사의 기업관이 그대로 드러나는 부분이기도 하다. 그리고 그는 특히 "나는 분명히 이윤과 부를 추구했다. 하지만 그것을 누리기 위해서 아니라 다른 계획과 사업의 수단을 얻고, 성공을 통해서 나의 행동이 옳았으며, 나의 노력이 가치가 있다는 것을 인정받기 위해서였다"라고 주장하면서 기업 활동을 통하여 얻어지는 이윤을 다음 사업에 그대로 투자하였다. 분명 이러한 베르너 폰 지멘스의 기업정신은 그 시대 산업화에 앞장 서 있었던 영국이나 프랑스에 비해 분명 다른 점을 가지고 있었다. 영국의 기업가들은 새롭게 발견된 제조법이나 발명품을 생산방식에 적극적으로 도입하는데 필요한 투자를 하지 않았으며, 프랑스의 자본 소유자들은 모험을 수반한 기업투자를 주저하고 꺼렸다. 베르너 폰 지멘스는 이러한 나라 기업가들의 기업경영방식에 비하여 분명히 다른 길을 가고 있었다.

글로벌 경영 전략 |

"나는 젊어서부터 나에게 뿐만 아니라 나의 후손들에게도 세상에서 권력과 명예를 줄 수 있는 푸거식의 세계적인 사업을 일으키기 위해 노력했다. 이러한 사업은 내 형제자매들과 가까운 친척들을 더 높은 삶의 세계로 고양시킬 수 있는 수단도 제공할 것이다" 회사 건립 초기부터 추진되었던 국제적인 사업지향은 바로 베르너 폰 지멘스의 '푸거식의 세계적인 기업'에 대한 생각과 상응한다고 볼 수 있다. 국제적 사업지향은 1847년 회사가 건립되고 난 직후 국내시장보다 오히려 외국시장에 더 많은 관심을 가지고 적극적으로 사업을 전개하였다.[10] 특히 영국, 러시아에 많은 전신선로 연결망 사업권을 획득하여 기업의 입지를 다지면서 경제적인 업적을 쌓아갔다. 이렇게 빠른 시기에 해외로 눈을 돌릴 수 있게 된 배경에는 창업주 베르너 폰 지멘스의 '푸거식 경영관' 이외에도 프로이센을 중심으로 한 국내시장에 새로운 전신, 전기 산업에 대한 수요가 많지 않았기 때문이다. 이는 앞서 이미 설명했듯이 독일의 초기 산업혁명 시대에 각 산업별 비중을 보면 확연히 드러난다. 그 당시 새로운 산업 분야에 속했던 전신, 전기산업은 여타 다른 기간산업에 비해 종사하는 종업원 수와 기업수를 놓고 보더라도 많이 뒤떨어져 있었다. 이러한 국내시장과 경제적인 환경 속에서 회사경영을 위한 지속적인 수요 창출을 기대할 수 없었고, 이는 결국 새로운 주문을 위해 해외에 새로운 시장을 개척할 수밖에 없었기 때문이었다. 특히 1851년 그들이 건설한 전신망에 하자가 있어 제 기능을 발휘하지 못하자 프로이센 전신위원회는 더 이상 지멘스 & 할스케 회사에게 일을 맡기지 않았다. 결국 프로이센의 주문이 끊어진 이후에 외국에서의 사업만이 기업의 생존을 보장할 수 있다는 것으로 결론지어졌다. 이러한 배경 아래에서 지멘스 & 할스케 회사는 1851년 런던에서 열린 제1회 세계박람회에 참가하여 표창으로 '위원회 메달Council Medal' 받아 국제적인 위상을 높이는데 크게 기여했다. 런던 박람회 성공적인 참석을 통해 해외에 자신의 기술력과 이름을 알리게 된 회사는 마침내 다양한 방법을 통해 국외시장 개척에 나서게 된다.

먼저, 1852년에서 1855년까지 러시아 전국의 전신망을 설계하고 가설하여 회사 기술력을 인정받았다. 러시아는 1850년 초반 전신사업에 있어 매우 전망이 밝은 시장이었다. 이 거대한 제국은 사회간접자본시설이 부족하여 무엇보다 전신 통신망의 구축을 통하여 정치, 경제, 군사적인 면에서 획기적인 발전을 기대하였다. 그래서 황제 니콜라이 1세를 비롯한 많은 정치 및 군사책임자들은 새롭게 부상한 전신통신기술에 많은 관심을 가지고 있었지만, 자체적으로 해결할 수 있는 전문 인력과 기술을 보유하지 못했기 때문에 생산에서부터 배치, 그리고 관리까지 전적으로 외국에 의존할 수밖에 없었다. 그리하여 러시아에서의 사업은 회사의 중요한 핵심이 되었다. 베르너는 자신의 동생 칼을 상 페테르부르크의 지사장으로 임명하여 러시아 사업을 맡도록 하였다.[11] 러시아 당국은 지멘스 & 할스케 회사에게 '러시아 제국의 전신선의 건설과 정비 계약자'라는 칭호를 주면서 직원들에게 관료로서 제복을 입을 수 있는 권리를 주었다. 이는 회사 직원들의 권위와 자부심을 가지는데 아주 중요한 역할을 했으며 계약이 끝난 이후에도 다른 나라와 경쟁관계에서도 긍정적으로 작용하였다.

그러나 러시아의 국내사정이 악화되자 베르너 폰 지멘스는 다른 해외시장 개척에 나서게 된다. 이때 등장한 것이 바로 영국이었다. 1850년 3월 빌헬름 지멘스Wilhelm Siemens의 지도 아래 대리점이 런던에 건설되었다. 하지만 초기에는 큰 성과를 거두지 못했다. 이는 바로 영국에는 이미 해저 케이블을 설치할 기술력을 가진 니월사R. S. Newall & Co.가 시장을 장악하고 있었기 때문이었다. 하지만 사르데냐와 알제리를 연결하는 해저 케이블 설치를 베르너 폰 지멘스가 성공적으로 완수하게 되면서 마침내 영국시장 공략에도 중요한 교두보를 확보하게 되었다. 이를 통해 1857년에서 1858년에는 세계 최초 대서양 횡단 케이블 가설을 성공적으로 완수하여 기업의 기술력을 널리 알리게 되었다. 한걸음 더 나아가 1868년에는 런던과 캘커타를 연결하는 인도-유럽 전신선로 건설을 시작하여 마침내 성공적으로 마무리하여, 이 분야에서는 거의 독보적인 기업이 되었다. 나중에는 오스트리아가 중요한 거점으로 추가 되고 계속해서 여러 나라에 지점을 개설하였다. 단지 베르너가 일찍이 거대한 시장이 되리라고 예상한 미국에서의 성공만이 베르너 생전에 이루어지지 않았을 뿐이었다. 이와 같이 19세기 중반 베르너 폰 지멘스처럼 유럽전체를 경제무대로 활동한 기업가는 거의 존재하지 않았다.

가부장적 경영 |

대외적으로는 국내시장에 안주하지 않는 글로벌 경영을 지향했지만, 기업 내부에서는 철저한 가부장식 경영방식을 고수했다. 대표적으로 모든 경영자 자리에 베르너 가족중심의 인사정책을 실시하였다. 그의 '가족원칙' 경영방침의 근본적인 원인은 영국 사업을 맡고 있는 빌헬름이 1883년 자식 없이 죽은 후 영국 사업은 주주 겸 대리인인 루드비히 뢰플러Ludwig Löpfler가 맡게 되고 이어서 베를린의 모회사 사이에 갈등이 노골적으로 발생하게 된 데서 잘 알 수 있다. 가족구성원이 아니었던 뢰플러와 여러 해 동안 지속된 대립은 베르너 폰 지멘스에게 기업의 결정적인 중요한 위치에 친척을 선호하는 성향을 더욱 더 강화시켰다. 물론 이러한 그의 인사정책은 기업을 주식회사로 전환시키는데 큰 장애물로 작용했으며 다른 투자자를 받아들이지 못해 기업의 자기 자본을 늘릴 수 있는 길을 막고 있었다. 이러한 불리한 상황들 역시 베르너는 파악하고 있었지만 그럼에도 불구하고 가족원칙을 고수했다.[12]

가족과 기업의 수장으로서 자기인식과 더불어 그의 지도 방식도 역시 가부장적이었다. 가부장적 지도방식은 아래 세대에 대한 철저한 보호원칙을 가지고 있지만, 반대로 자신에게 철저한 충성을 요구했다. 이러한 가부장적 경영원칙은 자주 그의 동생 빌헬름과 충돌을 야기 시켰으며 둘은 긴장관계를 유지하였다. 실제로 베르너의 아들은 1889년 사업경영을 맡았지만 그가 죽기 전까지는 모든 사업계획에서 자유롭지 못했다. 이는 가족과 개인관계를 매우 중시하는 베르너의 사업 스타일, 그리고 가족 구성원들을 공동사업에 끌어들이려는 그의 노력으로 어느 정도 해명될 수 있다. 그가 자신의 사업을 가족 구성원들과 계획하고 수행하기를 가장 원했다는 것은 사업의 안전성을 위해서 뿐만 아니라 무엇보다 이러한 방식은 멀리 떨어져 있는 외국의 중요한 자리를 유능하고 충성심 있는 동업자로 채울 수 있는 가능성을 제공하였다.

베르너 폰 지멘스는 자신의 종업원들에게도 이러한 가부장적 보호원칙을 적용하였다. 그는 일반급료와는 별도로 기업 내 복지정책에 관한 생각을 일찍이 할 수 있었다. 이러한 복지정책은 기업의 손익계산을 가부장적 책임과 두드러진 정의감과 함께 결합시키기도 했다. 그는 1868년 6월 16일 동생 칼에게 보내는 편지에 "내가 충실한 종업원들에게 기대한 만큼 배분해주지 않는다면 번 돈은 이글거리는 쇳덩어리처럼 내 손에서 불타게 될 것이다."라고 적었다. 하지만 그의 가부장적 경영방식 이외에도 동기부여, 회사와 일체감 증진, 기업에서 종업원의 노동력 유지, 노사 간의 평화, 통제 등의 개념으로 포괄되는 행동근거들이 고안되었고 이것은 종업원의 이익뿐만 아니라 기업의 목표와도 일치했다.

유토피아의 꿈과 복지정책

지멘스의 복지정책은 앞서 설명한 두 가지 다른 경영방식과 밀접한 연관관계를 가지고 있었다. 그는 당시 독일의 다른 기업가와는 다르게 대외적으로 러시아와 영국에 공장을 건설하는 글로벌 경영을 지향했지만, 기업 내부에서는 철저한 가부장식 경영방식을 고수했다. 이것은 모든 경영자 자리에 베르너 가족중심의 인사정책이 증명한다. 아울러 자신의 종업원들에게도 이러한 가부장적 보호원칙을 적용하였을 뿐만 아니라 윤리적 의무감과 정의감으로 함께 뭉친 '건전한 이기주의gesunder Egoismus'를 가지고 있었다. 그래서 그는 일반급료와는 별도로 기업 내 복지정책에 관한 생각을 일찍이 할 수 있었다.

지멘스가 가장 먼저 실행한 복지정책은 바로 기업이익의 분배 차원에서 성과급을 지급한 것이다. 지멘스는 1868년 동생 칼에게 보내는 서신에 "기업규모가 커지면 혼자서 감독할 수 없고, 구체적으로 지도할 수 없기 때문에 나누어야 한다. 그 경우 회사 이윤의 일정부분을 대리인들에게 나누어 주어야 한다. 이것은 대규모 기업을 운영하기 위한 기본원칙이다. 베를린에서 모든 고급기술자들이 매년 공장의 이윤에 따라서 상여금을 받게 된 뒤로 전혀 새로운 분위기가 생겨났다."라고 적었다. 아울러 "지속적으로 성장하는 회사의 만족할 만한 발전은 자신의 이익을 증진하기 위하여 모든 종업원들이 즐겁고 자발적인 협력을 이끌어 낼 수 있을 때만 가능하다는 사실을 나는 이미 오래전에 확신하였다. 이러한 목표에 도달하기 위하여 회사 내의 모든 구성원들로 하여금 그들의 업적에 따라 이윤을 참여시켜야 할 필요가 있다고 생각했다."

년 도	종업원수(단위/명)
1847	10
1858	115
1869	236
1872	543
1885	1110
1892	3020

<8-4> 지멘스-할스케 회사의 종업원 수(1847-1892)

출처: Karl Burhenne, *Werner Siemens als Sozilalpolitiker*(München: C.H.Beck,1932), p.17.에 있는 글을 가지고 표를 구성하였음

이에 따라서 회사 내의 지휘기능을 담당했던 지배인이자 최고의 엔지니어인 윌리엄 마이어William Meyer는 전체 사업 이윤의 5%를 받았다. 아울러 회사의 회계체계를 바로 세우고 20세기 초까지 유효하게 유지하였던 회계사 칼 하제Carl Haase는 베를린의 공장장 바이스Weiss와 함께 베를린 사업이윤의 2.5%를 받았다. 하지만 이러한 '배당수령자'는 극히 일부에 불과했을 뿐, 대부분의 근로자들은 일 년에 한번 개인의 실

적에 따라서 책정된 상여금을 받았다. 상여금을 통한 정책이외에도 베르너는 베를린 공장의 고급기술자들을 개인적으로 자기 집에 초대하였다. 그것은 개인적인 대화를 통해 이들의 희망사항이나 문제들에 관하여 더 많이 알기 위함이었지만 회사가 점차로 발전하여 수공업적인 생산방식에서, 점차로 공장식 방식으로 전환하면서 종업원 수가 대폭 늘어나 개인적인 접촉은 더 이상 불가능하게 되었다. 따라서 기업의 일체감을 제공하고 동기부여를 위하여 도입된 것이 바로 성과급체제였다.

이러한 성과급을 지급하고 난 후에는 점차로 기업연금으로 눈을 돌리게 된다. 기업연금제도는 회사 전체 임금노동자와 관리직을 위해 1872년 회사 창립 25주년을 맞이하여 지멘스가의 3형제 - 베르너 폰 지멘스, 칼 지멘스, 빌헬름 지멘스와 회사 동업자인 할스케가 공동으로 출자하여 만든 것이다.[13] 이 연금제도는 2차 세계대전이 끝날 때까지 지멘스 기업 내 복지정책의 근간을 이루었다. 특히 이 제도는 그 당시 수많은 다른 기업들에게 귀감이 되었으며, 아울러 독일 전 국가차원에서 실시된 노동자 복지제도의 하나인 법정 연금제도[14]보다 먼저 도입되었다. 도입목적은 회사 내 종업원들 가운데 장기 근속자들의 노후를 보장해주어 젊은 노동자들로 하여금 회사에 대한 충성심과 함께 동기 부여를 불러일으키게 하기 위함이었다. 이 제도는 최소 1년간 근속한 임금 노동자와 사무직 근로자들에게 자격이 주어졌으며, 연금관리에는 회사 경영진 이외에도 종업원이 동등한 자격으로 참여하였다. 기업연금은 기업소유주들이 공동으로 출자한 기금으로 운영되었기 때문에 사내 종업원들에게는 아무런 경제적인 부담이 없었다. 처음 실시되었을 때는 30년 이상 회사에서 일한 50세 이상의 근로자들은 연금을 받을 권리가 있었고, 사고로 불구가 되었을 때에도 이미 10년 이상 근무를 했다면 역시 연금대상이 되었다. 그리고 연금과 함께 과부·고아보험이 설치되어 홀로된 근로자의 부인, 고아가 된 근로자의 자녀들에게 회사에서 보조금을 지불하였다.

또한 이러한 연금제도와 함께 지멘스가 많은 노력을 기울인 복지사업은 바로 기업의료사업이었다. 회사 설립 초기부터 의료사업은 회사에서 가장 중요한 복지정책 가운데 하나에 속했다. 창업 후 2년 뒤에 지멘스-할스케사의 모든 종업원들은 1849년 베를린의 다른 기업들과 공동으로 설립한 '기계제작 노동자들을 위한 의료 및 사망보험'에 의무적으로 가입하면서 회사 의료 사업을 시작하였다. 그 이후 1888년 사내에 상담의사를 처음으로 배치하여 종업원들의 건강을 유지하여 생산성 향상은 물론 회사 내 업무실행 능력을 높이기 위하여 노력하였다. 이러한 제도 실행의 근본적인 배경에는 직접적인 질병의 치료 이외에도 무엇보다 병의 예방 차원도 함께 고려되었다. 그래서 1886년에는 '카지노Casino'라 불리는 사무직 근로자 구내식당을 설치하여 운영하였고, 이후 생산직 근로자들을 위한 구내식당이 함께 문을 열어 근로자들에게 충분한 영양을 공급하면서 건강을 위한 식단을 마련하고자 노력하였다. 초기의 이러한 의료사업의 실행은 베르너 폰 지멘스가 사망을 하고 난 뒤 회사의 발전과 확장에 발맞추어 더욱 발전하였다. 급성이 아닌 장기적인 병으로 인한 업무누락과 손실을 줄이고 근로자들의 업무능력을 향상하고, 초기예방을 목적으로 1904년 회사 요양소를 설치하여 근로자들의 건강보호 수단으로 사용되었고, 이어서 1908년부터 회사 자체 의료보험제도를 설치하게 되었으며, 또한 같은 해 건강증진을 위한 조치로 유급휴가가 처음으로 실시되었다. 5년 근속에 최소 30세 이상의 남자 근로자, 여자는 최소 25세 인 경우 1년에 1주일 유급휴가를 받았다. 그리고 1910년에는 바트-하르츠부르크에 최초의 휴양소를 설치하여 근로자들에게 호흡기 및 심장질환의 사전예방을 위한 심폐기능 강화훈련 겸 휴양과정에 참여시켰다. 그리고 1922년에는 지멘스 종업원들의 가족들도 의료보험에 가입할 수 있어 수혜자가 될 수 있었다.

이외에도 근로자들의 저축습관을 고취시키기 위해 회사 내에 저축은행이 1870년 건설되었다. 기업 내 세워진 저축은행은 다른 일반은행에 비해 예금이자율을 높여 근로자들을 기업에 묶어두고자 했다. 하지만 초기 저축은행이 세워졌을 때는 근로자들에게는 크게 인기를 얻지 못했다. 그 이유는 기본적으로 근로자들에게는 저축할 돈이 없었기 때문이었다. 하지만 기본적인 저축의 기능에다 부조기금을 설치하여 많은 근로자들에게 참여할 수 있도록 유도하였다. '지멘스 & 할스케 전신건설회사의 남녀 근로자들의 저축 및 부조 협회'의 정관을 보면 기본적으로 일인당 주당 50페니히Pfennig를 저축하였고, 남녀 근로자 모두 총 150RM가 될 때 까지 정기적으로 저축했다. 개인의 상황에 따라서 더 많이 저축을 할 수도 있었다. 이렇게 모인돈은 근로자가 퇴직하거나, 해고될 경우 납부된 금액은 반환되었다. 회사는 이 저축은행에 이자를 지원함으로써 납입한 원금보다 더 많은 돈이 돌아갈 수 있도록 하였다.

1847년 회사가 건립되고 난 직후 국내시장에서 안주하기보다 오히려 외국시장에 더 많은 관심을 가지고 적극적으로 사업을 전개하여 이윤을 창출했다. 영국과 러시아에 진출하여 많은 전신선로 연결망 사업권을 획득하여 놀랄만한 업적을 쌓아갔고, 이에 따른 기업의 이윤을 기꺼이 함께 한 노동자들과 함께 나누고자 노력했다. 이와 같이 국가적인 사회보장 제도를 앞질러 사내의 복지정책을 실현시키게 된 근본적인 배경에는 베르너 폰 지멘스의 경영방식인 보편적인 동기부여와 함께 실적향상을 위한 목적의식이 있었기 때문이었다. 그는 무엇보다 자질 있는 기술자들을 항상 회사에 안정적으로 고용시켜야 될 필요성을 누구보다 절실히 느끼고 있었다. 특히 수요가 늘어나 주문량이 많아지면 기술자의 수가 많이 부족하게 되는 현상이 발생하게 되는데, 이러한 현상들은 바로 이들의 이직을 부채질하는 원인으로 작용하게 되므로 무엇보다 이들을 회사에 묶어두고 최고의 실적을 내도록 동기부여를 함으로써 안정적으로 회사를 경영할 수 있을 것으로 보았다. 비공식적이며 가부장적 경영방식에 바탕을 둔 지멘스 회사의 복지정책은 프로이센에 의한 독일통일로 인하여 정부의 사회복지 입법이 도입된 1880년 이후에는 점차로 그 기반을 잃게 되고, 근로자와 기업 사이의 관계는 점차 순수한 계약관계에 접근하였다. 이러한 그의 사내 복지정책 대부분은 그 당시 보편화되어 있었던 국가적 사회보장의 부재에 대한 대응이면서, 동시에 기업의 수익성을 높일 수 있는 수단으로 작용하기도 했다.

<8-5> 지멘스 전기회사(출처 : https://de.wikipedia.org/wiki/Siemens)

'기술 독일'의 상징이자 글로벌 기업인 지멘스 주식회사 기업정신의 초석은 바로 창업주 베르너 폰 지멘스에 의하여 놓여졌다. 학문과 사업을 종합적 시각으로 통합할 수 있는 그의 기업관은 보편적 의미에서 전기의 과학적 기술적 사용이라고 할 수 있겠다. 아울러 그것은 지멘스가 오직 전기공학에 사업을 제한하고 있다는 점과 함께 이 분야의 거의 모든 영역에 관여를 하고 있으며 세계의 모든 지역시장에 진출하고 있다는 점도 함께 고려되어야 한다. 적극적인 투자와 개발을 바탕으로 하는 투철한 기술우위의 경쟁력을 확보하는 기업정신은 그 당시 독일의 전기 산업을 화학 산업과 함께 1870년 공업화 시대의 주역으로 떠오르게 했다. 그의 기업정신과 글로벌적인 경영방식으로 독일의 전기산업은 세계적인 경쟁력을 가지게 되고, 영국에서 '메이드 인 저머니Made in Germany'를 최고의 성능과 품질을 가진 제품 이미지로 탈바꿈하는데 중심이 되었다.

대외적으로 러시아, 영국 등과 같은 유럽 다른 국가들의 시장에 뛰어들어 직접적인 물건 판매, 전신망 건설과 관리 수주를 획득했다. 이러한 정신은 당대 어떤 기업인들도 생각하기 힘든 선구자적인 것이었다. 글로벌 경영을 지향하면서 동시에 기업 내부적으로는 철저한 가부장적인 기업경영 방식을 사내 종업원들에게까지 적용시켜 그들의 높은 충성심과 회사에 대한 일체감을 얻고, 동시에 이직을 줄이기 위해 자발적인 복지정책을 도입하였다. 1858년부터 임금근로자들에게 상여금을 지급하였고, 이를 위해 1866년부터 순이익 가운데 상여금이 고정액수가 사용되었다. 그리고 다양한 성과급제도가 실행되었으며, 특히 회사 전직원을 대상으로 연금, 과부, 고아 보험이 실시되었다. 이 보험은 다른 기업뿐만 아니라 국가의 복지정책 수립에도 영향을 주었다. 이러한 기업의 복지정책은 오늘날까지 지멘스의 기업가적 자기인식의 본질적인 부분을 형성하고 있다.

결국 베르너 폰 지멘스는 학문과 사업을 더하여 기술우위의 기업경쟁력을 확보한 창조적 기업가인 동시에, 이를 바탕으로 철저한 가족중심의 가부장적 경영방침과 국내시장보다 해외시장 개척에 역점을 둔 선구자적 기업가였다. 그리고 기업의 근로자들을 지속적으로 보유하기 위해 한발 앞선 회사 복지정책을 펼쳐 지멘스 회사를 국내 전기산업 뿐만 아니라 전 세계 전기산업의 선두주자로 올려놓았다.

제9장 러시아

모로죠프家의 직물산업과 유토피아의 꿈

이정희(영남대학교 역사학과 교수)

19세기 말 러시아 사적 기업의 등장 |

서양에서 자본주의 발전이 가장 늦은 러시아에서도 사적 상인·기업가가 과연 대규모의 기업을 탄생시킨 경우가 있었는가? 또한 이들이 사회변화를 꿈꾸며 유토피아를 건설할 수 있다는 열망을 가진 적이 있었는가? 1917년 혁명 이후 과거를 송두리째 잃어버린 러시아 기업가들 사이에서 이런 흔적을 찾는 것은 자못 흥미로운 탐색이 아닐 수 없을 것이다.

산업화 이후 새로운 사회세력으로 등장한 많은 기업가들은 단기적 기업 팽창이나 개별 이익추구를 넘어서 부와 풍요에 넘치는 유토피아와 이상적인 사회발전의 모형을 제시하곤 했다. 이러한 유토피아Utopia 제시는 어떤 경우에서는 막대한 부와 경제적 엘리트를 창출하기도 하고 또 다른 경우는 극심한 사회경제적 탈구, 불평등과 모순 등, 새로운 디스토피아Distopia를 낳기도 하면서 문화 가치 면에서 거대한 혼란을 유발시키기도 하였다. 이런 관점에서 19세기 말 이후 등장한 러시아의 사적 기업가의 연구는 제정 러시아 시대의 근대화, 제국의 몰락 그리고 혁명의 요인을 재조명할 수 있는 또 하나의 열쇠를 준다.

1917년 10월 혁명 이후 제정 러시아 시대의 기업가들은 혁명사에서 철저한 패배자로 남아 있었기 때문에 이 이야기는 그늘 속에 가려져 있다. 사회적으로 귀족 관료층과 토지소유 귀족Dvor이 주도권을 행사하였기 때문에 상인·기업가들은 항상 상대적으로 저급한 신분으로 취급받았으며 아무도 그들에 대한 역사서술을 시도하지 않았다. 서구의 러시아 학자들 역시 언제나 인텔리겐치아 문제에 더 큰 관심을 쏟았고, 소비에트 역사서술에서는 기업가들이란 오직 '착취자', '인민의 적'으로 적대시되어 공적 서술에서 완전히 침수되어 있었다.[1] 최근 두 세대 전까지만 해도 소비에트 역사서술이든 서구 역사서술이든 상인·기업가의 이미지에 대해서는 유사한 공통점이 있었다. 그것은 고골리의 <죽은 혼>에 등장하는 이기적이고 교활한 사기꾼 주인공 빠벨 치치고프와 유사한 이미를 갖고 있었다.

> "상인들이란 그저 교활하고 탐욕에 넘쳐 있어, 가정이나 사업장에서는 폭군에 가깝고 그저 고객을 속이는데 몰두하지... 그저 무식하고 허풍장이 짓을 곧잘 하므로 파산하기 일쑤여...귀족을 부러워해서 모방하려고 안달이 나있어… 딸들을 귀족집안에 시집보내려고 갖은 온갖 아첨과 매수 작전을 다 부리는 것들이라구…"[2]

그러나 1970년대 이후 러시아와 서구 역사학계에서 사적 상인·기업가의 연구를 계급적 갈등의 시각이나 냉전적 이념을 탈피해서 기업의 성장 전략이나 기업가 인물 그 자체를 경제발전이라는 관점에서 분석하려는 새로운 시도가 일어났다. 대표적인 역사가들은 루안Ruane, 브룸필드W. Brumfield, 오웬T. Owen, 웨스트J. West, 포뜨끼나Potkina, 리이버A. Rieber 등이다.[3] 이들에 의하면 제정 러시아에서 국가 주도 산업화가 시작되기 두 세대 이전, 즉 1840-1880년 사이 이미 모스끄바를 중심으로 한 중부 러시아 지역에서 많은 사적 기업가들이 소상인 수준에서 시작하여 높은 수준으로 자본을 축적하였고 수도 뻬쩨르부르크와 대등하게 경쟁할 수 있는 경제활동의 축이 형성되고 있었다는 것이다. 이들을 착취적 부르주아 계급으로 보는 소비에트 시각이나 전제 정부에 종속된 계급으로 보는 전통적 시각과 달리 새 역사가들은 19세기말 사적 기업주의 다양한 정치적 성향에 관한 사실을 발견하기 시작하였다.

1840년대부터 모스끄바 지역에서 형성된 사적 상인·기업가들 대다수는 농노 출신으로서 분리파 정교도, 즉 구교도이거나 소수민족 출신 등 사회적으로 주변부에 속하는 인물들이었다. 이들은 중앙 정부로부터 징세청부업을 맡은 농민이거나 아니면 봉건적 지주의 농노였다.[4] 이들은 소규모의 행상에서 출발하여 농노해방령 한 세대 전에 돈에 궁핍한 지주 귀족에게 거액의 해방금을 내고 인신의 자유를 획득하면서 개인적 작업장을 세워 돈을 벌기 시작했다. 이들 중 20세기 초까지 대기업가로 성장한 대표적 거대한 상인·기업가들은 사바 모로죠프 1세 Savva Morozov, 미하일 랴부신스끼Riabushinski, 니꼴라이 나이졔노프Naidenov, 표뜨르 코노발로프Konovalov, 이반 마몬또프Mamontov, 표뜨르 쿠츠코프Guchkov, 빠벨 뜨레쨔코프Tretsiakov, 꼬꼬레프Kokorev, 솔다쩬코프Soldatenkov 등이었다.[5]

특히 모스끄바 주의 농노에서 백만장자로 성장한 모로죠프, 마몬또프, 리아부신스끼 가문들은 미국의 록펠러나 반델빌트처럼 약진한 대기업가였다. 1890년대 러시아에서 이들 사적 기업가에 의한 투자액은 40억 루블에 다다랐고 공장의 수는 1,369개였다. 국내 전체 생산고 30억 루블 중 모스끄바 주의 사적 기업이 담당한 생산고는 9억6천 루블로서 25%를 넘어섰다. 심지어 이 중 섬유생산고는 58%, 1900년 초의 무역고는 11억루블로서 전국 총액의 18%를 담당할 정도였다. 이들은 거액의 재산을 토대로 자선사업, 문화예술 후원 부문에 막강한 영향력을 행사하기도 하였다. 1905년 혁명 당시 이들 기업가는 지주 계층이 만든 10월당이나 인텔리겐치야의 자유주의적 정당과 나란히 부르주아적 정당을 만들고 싶은 열망까지 과시했다. 자본주의를 연구한 허쉬만의 말대로 이들 모스끄바의 사적 기업가들은 그야말로 단순히 부유한 상인이나 자본가라기보다는 '이해관계를 합리적으로 추구하려는 열정을 갖춘' 기업가적 인물이 되었다.[6]

반드시 지적해야 할 사실 중의 하나는 1880년대부터 이들 상인·기업가들의 투자에 의해 모스끄바에서는 도시면모를 갖춘 각종 아름답고 세련된 건축물과 저택들, 미술전시관, 무역상사, 은행, 증권거래소, 극장 등이 세워졌다는 점이다. 붉은 광장 위의 유럽 최대의 백화점인 <

상부 지구 아케이드>, <하부지구 아케이드>[7]들은 이들 상인과 기업가들이 투자하여 세운 것이었다. 산업화로 도시에 인구가 유입되면서 도시민의 커져가는 소비는 기업가를 자극하여 산업 카르텔이 형성되기에 이르렀다. 이미 모스끄바는 서구에서 네 번째로 인구가 많은 도시로 변화하였다. 그 뿐만 아니라 모스끄바에는 러시아 문화에서 소위 '은의 시대 Silver Age'에 해당되는 신예술 운동을 전개하는 예술가들이 모여 들었다.[8] 1910년대에 모스끄바 기업가 계층의 3세대는 과거처럼 겁 많고 눈치 보기에 급급했던 1840년대 할아버지 세대의 상인과 기업가와 달리 대학 교육도 받고 매우 사치스러운 생활을 누리면서 자신감 넘치는 모습을 보여주기도 했다. 이른바 기업가들은 자신들의 산업으로 '강력한 러시아'를 건설하고 '부유한 러시아'라는 '유토피아의 꿈'을 실현할 수 있다고 주장하기 시작했다.

<9-1> 19세기 모스크바 시장과 상인모습

1840년대 두각을 나타내기 시작한 두드러진 모스끄바의 상인들이었던 A 구츠꼬프, 아브리꼬소프, 모로죠프, 꼬노발로프, 니꼴라이 나이제노프, 우쉬꼬프, 체뜨베리꼬프는 모두다 원래 지주소속이거나 아니면 수도원 소속 국영농노로서 지방의 행상 출신들이었다. 그들 중 도시에서 태어난 인물은 극소수로서 도시민posad 계층출신은 뜨레쨔꼬프, 시츄낀 정도였다. 19세기 초 일찍부터 흘류도프, 끌레스또브니꼬프, 쁘레호꼬프, 랴부신스끼는 지주에게 거액의 돈을 바쳐서 자유를 획득하였다. 이들은 주로 모스끄바 근교, 깔루가, 코스뜨로마, 야로슬라블, 블라지미르 등지에서 볼가 강연안의 니즈니 노보고르드 정기시장을 오가면서 중개상으로 재산을 모으기 시작하였다. 이들 중 가장 선두적인 활약을 한 기업가는 바로 모스크바州와 블라디미르州를 중심으로 러시아의 최대 직물산업을 일으켰던 모로죠프家였다. 모로죠프 가문은 1905년 혁명 직후 기업가들 가운데에서 가장 선두 지위를 누렸다. 이들은 1917년 10월 혁명까지 총 자산 1억 1천만 루블을 축적하여 러시아의 최고 3대 기업가에 속할 정도로 기업 팽창에 성공하였다. 그러나 1917년 10월 혁명으로 이들은 모든 재산이 한날 휴지와 먼지로 역사 속에 사라져 버리는 비극적 최후를 맞이하였다. 그러나 억압적이고도 후진적인 정치·사회 구조 하에서 어떻게 하여 그와 같은 대규모의 기업을 일으켜 성장하였을까라고 하는 모로죠프家의 성장의 스토리는 이제 역사 속의 중요한 일부로서 우리의 관심을 끈다. 이것은 단지 유토피아를 꿈꾸던 파란 만장한 개인적 생애의 이야기를 넘어선 러시아의 사회사의 일부를 설명하는 단서가 되기 때문이다.

모로죠프家의 직물기업의 시작 |

직물산업은 러시아에서 가장 오래된 역사를 가진 산업분야이다. 18세기말부터 견직, 모직을 비롯한 아마 등의 직물기업이 나름대로 시작되었다. 그로부터 딱 100년만인 19세기 말에 면직업은 러시아의 가장 확고한 경제 분야로 부상하였다. 특히 모스크바州, 블라디미르州, 코스트로마州는 봉건적 영주에 의한 공장이 탄생된 핵심지역이기도 하다. 바로 이 지역에서 모로죠프家는 집중적 고용 노동과 선진적 기술축적 그리고 자본축적을 이루면서 면직을 중심으로 대규모 직물산업 뿐만 아니라, 화학 염색공단, 이탄을 비롯한 에너지 연료산업, 병원, 수공업 학교 등을 설립하여 러시아 국민경제 성장의 핵심지역 중 하나를 건설하였다.

모로죠프家 직물공장의 창시자인 사바1세 바실리예프 모로죠프Савва Василиев Морозов, 1770~1861는 18세기말 블라디미르州의 쥬에보 마을에서 농노로 태어났나. 당시 영주작업장에서 그의 일년 봉급은 겨우 5루블이었다. 그는 매우 성실했던 인물로서 농사대신 영주가 허락한 단 한 대의 직물기계 앞에서 비단 망사 레이스와 리본을 짜서 제품을 등에 지고 모스크바의 정기시장이 열리는 날, 새벽부터 약 100베르스트[9]를 걸어서 갔으며, 시장에서 모조리 팔고 돌아왔다. 점차 그는 시장의 분위기를 빨리 파악하여 품종을 면직물로 바꾸어 짜기 시작하였다. 1812년 나폴레옹 전쟁으로 모스크바가 참담하게 파괴되어 기존의 큰 수공업 제작장들이 거의 사라졌을 때, 사바는 오히려 자신의 소규모 가업을 키울 수 있는 절호의 기회를 갖게 되었다. 왜냐하면 당시 도처에서 옥양목과 사라사무늬를 찍은 염색 목면의 수요가 놀랄 정도로 넘쳐났기 때문에 그의 아름다운 수제품의 인기는 폭발하였다. 사바의 아내 율리아는 염색 솜씨가 특히 꼼꼼하였고 사바는 밤낮으로 제작장에서 일하여 모스크바의 귀부인들이 원하는 날짜에 반드시 물건을 납품함으로써 약속을 잘 지키는 상인으로 이름이 났다. 당시 주지사였던 프루가빈의 증언대로 그는 상인의 최대 덕목인 약속과 제품의 품질을 보장하는 신용을 획득하였던 것이다. 그의 사업이 점점 커져가자 마을의 다른 농민들은 그에게 서로 돈을 맡기려고 하였고 그는 이후 높은 이자를 쳐서 정

<9-2> 도시 근교의 정기시장 직물 수공업자 상인의 모습

확하게 되갚아주어 그의 명성은 날로 높아져 갔다. 사바의 수입은 점점 증가하여 1821년 마침내 그는 그의 영주 귀족인 G. 류민에게 농노해방금으로 당시 기준으로 거액인 1만 7천 루블을 지불하고 마침내 그와 그의 가족을 위한 자유를 샀다. 이것은 러시아에서 공식적 농노해방이 이루어지기 40년 전이었다. 자유를 찾는 즉시 그는 제 1상인 길드 신분에 가입하고 그의 조상을 상인꾸뻬쯔, купецы신분으로 등록하였다. 이것으로 그는 최초로 신분상승의 기초를 갖게 되었다. 더 나아가 그는 정부과 지방기관을 위한 각종 기부금과 공적 봉사를 통해 1842년 가족에게 상속될 수 있는 <명예시민>이라는 칭호까지 받았다. 또한 수도 모스크바 시내의 니콜스크 얍스크 거리의 아름답고도 거대한 저택을 1만2천 루블에 사서 이사 하여 귀족들을 놀라게 하였다.

사바의 공장은 일인공장 형태였는데 그는 일감이 많아지자 점차 주변 마을의 농민들에게 부수입의 일감으로 수공업 베틀, 면화와 면사를 조달하고 나중에 제품으로 돌려받기 위해 다녔다. 이것은 서구의 선대제 형태와 같은 공정과정이었다. 부지런한 노력으로 자본이 축적되자 드디어 그는 쥬에보에서 최초로 노동 공정이 집중된 공장 설립 계획을 세웠다. 1845년 그는 블라디미르州 보고로드스크郡에서 1만 2500

루블을 주고 34제샤찐[10] 크기의 부지를 사들여 마침내 여기서 개인소유 최초 <니콜스크 직물공장>을 건설하였다. 그 이후에도 그는 쇠락해가는 토지귀족들로부터 점점 더 큰 영지와 숲과 토지를 사들여 최대 30,000 제샤찐 규모의 엄청난 크기의 대영지를 소유하게 되었다. 이것은 자유 상인의 경제적 경영의 능력이 봉건적 토지귀족층의 생산성보다 우월했음을 보여주는 사건이었다. 이 무렵 노동자수는 250명이었고 직물기계는 200대였다. 그는 이주한 공장 노동자들을 위한 기숙사를 지었다. 이외에도 그는 모스크바 시의 로고쥬스크에도 수공업 면직물 공장을 추가로 건설했다. 1825~1850년 사이 사바 1세의 기업가적 전략은 견직물 제작을 재빨리 포기하고 대신 모직물과 면직물에만 집중하였고 남보다 앞서서 염색업에 손대어 색조가 다채로운 줄무늬의 면직물, 염색이 선명한 옥양목, 고급스러운 빌로드를 생산하기로 한 데에서 잘 나타났다. 특히 1844년에 그는 4개의 큰 공장에서 수콘, 즉 섬세한 양복지천인 나사 직물생산에 손을 대었다. 그의 예상은 적중하였다. 끊임 없는 새로운 상품 개발이 인위적으로 시장을 더욱 확대할 수 있다는 경영 이론을 실제 증명한 셈이었다.

모로죠프 공장의 모험적인 경영활동은 여기에서 머물지 않고 다음 단계의 혁신을 시도하였다. 그는 영국의 <The Jersey>방직기계회사, <Jercia>제사 기계회사와 깊은 인척관계를 갖고 있는 독일인 루드비히 크노프 남작에게 접근하여 거액을 들여 영국의 최신식 제사, 방적기계 구입을 의뢰하였다. 동시에 사바는 기계 다루는 기술공들도 높은 연봉으로 초빙하였다. 자동기계방식에 의한 방직과 제사 생산제품은 수공업의 경우보다 불량품을 월등히 줄일 수 있었다. 1855년 기계도입 이전 1844년에 비해 생산 면직물은 총 5만 8,800필로서 총 20배 증가하였으며, 총 생산품의 액수는 70만 5600루블로서 70배에 해당되었다. 파격적으로 높은 연봉을 받고 초빙된 유능한 전문 엔지니어는 정확한 기계 운영과 합리적인 감독과 기계공들의 책임감 있는 노동자의 지도로 생산고를 정확하게 달성하였다. 사적 기업의 인적자원의 경영전략의 성과였다.

1850년 사바1세는 70세가 되었다. 그에게는 5명의 아들이 있었는데 엘리세이, 자하르, 아브람, 이반 그리고 찌모페이였다. 이들은 다 가업을 이어받아 니콜스크 공장에 이어 장남은 뷔꿀라 공장, 또 다른 아들은 트베르州에 직물 공장을 건설하였다. 모로죠프家는 거대한 공장 4개를 거느리고 모스크바 시내에는 본사 사무실과 물류창고를 건설했다. 결국 1840~1860년 기간은 모로죠프家의 기업으로서는 기초자본 형성의 시대였다고 볼 수 있다. 가장 영특한 막내 찌모페이는 25세 젊은 나이에 보고로드스크의 가장 큰 니콜스크 공장을 상속받았는데, 특히 그는 해방금 지불 이후 태어났기 때문에 농노의 신분을 겪은 적 없는 유일한 아들이었다. 아버지 사바는 모든 아들들에게 어려서부터 정규교육보다는 철저하게 공장 내부의 일과 사업 수완을 직접 가르쳤다. 1850년대 초 찌모페이는 아버지의 사업수완을 그대로 물려받아 곧 트벨스크州의 영지를 사들이고 그곳에서도 집중적인 매뉴팩쳐 공장을 건설하였다. 이들은 최신식 영국산 방직, 제사기계 744대를 가동하면서 노동자 780명을 고용한 대규모 공장으로 탈바꿈하여 러시아 중부지역에서 선두 주자로 등장하였다.

잘 알려져 있듯이 러시아 정부는 1890년부터 철도관리 출신인 재무장관 뷔떼의 주도 하에 본격적으로 국가주도의 산업화를 일으키고 있었다. 이 무렵 모로죠프家 기업의 규모는 이미 당시 뻬쩨르부르크의 황제 소유의 대 국영기업의 평균 규모를 넘어서고 있었다. 모로죠프家 노동자들은 총 3만9천 명이었고 년간 3천 500만 루블어치의 매출을 거두었으며 총자본은 1억 4천만 루블에 해당되었다. 20세기 초 모로죠프家 공장의 노동자들의 규모는 6만 명에 달하였다. 이로 인해 모로죠프

家의 공장은 늘 주위 관료와 지주 귀족들 그리고 인텔리켄치야로부터 놀라움과 질시 그리고 증오를 한꺼번에 받았다.

찌모페이 모로죠프의 경영자본주의와 유토피아 꿈 |

1859년 찌모페이는 곧 회사 명칭을<사바 모로죠프의 아들들Савва Морозов с Сыновьями>이라고 짓고 회사정관을 만들었다 이 규정에 의하면 회사 경영진의 임원은 아버지 사바1세, 형제 이반과 아브라함 그리고 찌모페이 자신이었다. 회사의 기초자본금은 총 은회 450만 루블이었다. 이것을 다시 균등하게 4개 지분으로 나누고 임원이 사망할 경우 지분은 엄격하게 임원의 유가족에게 평등하게 상속되며 이것은 채권의 형태로 다시 자본금에 투입되며 회계년말에 지분에 따라 이자, 이윤, 배당금을 지불하였다. 찌모페이의 회사는 근본적으로 가족기업 형태의 회사로 조직되었으나 운영방법은 철저히 주식의 배당금을 지불 받는 유한회사형태를 취하였다. 찌모페이의 기업 경영의 전략은 당시 여타 기업가들의 그것과 독특하게 다른 점이 있다. 오늘날의 이른바 경영과 소유를 구분하며 임원진이 책임을 지는 경영자본주의와 유사한 것으로서 매우 흥미를 끈다. 그는 1873년에 공장을 완전히 주식회사 경영의 형태로 바꾸었다. 10년 지나 회사 자본금은 600만 루블로 증가하였고 찌모페이의 투자 지분은 거의 2분의1에 해당하는 300만 루블이 되어 실질적으로는 일인 결정권을 행사하도록 만들었다. 모로죠프家의 기업은 회사의 현금유통을 항상 내부적으로 충당하면서 신용과 대출이자를 외부 금융기관에 지불하는 것이 아니라 자체 내의 수입으로 통합하였다. 이로써 보유 자본금은 기하급수적으로 증가하였다. 이런 경영 형태는 당시 여타 기업과는 매우 다른 방식이었는데 이것은 구교도들의 전통 중에 공동체적 재산관리의 관행을 빌려온 것이다.

축적한 기초 자본금과 개인소유 지분 덕택으로 어렵지 않게 신용이 발생하자 이제 찌모페이는 은행과 금융가들로부터 대규모 기계설비투자를 위한 추가 신용 대출을 얻을 수 있었다. 신용대부금액은 1860년 총 투자의 13.5%에서 1869년 29.3%까지 증가하였다. 1860~61년 사이 발행한 어음은 100만 루블에 달하였다. 최대의 채권자는 귀화한 독일인인 <L. Knop>회사였다. 이외에도 모로죠프 회사는 국영은행과 모스크바 상인은행으로부터 대출을 받았다. 거액의 신용과 대출은 과감할 정도의 설비투자에 쏟아 부었다. 1860～70년 사이는 모로죠프家로서는 엄청난 호황기였다.[11]

1873년 찌모페이 개인의 투자금이 500만 루블에 이르자 다시 임원조직을 개편하였다. 이때부터 니콜스크 직물회사는 1917년 10월 혁명까지 기본 틀이 지속되었다. 그가 회사 회장으로 있는 동안 경영 경영은 실질적으로는 일인경영주Единоличое руководство제에 속한다. 니콜스크 직물공장을 위시하여 모로죠프家의 공장은 중요 업무를 수평적으로 생산과정, 유통, 새 시장 개척, 이윤 분배, 자본 재투입과 회계 업무로 분업화하면서 마치 현대적 경영 자본주의적 기업 경영 방식처럼 각기 책임제를 부여하였다. 이미 1880년대에 니콜스크 직물공장은 전 러시아에서 년간 총생산액의 측면에서 3위가 되었다. 1892년 공장 노동자는 1만 7천명이 되었고 최신식의 생산 설비와 최고품질의 미국산 면화 원료를 가공, 합성하는 능력을 갖추었다. 이후 니콜스크 직물공장 1개 자체의 기초 자본은 30년 사이 1,500만 루블로 성장하였다. 즉, 성장 속도는 매년 10%씩 증가했음을 말한다.

최근 모로죠프家의 재산 구조를 분석한 L. 이바노바는 순 수익은 경기가 불안하던 1883～1886년 사이를 제외하고는 중부지역의 기업들 중 항상 최선두 지위를 차지하고 있음을 지적했다. 니콜스크 직물회사의 재무구조나 자산 수지변동이나 주가의 현실적인 통계는 당시로서는 사업상의 비밀이었기 때문에 공식적 현금 흐름표는 찾기 어렵다. 단지 니콜스크 직물공장이 거래한 모스크바 상인은행과 국영은행 모스크바 지점에서 나타난 모로죠프 회사의 대출 및 융자의 규모와 상환능력에 관련한 통계를 보면 니콜스크의 대출이나 신용의 비중은 뜻밖에 매우 낮은 것으로 나타난다. 그만큼 재정이 건전했음을 뜻하는 것이었다. 1889년 찌모페이 사후 그의 아내 마리아 페도로브나가 회사의 중요 임원으로 등장했다. 마리아 페도로브나는 구교도 집안의 여자로서 이러한 상호 공제 유형의 저리 대출, 사채업에 능통한 유명한 대부업자였다. 그녀는 자신의 회사 내 지분을 활용해서 현금 확보를 늘려간 막강한 실력자였다. 그녀는 은행을 통한 신용거래를 중지하고 회사의 채권, 대부, 어음 매매 및 할인 등 금융의 거래를 일차적으로 기업 내부의 임직원의 자본금과 이윤배당을 통해서 충당하는 전략을 활용하기 시작하였다. 19세 말 니콜스크 직물공장에서 발행한 대부액과 채권 및 어음의 4분의1이 그녀의 몫이 될 정도였다. 이처럼 니콜스크 직물공장의 재무구조에서는 모로죠프家의 사람들 전원이 회사의 채권자로 있었고 은행에서 빌린 돈보다 훨씬 더 많은 액수의 돈을 단기융자로 대부해 주고 있었다. 단기융자에 따르는 어음은 다시 은행에서 새로운 신용을 창출할 수 있었다. 니콜스크 직물공장의 경영본부는 개인들로부터 받는 5%의 대부의 이자율이 은행의 7.5~8.5%의 어음 할인율보다 훨씬 저렴하고 유리하다는 것을 알았기 때문에 끊임 없이 회사 주식 보유자와 임원진들의 배당금, 상여금, 순이익금에서 발생하는 새로운 이자액을 재투자로 돌렸다. 이것은 기초 자본을 계속 증강시키는데 결정적으로 기여하였다. 이 같은 재정 구조는 모로죠프家의 회사가 항상 현금유통의 어려움이 닥칠 때나, 상품판매 부진으로 인한 불경기에도 도산의 위험이 극히 낮은 원인이 되었다. 이리하여 모로죠프가는 43년 간의 유동자본

증식 이후 기본 자본금은 1억 루블에 달할 정도로 성공하였다. 주주들에게 갈 배당금은 4천 280만, 상여금은 5천 600만에 달하였다. 이런 재무 구조는 다른 회사가 흉내 낼 수 없는 재원충당 전략이었다.

<9-3> 19세기말 구교도 출신의 모스크바 상인의 모습

그러나 찌모페이 경영에서 유동자본의 축적의 성과보다 더 탁월한 성과는 공장 내 설비를 영국으로부터 재빠르게 비밀리에 수입한 진보적이고 혁신적인 기계식의 방직, 방적, 염색기계로 바꾼 데에 있다고 보아야 한다. 이것은 러시아 역사상 기술 면에서 근대화일 뿐만 아니라 산업화의 핵심적 성과이기도 하다. 이를 위해서 찌모페이는 영국인 방직기계 매매업자를 접촉하기 위해 중개인을 사서 영국 리버풀에 사무실을 내고, 맨체스터와 리이드 등지를 수없이 여행하였다. 그는 당시 최신형 기계 구입을 위해서 600만 루블 이상을 쏟아 부었다. 이것은 자신의 기초 자본금의 2분의1에 해당되는 거액이었다. 심지어 1883년

러시아 전체의 경기 위기시대에도 그는 국제시장의 상품에 뒤지지 않기 위해 새 기계를 사들이는 투자를 중단하지 않았다. 오히려 경기위기를 견뎌내기 위해서 더욱 더 나은 제품을 만들 새 기계를 사들이기 위해 25만 루블을 쏟았다. 그는 러시아에서는 직물산업의 새로운 기계 발명이 적다고 항상 한탄하기도 했다. 사실 19세기 말 러시아의 직물산업의 가장 큰 취약점은 끊임 없이 외국산 기계에 의존해야 했던 점이었다. 최초의 직물 기계설비 공장이 1880년 초에 폴란드의 류찌에서 건설되었으나 기술 수준이 미약하여 국가의 관세보호 없이는 도저히 외국산 기계에 경쟁할 수 없었다. 찌모페이는 최신식 제사 방적 기계를 사들인 후 이보부터 러시아에서 처음으로 중간 가늘기의 면사(30수와 40수)로 된 면직물을 생산하여 세계직물상품 박람회에 전시하여 격찬을 받았다. 기계에 의한 작업 중 그 자체에 의한 제작 응용방법을 고안하여 4가지 색을 내는 격자무늬의 옷감용 직물을 생산하였다, 이외에도 회전 조절기를 이용하여 빌로드, 혼방 벨벳, 맨체스터 면이라고 불리던 값비싼 종류의 실들이 엇갈려 짜는 면, 벨벳, 벨로아 등을 생산하였다. 심지어 찌모페이는 새로운 부품 기계수입에 멈추지 않고 자신이 직접 소품의 수리 및 조달을 위한 주물 공장까지 건설했다. 이를 위하여 심지어 그는 모터를 가동시키기 위한 에너지용 이탄생산에 투자하여 총 9가지 이탄의 종류를 제작하여 국제 박람회에 전시하기도 하였다. 그는 1883년부터 200마력의 증기식 엔진을 설치한 표백공장, 120마력의 2개의 터빈을 설치하였다. 방직에 멈추지 않고 제사, 표백과 염색 공장까지 확장하여 러시아 전체에서 거의 독점적인 기술을 확보하는 데에 이르렀다.

찌모페이의 경영 자본주의의 특성을 보여주는 세 번째의 특성은 자본조달이나 신 제품 생산에서 멈추지 않고 유통 즉, 시장 창출의 전략이었다. 1860년대부터 러시아의 상품시장의 구조는 갑자기 격심한 변화를 맞이하였다. 이 변동은 산업화 이후 닥쳐 온 시장과 내수 구매력의 변화 때문이었다. 잘 알려져 있듯이 19세기 말 러시아 시장은 아직도 정기시장의 형태로 물품이 매매되는 구조였고 모스크바 중심의 중부지역의 시장의 최대 중심은 니즈니노보고로드, 이르비트, 쿠르스크 마카렙스크의 정기시장이었다. 특히 모스크바 상인들에게 가장 이해관계가 큰 시장은 마카렙스크 시장이었다. 여기서는 볼가강 유역의 州들, 카프카즈 지역, 돈강 지대 그리고 우랄 지역, 중앙아시아 심지어 페르샤에서 온 구매자들이 집중적으로 모여 들었다. 특히 시베리아 지역에서 온 구매자들은 주로 이즈브리트 시장에 몰려들었다. 가장 수요가 큰 상품은 바로 면직물, 면사, 약간의 모직물, 그리고 품질이 좋은 단순일용상품들이었다. 년중 내내 이 시장은 활발하여 모스크바주, 블라디미르주, 야로슬라브주의 기업주들은 이곳을 매우 중요시 하였다. 1850년 초 사바 1세는 니제노보고로드 시장에서 직물코너에서 3개의 점포를 갖고 있었다. 그는 이외에도 도시 내에서 직접 도매상을 운영했다. 1860년대에 사바 1세는 러시아와 우크라이나의 총 17 개의 국내 시장에 일년 내내 자신의 상품을 조달하고 있었다.

찌모페이는 자신의 경영 동안 새 상품시장 개척을 위한 모험에 착수하였다. 그는 열정적인 기질 탓에 국내 시장에만 만족할 수 없었다. 19세기 말 러시아와 중국 사이의 국제 도매 거래 유통망을 확대하기 위한 방법에 관심을 가졌다. 한편 1862년, 1865년 각각 러시아 정부가 중국과 육로 교류 협정체결 조약을 맺게 되자, 그는 대담하게도 청 제국에 상품 판매 통로를 개척하는 계획을 수립하였다. 그는 당시 청 제국에 거주하는 절친한 상인 F. 치죠프에게 편지를 썼다.

> 당신에게 우리 공장 상품 샘플을 보내드립니다. 중국인을 위한 최고 품질의 빌로드 제품을 드립니다. 이것을 청국의 차와 교환하고 싶

습니다. 총 2만필까지 100만 아르신(1아르신=71센치)까지 팔수 있습니다.

그러나 청국에서의 시장은 이미 영국이 선점하고 있었다. 러시아 상인이 시베리아를 횡단하여 중국 국경을 넘어서 시장 개척한다는 것은 극도로 힘든 일이었다. 그러나 찌모페이는 현금거래보다 신용거래와 물물교환의 방법을 제안하면서 접근하였다. 그는 수출 여행을 위하여 엄청난 보수의 비용과 지원금을 투자하여 카라반 대상행렬을 사들였다. 그 다음 7300루블어치의 니콜스크 직물공장의 최고의 직물 상품을 선적하여 키르키스 스텝시역을 긴니 중국 북부 국경을 통해 입국하였다. 그러나 첫 번째는 러시아 측의 철도 부재, 육로 개척의 미비로 여행은 험난했고 큰 손실을 입었다. 그는 <전러상인기업가협회>를 통해 제국 정부와 재무성에 철도 부설의 필요성을 끊임 없이 청원하였다. 그 후 러시아 제국이 총리대신인 뷔떼의 시휘하에 시베리아 횡단 철도부설이 완성되자 다시 모로죠프 회사는 철도를 이용하여 중국의 국제시장을 개척하는 시도에 도전하였다.

이런 유통시장 개척을 위한 노력의 증거로서 니콜스크 직물공장의 회계장부는 특히 흥미진진한 자료를 보여 주고 있다. 1884년 니콜스크 직물공장의 생산품이 뻬쩨르부르크, 바쿠, 키예프, 그리고 1892년에는 돈강 로스토프, 오데샤, 1907년 하얼빈과 코칸, 1911년 타슈켄트, 이르쿠츠크와 케르카흐(아무다르, 카라쿰의 남동부 지역), 1912년 부하라, 1914년에는 바르샤바까지 시장을 개척하여 상품을 조달하고 있음을 보여 주고 있다. 이것은 20세기 초 러시아 산업화에서 점차 소비시장의 영역이 동시에 팽창되고 있음을 말해주는 일면이었다.

찌모페이는 또 파격적으로 높은 연봉으로 탁월한 품질의 새 제품을 만들어낼 수 있는 기술적 재능을 가진 해외 유능한 인물을 확보하는데

도 많은 투자를 하였다. 이것은 기업을 조직하는 중요한 능력 중의 하나이다. 달리 말해서 '기업의 사회적 유기체 창출'이라고 할 정도로 중요한 측면이었다. 그는 3년 계약의 매년 250 루블의 연봉으로 기계공들을 고용하였다. 이들은 일년 후 근속 수당으로 추가 25루블, 가계 난방비로 년 180 루블, 전기료 25루블을 지불했다. 2년 째는 가족을 위한 특별 식비로 50루블을 추가 지급했다. 쇄소공의 경우는 임금이 이보다 25루블 작았으나 동일하게 추가 수당을 지급하였다. 영국인 엔지니어에게는 무료 아파트를 지급하였다. 이런 파격적인 관대한 처우는 곧 그의 주변에 항상 고급 기술자들이 운집하는 결과를 주었다. 모스크바 제국기술학교 출신인 유명한 러시아 기술자인 V. 콘드라찌예프와 S. 나자로프와는 평생 중요한 동반자적 인연을 맺게 되었다. 이 부분에서는 소위 A. 챈들러의 경영자본주의 형성에서 통합의 개념이 잘 들어 맞는다. 즉 찌모페이는 모든 생산 과정에서 새로운 생산 라인의 창설, 생산 규모를 확대시키기 위한 설비설치, 제품향상을 위한 투자 등에서 완전한 생산 사이클이 분업화되고 유기적으로 체계화되면서 기술적인 통합을 완성했다는 것이다. 이것을 수평적 통합이라고 부를 수 있다.

1880년대에 기업이 승승장구하며 팽창해 가자, 찌모페이는 자신의 기업이 개인적으로 부를 가져다 줄 뿐만 아니라 인민들에게 일자리와 생계를 해결 하며 더 나아가는 러시아의 국가의 힘을 키울 수 있다고 믿었다. 이른바 러시아의 경제적 유토피아건설이 가능하다고 본 것이었다, 이것은 그 뿐만 아니라 동시대 사적 기업에서 성공한 자신감 넘치는 많은 상인·기업가들의 동일한 꿈이었다. 오레호보 마을은 니콜스크 공장과 부대 시설, 1만 9천명의 노동자가 거주하는 작은 세계였다. 주변 마을 사람들은 일자리를 찾아 그의 공장을 끝없이 찾아 다녔다. 오레호보에는 니콜스크 직물공장뿐만 아니라 노동자들의 거주지, 기숙사, 아파트, 식당과 매점 그리고 보건 진료소, 기대 한 창고 등 구비

되어야 했다. 면직물 염색을 위한 화학 실험실뿐만 아니라 연료공급을 위한 갈탄 공장, 방직기계와 제사기계의 고장에 대비하여 부품의 조달 및 수리를 위한 주물 기계공장까지 포함되어 있었다. 연료를 위한 거대한 숲 지역, 병원과 작은 진료소, 노약자 보호소, 그리고 수공업 기술학교 등등을 운영하였다. 자연히 찌모페이는 공장 경영뿐만 아니라 마을의 치안과 경제까지 관리하는 자문관의 역할까지 수행하였다. 그의 영향력은 대단한 권위를 누렸다. 나중에는 모스크바시의 두마 의원직을 맡아 봉사하기도 했으며 1868년에는 모스크바 상인, 기업가 협회가 설립한 <주식 및 환거래위원회>의 의장직을 지냈다. 이 가운데에서 그는 당시 재무상이던 M. 로이테른 장관과 자주 면담하여 사적 기업가들의 이익을 요구하는 보호관세 정책을 수립 대변인의 역할을 하였다. 찌모페이는 정규교육은 받지 않았으나 매우 글을 잘 읽었고 지식의 내용을 잘 이해했을 뿐만 아니라 모스크바 대학의 직물산업 관련 학과에 거액의 기부금을 지불하면서 연구소를 설립하기도 했다. 또한 1882년 찌모페이는 모스크바에서 열린 <세계산업박람회> 개최에서 행한 주된 역할 덕택으로 제국황실로부터 <안나 훈장>을 수여받기까지 하였다.

기업가의 애국주의와 유토피아 |

1850년대 중반까지만 해도 대부분 모스끄바 사적 상인·기업가들의 경제적 가치관은 민족주의나 민중 복지와 같은 거대한 사상에는 별 관심이 없었다. 이들은 단지 살아남기 위해서 가족 기업의 기초적 팽창에 몰두했고 러시아의 엄격한 신분사회 내에서 좀 더 자유롭고 인정받는 데 더 큰 관심이 있었다. 이들의 초기 경제 이념은 서구 부르주아지들의 자유주의적 경제 이념과는 판이하게 달랐다. 이들은 서구 자유주의를 매우 불신하였고 서구 자본가를 물질에만 집착하는 개인적 이기주의의 산물이라고 여겼다. 서구 문화는 전통적 사회 질서를 파괴하리라 생각하였다. 이처럼 모스끄바 상인들의 내면세계에서는 <서구와 러시아>라는 이분법의 세계관과 멘탈리티가 존재했다.

이들이 러시아의 국가와 사회 속에서의 자신의 정체성, 사명감, 역할을 깨닫게 된 전환점은 1854년 끄림전쟁에서 치욕스러운 참패를 목격하게 된 순간이었다.[12] 물론 1812년 나폴레옹 전쟁에서도 모스끄바가 끔찍한 폐허를 경험하였으나 그 때는 상인 계층kupechestvo이 아주 소규모였고, 또한 소상인의 상당수가 아직은 봉건 영지 소속의 농노였기 때문에 국가 위기 속에서 자신들 계층의 집단적 사명감이나 자부심에 대해서는 전혀 생각하지 못했다. 그러나 1854년 끄림전쟁의 사태는 기업가들에게 매우 다른 의미를 주었다. 흑해 연안의 세바스토플의 포위와 치욕스러운 함락, 영국의 함포에 의한 러시아 함대의 침몰, 무수한 해군 장병의 희생, 더 나아가 서구의 수입통로의 차단, 경제적 난관의 가능성의 소식은 모스크바 상인층에게는 정말로 충격적인 두려움 그 자체였다. 뻬쩨르부르크와 모스끄바 사이의 철도 노선 부족으로 군수품 수송이 지연되고 그로 인한 경제적 마비가 오리라는 소문에 모스끄바 상인은 서구에 대해 매우 적개심에 찬 민족주의적 감성을 품게 되었다. 또, 이 무렵 갑자기 흑해 연안의 도시들이 포위되는 바람에 러시아는 프로이센 육로에만 의존해야 했고 미국에서 들여오는 원면 수입이 큰 타격을 받아서 중앙아시아로부터 원면 수입을 위해 찾아 나서야 했다. 이 와중에 황제 니콜라이 1세가 서거하자 모스끄바 상인은 '신의 분노'가 일어난 것처럼 극심한 두려움을 느꼈다. 그리하여 끄림 전쟁으로 인하여 러시아 사적 상인·기업가들 사이에서 애국주의가 급성장하게 되었다.

그런데 다른 한편에서 이와 꼭 같은 수준으로 열렬한 애국적 감정을 느끼고 있던 집단이 있었다. 그들은 바로 친 슬라브주의 인텔리겐치아였다. 특히 악사꼬프는 1850년대에 매우 공격적인 범슬라브주의 운동을 발전시킨 사상가였다. 그는 '러시아의 미래는 정교신앙의 사회, 계급적 차별이 없는 평등한 공동체 사회, 그리고 황제와 신민 사이에 신비한 사랑에 의해 단합된 사회'가 되어야 한다고 강조하였다. 친 슬라브주의자들은 서구 가톨릭 사상과 개인주의적 자유주의와 합리주의적인 철학을 경계하였고, 또 서구 의회주의는 오직 개인 간의 경쟁에 의거한 정치제도이며, 이것은 러시아 전통에는 매우 이질적인 제도로서 러시아 민족이 갖고 있는 고유한 응집력이나, 사랑, 단결심과 일치의 전통을 파괴시킬 것이라고 경고하였다.

> 서구의 자유주의는 러시아인들의 고유한 '사랑과 신앙'에 가득 찬 영혼을 침식시킬 것이다.…지금 러시아에서는 서구 사상의 침투로 인하여 점점 계급 전쟁과 폭력과 무신론이 난무하고 있다.[13]

모스끄바 사적 상인·기업가들은 친 슬라브주의자들의 반 서구적 정치사상을 열광적으로 수용하였다. 자신들이야말로 농민의 후예로서 진정한 러시아의 전통과 밀착되어 있으며 러시아 인민 복지를 위해 헌신하는 민족주의 경제의 진정한 수호자로서 자처하였다. 이 시점에서 모스끄바 기업가들은 러시아 인민의 경제적 유토피아를 위한 새로운 사회 발전이라는 가치관에 집착하고 황홀한 자부심에 빠져들었다. 특히 토지소유 귀족 출신이면서도 이러한 경제적 유토피아 건설의 사상의 대부역할을 P. 치죠프는 끄림 전쟁 중의 상인들의 병사후원 기부금 활동을 극력 찬양하였다.

> 모스끄바 기업가들이여 영원하라[14]

끄림 전쟁이 끝나자 곧 모스끄바 상인 꼬꼬레프와 마몬또프는 친슬라브주의 지식인들에게 잡지창간을 위해 재정적인 후원에 착수하였다. 친슬라브주의 지식인들은 『러시아 논평』Russkaia beseda, 『농촌복지』Selskoe blagoustroistvo를 창간하였다. 이 잡지에서 두 집단은 농노해방의 정당성과 러시아의 내재적 독립적인 민족자본 형성을 강조하였다. 심지어 1861년 농노해방령이 선포되자 이를 축하하기 위해 모스끄바 시내에서 자유주의적 지식인과 작가들, 언론가, 관료, 지주 및 장성들이 파티를 개최하였는데 여기에 많은 상인들과 기업가들을 초대하였다. 당연히 이들 기업가들이 파티의 후원금을 대었다. 많은 모스끄바 기업가들은 인민 복지나 경제적 유토피아 사상을 내세우는 친슬라브주의 사상에 매료되었다.

> 러시아 인민은 서구보다 영적으로 우월하다. 비록 러시아가 과거 경제적으로 후진되었지만 복종과 선량이라는 미덕을 갖추고 있으므로 개인과 사회가 조화할 수 있는 국민이다. 러시아 민중의 최고 덕목은 독립, 자조가 되어야 한다....인민의 삶을 개선하기 위해서는 무엇보다 상업과 산업을 발전시켜야 한다. 끼예프, 노보고르드 쁘쉬고프의 역사에서 보듯이 러시아 상인은 민중을 대표하였다. 상인들은 위대한 러시아 삶의 본질이다. 이들은 농민에서 비롯되었으며, 진정한 러시아의 정교 신앙을 수호하는 자들이다.[15]

한편 모스끄바 기업가들은 정부의 고율 관세정책을 위한 투쟁에서 친 슬라브주의 지식인들의 도움을 받았다. 친 슬라브주의자들은 당시 서구의 자유주의 무역 정책이나 정부의 관세 정책에 대해 대대적인 공격을 퍼부었다. 러시아의 직물은 영국산 고품질 상품에 비해 경쟁력이 여전히 약했으므로 러시아 기업가들은 필사적으로 수입 고율관세 정책을 요구하였다. 그러나 관세 수입은 전제정부로서는 큰 수익이 걸린 문제였다. 빼쩨르부르크의 고관 귀족들은 질 좋은 해외 사치품을 낮은 세금으로 수입하고자 했기 때문에 관세 투쟁은 결코 쉽게 달성할 수 있는 사안이 아니었다. 이 때문에 모스끄바 상인·기업가들은 국내 자생 기업의 입장을 옹호하는 언론을 재정적으로 적극 후원하였다. 기업가들의 언론후원 사업에서 가장 탁월한 성과는 『산업소식』Vestnik promyshlennosti, 1858-1863지의 창간이었다. 당시 러시아 사상계에서 지식인들의 정기간행물 발간 운동은 짜르 정부의 탄압이나 검열에도 불구하고 집요한 생명력을 갖고 성장하고 있었다. 『산업소식』Vestnik promyshlennosti의 기사 글들은 중부 러시아의 기업가들의 열망을 대변하고 낭만적 민족주의적 경제발전 전략을 설명하는 데 주력하였다.[16] 당연히 이 잡지는 당시 정부나 기업가 및 지식인에게 매우 인상 깊은 영향력을 행사했고, 슬라브주의자들과 모스끄바 상인층 사이의 상호 협력할 수 있는 공동 연대를 만들어 냈다. 경제학자였던 I. 밥스트의 경제적 지식이나 사상은 기초 교육조차 제대로 받지 못했던 모스끄바 상인과 기업가들에게는 신지식을 주입시켜 주는 경이로운 존재였다.[17] 당시대 친 슬라브주의 지식인들은 모스끄바 상인과 기업가들의 상업적 성과를 찬탄하였지만, 동시에 그들이 자주 단기적 이익, 좁은 시각이나 우매함에 빠지는 것을 경고하면서 계몽하려고 했다. 특히 기업가들을 계몽시키는 교육에 헌신적이던 치쵸프는 상인이나 기업가들을 양성하는 교육의 필요성, 과학 지식의 도모, 합리적 생산성 개선 방안을 가르치기도 하고, 서구의 유명한 기업들에 대한 정보나 글을 소개하기도 하였다. 산업 부문에서 얻는 개인의 이익이 반드시 국가의 복지로 연결된다고 주장하는 F. 치쵸프의 글들은 모스끄바 기업가들을 흐뭇하게 만들었다. 특히 국가 경제정책에서 관료들의 무능함과 서구 위협에 대항하는 싸움에 대한 글들은 기업가들 사이에 인기가 폭발적으로 커져 갔다. 친슬라브주의 사상은 자못 모스끄바 기업가들이 인민 복지나 경제적 유토피아 사상을 실현할 수 있으리라는 열망을 만족시켜준 것이었다.

상인·기업가들의 러시아 예술후원 사업 ǀ

19세기 말 사적 기업가들이 아무리 많은 재산을 모아도 러시아 토지 소유 귀족나 지식인들은 귀족출신이었기 때문에 항상 농노 출신인 상인에 대해 우월의식을 가졌다. 귀족은 여전히 상인과 기업가들을 '촌뜨기'로 보는 경멸어린 시선을 버리지 않고 있었다. 20세기 초에도 대 기업가들은 상층 귀족들의 사교 모임에 초대받지 못하였다. 기업가들은 일반 대중으로부터 존경이나 인정을 받기 위해 다른 방법을 택하였는데 그것은 바로 문화와 예술 사업을 후원하고 자선 활동을 벌이는 것이었다. 그런데 기업가들의 자선활동의 양상은 19세기 초와 매우 다른 양상을 지녔다. 특히 엘리뜨 기업가들은 귀족이나 지식인들과 경쟁할 뿐만 아니라 자신들이 친 슬라브주의적 유토피아를 건설한다는 명분에 사로잡혔다.

19세기 후반 예술 후원 사업에 적극적인 기업가들 중 탁월한 인물은 특히 P. 뜨레쨔꼬프, S. 마몬또프, K. 솔다쩬꼬프 그리고 T. 쁘로꼬로프였다. 이들은 당대의 음악가인 루빈스타인, 챠이꼬프스끼, 림스끼꼴샤꼬프, 무소르그스끼의 작곡 활동을 후원하면서 러시아 국민주의 음악이 발전되도록 기여하였다. S. 마몬또프는 화가 I. 레삔, V. 뽈레노프에게 후원하여 후일 유명한 이동 전람회파를 형성하는데 결정적으로 기여하였다. 특히 골리찐과 뜨레쨔꼬프는 프랑스의 유명한 인상파의 그림을 수집하고, 대량 매입하는 데 몰두하였다.[18] 기업가들은 최고수준의 예술가를 후원함으로서 자신의 명성이 올라가게 된다는 것을 깨달

<9-4> 기업가 마몬또프가 지은 아브람쩨프의 예술 작업실

았고, 또 이 명예가 자신의 기업을 홍보하는 효과가 있음을 알게 되었다. 이 때문에 더욱 적극적으로 후원 사업을 전개하였다. 또 정기간행물 후원 사업은 예술가 이외에도 문인, 수집가, 학자를 만나게 해주는 계기가 되었다. 특히 문학 분야에서 기업가들과 그 가족들은 A. 체홉과 L. 똘스또이를 가정으로 초대하여 교류하기도 하였다. 이 때문에 많은 부유한 모스끄바 기업가들은 <예술을 사랑하는 사람들의 모임>, <건축가 협회>, <고고학회>, <성서학회>, <음악협회> 그리고 <공업기술학회>등의 각종 협회 조직에 활발히 참가하고 기부금을 내었다.[19]

그러나 기업가들의 예술 후원 사업의 동기를 보다 면밀히 조사해 보면, 그 이면에는 매우 독특한 또 하나의 흐름이 존재하고 있다는 것을 알게 된다. 원래 예술후원 사업이나 자선 활동은 정교 교회 신앙심의 전통이 강한 러시아 상층 귀족들의 의례적인 관행이었지만 19세기 후반 사적 기업가들의 경우에는 이와는 다른 요인이 추가적으로 작용하였다. 1850년대 친 슬라브주의자들의 사상을 수용한 이후부터 사적 기업가들은 러시아 민중 예술과 문화 속에 러시아의 본래의 전통과 영혼이 들어있다고 믿기 시작하면서 민중 예술을 후원하는 것은 바로 민족

문화를 부활시킨다는 애국적 행동으로 여겼던 것이다. 이들에게는 예술 후원이 단지 사회적 명성을 인정받는 수단이 될 뿐만 아니라 마치 예술 부문에서의 민족적 운동을 전개하는 것으로 여겨졌다. 1870~90년 동안 철도 재벌이기도 했던 S. 마몬또프는 그 전형적 사례였다. 그는 모스끄바 교외의 아브람쩨프 영지를 매입하여 수많은 화가, 건축가, 무대 예술가와 모스끄바 오페라 음악가를 초청하여 작업실과 숙식을 제공하면서 예술가들의 메카를 만들려고 시도하였다. 그는 예술가들에게 구 러시아의 민중의 삶의 모습, 이미지, 복장, 건축 모습을 복구하도록 요청하였는데, 그것은 바로 자신들의 정체성을 찾으려고 한 열망과 일맥상통했다. 모스끄바 출신 기업가들은 모스끄바와 중부러시아, 그리고 북부 러시아는 서구화된 뻬쩨르부르크와 달리 전통 러시아의 영혼의 본원지라고 생각했고 자신들의 애국주의에 대단한 자부심을 느꼈다. 그의 후원에 의해 활동했던 화가 I. 레삔, V. 수리꼬프, 프루벨, 고로빈과 세로프의 작품은 대부분 과거 러시아 민중의 삶과 이미지를 형상화하는 데 몰두한 당대 최고의 예술가들이었다. 특히 레삔의 조언대로 젊은 화가들은 러시아의 전설, 민담에서 나오는 이야기 속의 영웅과 기사, 사건을 삽화로 그렸고 신비로운 영웅들을 연구하여 사실적으로 묘사하였다.

> 그림 속의 인물을 그릴 때에는 구 러시아적인 인민의 기질, 즉 단순성, 충직성, 애국심, 순결함 그리고 힘과 용기를 그려내야 해…[20]

주제와 양식 면에서 보면 이들 예술가들의 운동은 고전주의나 순수예술의 조류라기보다는 그 시대의 민족주의적 열정을 반영하는 성격이 훨씬 더 강하다. 이들 기업가들의 구 러시아 민속예술과 문화에 관한 집착은 마치 경제면에서 민족 복지의 유토피아를 건설한다는 대의와 직결되어 있었다.

모로죠프가의 경제적 유토피아의 딜렘마 |

경제적 유토피아를 내세우면서 팽창한 제 2세대 기업가가 당면한 최대의 딜레마는 1880년대부터 폭발하기 시작한 기업 내 노동 갈등과 대파업 사건이었다. 노동문제는 러시아 사적 기업가들의 친 슬라브주의 애국심에 의거한 경제적 유토피아의 한계를 극명하게 드러낸 측면이었다. 1884년에 폭발한 모로죠프 직물공장 노동자들의 파업은 기업가뿐만 아니라 정부와 지식인들을 경악시켰다. 특히 여러 개 대규모 공장을 가진 모로죠프 기업은 노동자들의 임금수탈의 첫 타겟이 되었고 맹렬한 사회적 비판의 대상이 되었다.[21]

그러나 이 결과론적 비판은 근본적 이유를 설명하기보다는 상황의 설명을 오히려 애매모호하게 만드는 경향이 있다. 러시아 기업가들은 일반적으로 가족 중심적 기업에서 출발하여 노동자들에 대해 항상 가부장적이며 온정주의적 경영방법을 적용하고 있었기 때문에 전혀 자신들이 수탈하고 있다고 생각하지 않았다. 그들은 스스로를 마치 장인 기술자로 여겼고, 빈농 출신의 노동자들의 생계를 책임지고 있다고 생각하고, 노동자들이 권위에 복종하는 것이 당연하다고 생각하였다. 러시아에서는 가족기업에서 공장제로의 전환은 매우 더디고 전국에서 자유임노동을 활용하는 서구방식의 공장제를 아직 경험하지 못하고 있었다. 대신 동네, 친척, 혹은 주위 농촌 지역의 동류의 사람을 계절적으로 집단 고용하였기 때문에 자신들이 그들에게 일자리를 제공하고, 그들 가족에게 은혜를 베풀고 있으며, 지역민을 살리는 사명을 수행한다는 생각에 젖어 있었다. 대체로 1880년대까지는 노동소요가 간헐적으로 일어났지만 기업가들의 권위는 크게 손상되지는 않았다. 1884년 일련의 공장법에도 불구하고 찌모페이 모로죠프는 여전히 가부장적 독재자로 군림하였다. 그는 철저한 훈련과 노동기강만이 양질의 저렴한 면직물을 생산할 수 있고 영국산 생산품을 이겨낼 수 있다고 굳게 믿었다. 기업가들은 자신들의 입장을 옹호하기 위해 새 신문 『모스끄바의 목소리』Golos Moskvy 발간에 착수하였다. 또 이반 악사꼬프의 『러시아인 』Rus 지를 후원하였다.

> 1885년 대파업의 원인이 기업가 탓이 아니라, 1882년 이후 일련의 법 대문에 사회주의적인 사상이 유입된 탓이며, 중앙내무상 붕게는 교조적이며 현실경제를 몰이해하는 인물이다. 또한 <공장감독제> 실시가 노사관계에 지울 수 없는 불신의 악영향을 주었으며, 마치 기업가를 착취자로 여기게 만들었다. 그것은 노동자들에게도 아무런 도움이 되지 않는다. 노동과 기업가 관계는 '동맹'의 관계이지 '대립'의 관계가 아니다.[22]

사실 1890년대부터 산업화가 점점 기계화의 단계로 접어들고 또 잦은 흉년과 농업 위기로 농촌에서 생계위기에 처한 농민들이 대량 도시로 이주하면서 노동시장이 급속도로 불안전하게 되었다. 이에 따라 노동자들의 파업이 더욱 격렬해지리라는 것은 불을 보듯 뻔한 일이었다. 당시 러시아에서 노동 분규가 갑자기 빈번해지고 폭력적으로 변화해간 데에는 짜르의 암살 사건이후 다시 강화된 혹독한 반동정책과 억압으로 인한 정치적 원인이 가장 컸다. 그러나 이 대립 속에 기업가들은 전제정부, 농촌 귀족층, 급진적 지식인 그리고 노동자의 4면의 공격 하에 놓이는 취약한 입지에 빠지게 되었다. 그 중에서 가장 두려운 것은 전제정부의 감독과 징계였다. 사회내의 어떤 집단에게도 대표제나 자율을 허용하지 않는 전제정부는 파업의 근본원인을 기업가 탓으로 돌리면서 <공장감독관제 법안>을 통과시켜 감시와 감독의 고삐를 강화시키고 있었다. 어느 의미에서 보면 러시아 정부, 사회 그리고 기업가들은 시대의 변화를 전혀 예고하지 못하고 있었다. 서구에서는 이미 파업이 노동자들에게는 합법적이고도 필수적인 무기가 되었으나 러시아 기업가들은 구시대적인 가부장적 온정주의적 경영정책에 집착하면서 평화적인 파업자체를 이해하지 못하고 있었다.

마침내 1895년 뻬쩨르부르크의 대 파업에 이어서 모스크바 주의 오레코보 주에보에 있는 모로죠프가의 니콜스크 직물공장에서 또 다시 노동자들의 폭력적 파업이 폭발하였다. 무장 파업은 근처의 이바노보 보즈네센스끄 시로 확산되었다. 짜르 정부의 시각에서는 노사문제는 곧 정치 문제였다. 이 반란은 짜르의 승인 하에 까자끼 군대의 개입으로 진압되었다. 노동 분규가 폭발할 때마다 정부는 항상 기업가들의 자율적 행동을 일체 금지하고 직접 개입하였다. 이 때문에 진압 이후에는 기업가-노동자의 관계는 자율적 협상이나 타협의 기술을 익히기보다는 기업가들을 정부의 통제 하에 종속시킴으로서 상황을 더욱 꼬이게 만들었다.

1895년의 뻬쩨르부르크에서의 대 파업 이후부터 노동자들의 소요는 이미 러시아에서는 서서히 일상적인 현상으로 변하고 있었다. 이 당시 파업운동에서는 주로 면직물 공장 노동자들이 가장 주도적 역할을 하고 있었다. 가장 큰 이유는 극도로 낮은 임금 수준 탓이었다. 대부분의 면직 공장은 모스크바州, 블라디미르州, 트베르州를 중심으로 도시 외곽의 농촌 인구를 대량 흡수하였다. 기업은 더욱 싼 임금을 위하여 점점 더 후진 농촌 깊숙이 들어갔다. 1897년 총 파업이후 정부는 노동자들의 입장을 고려하여 <공장법>을 제정하고 기업을 감시하는 공장 감독제를 도입하면서 <일일 11시간 30분> 노동 시간제를 입법화하였다.

벌금제를 실시하는 여러 기업들이 징계를 받기도 했다. 그러나 노동시간이나 벌금제는 제대로 지켜지지 않았다. 기업은 경쟁적 산업화에서 노동 강화를 늦추려고 하지 않았다.

역설적으로 노사분쟁에서 국가의 도움을 받은 기업은 1890년대 후반 승승장구의 팽창의 길로 들어섰다. 증가의 속도를 말해주는 것으로 한 예를 들면 1890-1900 년 사이 모스끄바의 대기업 섬유공장의 평균 노동자의 수는 2000명의 규모가 5000명의 규모로 증가하였다.[23] 최고의 이윤을 누렸던 모로죠프의 니콜스크 직물공장의 경우 1894년에는 순이익이 280만 루블로서 56% 이익률을 누렸고 1895년에는 310만 루블로서 62% 이익률을 자랑하였다. 러시아 기업가들의 위신이 날로 격상하였으며 친 슬라브주의의 성향을 띠는 『볼가Volgar』지는 기업가들이 마치 조국의 영향과 명예를 옹호하는 사명감을 수행하는 것으로 선전하였다. 그러나 실상 장기적으로 볼 때 기업이 노사문제에서 국가 권력에 의존하는 것은 매우 취약하고 불건전한 구조에 빠져들게 하는 것이었다. 노사문제에서 정부의 무력 개입과 원조 덕택으로 미래에 정치적 사인이 발생할 때마다 기업가들은 결코 독립적 목소리를 가질 수 없는 취약한 위치에 놓이게 되었다.

1905년 노동자들의 시위와 피의 일요일 사건을 계기로 러시아에서 혁명의 시작을 알리는 1905년 혁명이 발발하였다. 그러나 근본적으로 이 혁명은 노동자와 기업가의 대립이 원인이 아니라 전제정부와 노동자의 대립으로 인한 것이었다. 그러나 당시 모로죠프 공장은 여타 모든 기업에서와 마찬가지로 2월부터 총파업의 물결에 휘말려들었다. 특이하게도 사바의 경영 시기 니콜스크 직물공장의 노사관계는 매우 복합적인 모습을 보여주었다. 따라서 우리는 사바의 노동자 임금 수준이나 사회정책은 어떤 것이었는지 면밀하게 살펴볼 필요가 있다. 20세기 초 모로죠프 공장의 총 생산 규모를 국민경제와 비교하여 보면, 전국의

<9-5> 재정후원받은 이동화가전람회 회원들

총 면방직 직물 노동자의 수는 약 37만 6천 명이었는데 모로죠프家 니콜스크 직물공장의 노동자 수는 3만에 육박하였다.[24] 그 뒤로 쥬에보의 뷔쿨라 공장, 푸시키노의 이바노보 보즈네센스크 공장, 나르바의 크렌홀름 공장은 각각 1만 5천명의 노동자를 고용하고 있었다. 니콜스크 직물공장은 단연 1위였다. 수도 빼쩨르부르크 노동자의 년 평균 임금 375루블에 비해 블라디미르주 이바노보 보즈네센스크 공장의 임금은 10%밖에 되지 않을 정도로 편차가 심하다.

모로죠프 사바 2세의 경영기에 특히 니콜스크 노동 분규 문제는 매우 면밀한 검토가 필요하다. 러시아 최초 폭력적 파업이 이미 1884년에 1차적으로 모로죠프 보고로드스크 니콜스크 직물공장에서 일어났기 때문에 일반적으로 모로죠프家의 공장의 노동임금이나 벌금제 및 노동조건 면에서 수탈이 매우 심한 것으로 비판의 대상이 되는데 이점에 대해서는 좀 더 객관적 연구가 필요하다. 왜냐하면 1885년 당시 사바는 26세 나이에 아버지 찌모페이가 공장 노동자들의 파괴, 약탈, 폭력적 파업 그리고 국가의 재판과 유죄 판결에서 받은 충격으로 쓰러진 것을 목격하였기 때문에 노사문제에서는 극히 세심하고 합리적으로 접근해야 한다는 것을 깨닫고 있었다. 그 증거로 1905년까지 사바의 노동 정책은 회계상으로나 경영 조직 면에서 매우 신중한 측면을 보여주고 있다. 특히 그는 특히 기술공보다 단순노동자들의 이익을 보호하기 위해 큰 노력을 기울였다. 그는 공장 내 인적관리에서 바로 위 상위급 관리자와 부하 사이의 관계에서 부당한 대우, 폭언 사용을 방지하도록 수시로 각별한 지시를 내린다든가, 중간급 부장들은 언제나 그 위법사항을 감시하여 사바에게 보고해야 했다. 또한 노동자들의 임금 인상은 이윤율 증감에 크게 상관하지 않고 꾸준히 증가시켰고 노동자들의 주거지와 난방 그리고 식료품의 문제 향상을 위해 상당히 노력했다. 1905년 전국적 파업은 모로죠프가의 공장에서도 여파가 밀려왔다. 그러나 당시 니콜스크의 직물공장에서 사바와 노동자와의 관계는 여타 공장들에 비하여 오히려 우호적이었다. 항상 공장 직원이나 노동자들은 사바를 직접 찾아가 대화할 수 있었다. 그 결과 니콜스크 직물공장에서 노동자들의 지위는 여타 다른 지부 공장들, 특히 이바노보 보즈네센스크시의 뷔쿨라 공장이나 세르호프 공장의 노동자들의 임금이나 노동조건과 큰 격차가 나타났다. 이것은 당시 니콜스크 직물공장 노동자의 회고에서 단적으로 나타난다.

> 사바는 인간적으로 아주 좋은 사람이었다. 전체적으로 직원과 노동자들의 입장을 이해하려고 했다... 미래에 스스로 보호해 줄 것을 늘 약속했다. 누군가 개인적으로 어려움을 갖고 사바를 만나러 가면 그는 항상 경청해 주었다…

러시아가 러일전쟁에서 패전함으로서 촉발된 1905년 혁명은 전국적으로 총파업이 년중 내내 지속되었다. 이로 인하여 전제정은 정치적 위기에 직면하였다. 사회의 모든 계층은 입헌체제와 선거제를 열망하기에 이르렀다. 사바는 개인적으로는 급진적 자유주의적 성향을 가졌는데 이 때문에 화려한 사교생활을 좋아하던 아내 지나이다와 자주 가정 불화가 일어나곤 했다. 그는 사민당의 좌파 인물들과 친분이 많았고 모스크바 극장 창설 과정에서 스타니슬라브스키를 위시하여 많은 예술가들을 후원하면서 극작가인 고리끼와 깊은 우정관계를 지니고 있었다. 이 문제에 관해서 사바는 당시 각계 집단의 눈에 매우 신비한 인물로 알려져 있다. 사바는 정기적으로 사민당 관련 출판 사업이나 시베리아 유형을 떠나는 정치범을 위해 만 루블씩 수 차례 후원금을 기부하였다. 1890년대 기업 재계에서 행한 탁월한 공적이나 뷔떼 재무성을 위한 봉사에도 불구하고 정부는 사바를 늘 의심스럽게 감시하거나 관찰했다. 이 때문에 니콜스크 직물회사 내에서는 사바와 총 경영진 사이에 자주 언쟁이 일어나기도 했다. 사바는 1905년 혁명 초 <기업가 협회>에서 주도적으로 활동하면서 전제정부의 개혁과 입헌체제 도입을 요구하는 글을 작성하기도 했지만 분명 혁명적 인물은 아니었다. 사바는 러시아 부르주아 계층의 정치 참여 욕구를 대변하는 대표적 인물이었으나 엄밀히 말해서 정치사회에서 소외되어 있는 소수 진보적 기업가 집단에 속한 인물이었다.

1905년에 사바가 투옥된 고리끼를 위해 보석금을 지불하자, 급기야 회사 회장인 어머니 마리아는 사바를 경영진에서 완전히 배제하고 해임하는 결정을 내렸다. 그러나 회사 경영진에서 퇴출된 후에 사바는 볼셰비키로부터 자금 요구와 공장 폭파에 대한 지속적 협박을 받은 것으로 보인다. 볼셰비키와 결별을 선언한 사바는 정치적으로나 사회적으로 고립된 상태에서 심한 정신적 압박과 신경증세를 앓기 시작했는데 급기야 1905년 5월 지중해 요양 여행 중 갑자기 자살로 생을 마감하고 말았다.[25]

1905년 혁명을 겪으면서 러시아 기업가들의 유토피아 꿈은 더 이상 현실에서 존재할 수 없는 사안이 되었다. 기업가들의 애국적인 국민복지와 부국강병의 사상은 인텔리켄치야들에게 어떤 호소력을 얻지 못했으며, 노동자들의 무장파업에 대한 기업가들 의견은 들리지 않는 머나먼 메아리에 지나지 않았다. 그러나 1905년 총파업은 단순히 노사 대립만으로 설명되지 못한다는 점을 직시할 필요가 있다. 무엇보다 먼저 혁명 당시 노동자 계층뿐만 아니라 러시아 기업가들조차 결코 자유로운 계층이 아니었다. 그들도 항상 전제정부의 감시 하에 있었고 정부로부터 자신들의 이해 관계를 대변할 대표기구를 설치하는 일에도 허락받지 못했으며 정치적 발언은 더구나 금지된 상태였다. 1905년 혁명 이후의 자유주의의 좌절은 전제정부의 시대착오적인 반동정치와 소통력 없는 통제력에 근본적 원인이 있었다.[26]

사바의 죽음 이후 모로죠프가의 기업은 어떻게 변화했을까? 이미 20세기 초부터 니콜스크 직물공장에서는 계절 이동을 하는 가내수공업 노동자는 숫적으로 미숙련공에 의해 역전되어 4:1의 비율로 감소하였다. 대부분 기계식 생산 노동자들은 도시 무산노동자로 전락하였다. 1910년에는 가내 수공업노동자가 조달하는 생산량은 전체 생산량의 5% 이하로 떨어졌다. 이런 비율은 미국 다음으로 세계 2위를 차지하는 변화였다. 취업과 소득을 위해 니콜스크 직물공장으로 농촌 인구가 계속 밀려 들어왔는데 직조공은 기능과 부문별, 근무 연수에 따라 연봉의 차이가 심하였다. 폭력파업 사태 이후 이미 정부로부터 제재를 받은 바 있는 니콜스크 직물공장은 노동시간 단축을 법 절차대로 지키기 위한 노력을 했다. 니콜스크 직물공장에서 임금 수준은 꾸준한 성장을 보이고 있었다. 1905년 혁명 이후 8시간 노동제는 이미 사민당의 주된 정치적 강령이 되었고 많은 기업들 사이에서도 노동시간 단축은 피할 수 없는 과제였다. 니콜스크 직물공장은 특수부문을 제외한 노동자 77%이상이 9시간 노동제를 지키고 있었다. 사바 2세의 사망 이후에도 모로죠프 공장은 파업사건 이후 채택한 중간 간부급 위원회를 통해 노동자들의 임금상승 요구에 미리 부응하였다. 25년 이상의 장기근속과 품질향상의 경우 추가 상여금지급과 상승을 위한 임금계산표를 수차례 다시 산정하였고 여타 다른 기업의 공장들보다 임금이 상승폭이 컸다. 이 덕택으로 니콜스크 직물공장은 1905년 2월 파업 이후 폭력파업은 한 차례도 일어나지 않고 오히려 평화로운 겨울을 보냈다. 1905~1907년 혁명의 격동 사이 노동자들의 극심한 소요와 위협 그리고 기업이윤의 큰 손실에도 불구하고 이들은 기업 재무와 이윤율을 세밀하게 분석하면서 임금계산표를 상향 재조정하고 대응한 덕택으로 혼란에서 회사를 보호하는데 성공하였다. 이런 현상은 당시 다른 사적 기업이나 공장에 비교하면 거의 기적 같은 일이었다.

1911년 기업의 최대의 지분 소유자였던 마리아 페도로브나의 사망 이후 그녀는 3천만 루블이라는 거액의 재산을 현금, 유가증권, 어음, 국채 모두를 포함하여 자손들 모두에게 균등하게 상속하였다.[27] 말할 것도 없이 전통대로 기초 현금과 저택을 제외한 모든 국채와 주식 상속금은 다시 기업 투자금으로 투입되었다. 혁명 이전까지 최고 경영진의 임원은 많이 달라졌으나 주식의 압도적인 지분은 여전히 모로죠프家의 자손들의 소유하였는데 그 지분은 13,837주로서 92%에 달하였다. 나머지는 예전부터 찌모페이의 동업자였던 인물들이 소유하였다. 이로서 모로죠프家 회사는 마지막까지 찌모페이 시대에 정한 재무구조의 원칙에 따라 소유와 경영이 분리되어 운영되었고 기업 자산이 안정적으로 집중되는 구조를 유지하게 되었던 것이다. 생산 과정의 감독과 회계분석은 계속해서 전문가 출신의 엔지니어들 손에 맡겨져 있었다. 이들은 소유주는 아니었지만 매년 10만~20만 루블에 이르는 상당한 연봉과 성과급과 배당금을 받았다. 이들은 수평적으로도 경영 기획기구와 집행기구, 상담회의 기구를 각각 수립하여 각기 업무를 분담하고 끊임 없이 생산과정의 효율성, 생산비의 절감, 제품의 품질조사, 노동자들의 노동지도 등등으로 관리를 체계화 나가는데 역할을 분담하였다. 이로써 모로죠프家 직물회사는 1917년 혁명까지 이전에 러시아에서 가장 거대한 직물기업으로 남게 되었다. 만일 1차 전쟁과 혁명의 충격이 아니었다면 러시아에서도 서구의 기업들과 경쟁할 수 있는 부르주아적 대규모 수준의 현대적 경영자본주의적 기업의 탄생이 가능했을 것이다.

우리는 이상에서 1873년에서 1905년 사이 찌모페이와 사바의 경영시기 동안 모로죠프家 직물회사의 성장을 살펴보고 그들의 꿈꾸던 유토피아의 모습이 떠한 것인지 그것이 부딪힌 좌절과 한계가 무엇인지 살펴 보았다. 이 고찰에서 다음과 같은 몇 가지 중대한 사실을 알 수 있었다.

첫째, 1870년에서 1917년 혁명까지 러시아는 정치적으로 격변기였을 뿐만 아니라 경제적으로로 자본주의적 성장가도를 달리던 시기였다. 이 시기 모르조프家의 기업 구조와 경영혁신은 러시아 사회에서 사적 상인·기업가들이 독립적 자본주의적 경제 세력으로 성장하고 있음이 분명하다. 모로죠프家의 인물들은 사회적으로도 스스로의 노력으로 농노의 신분에서 벗어나 행상과 중간 소상으로 출발하여 자유로운 사적 상인 신분으로 전환하는데 성공하였다. 모로죠프家의 기업과 공장들은 직물분야에서 자생적 자본과 기술도입으로 도시외곽에서 공장을 짓고 일자리를 창출하여 급속도로 빠른 속력으로 생산력을 증가시켜 갔으며 20세기 초에는 대규모 국영기업에 맞먹을 정도의 수준으로 규모가 성장하였다. 또 기계화와 생산과정 면에서도 모로죠프 직물공장은 농촌인구를 가내 수공업노동자에서 계절노동으로 또 그 다음엔 정규직 기계 생산노동자들로 전환시키면서 정부에 의한 산업화보다 훨씬 더 먼저 산업화를 전개시켜 나갔다. 명백히 이것은 국민 경제의 관점에서 기여한 바라고 볼 수 있다. 수도 뻬쩨르부르크의 국가지원에 의

한 대기업과 달리 모로죠프家 공장들은 그들의 상품은 스스로 서구에서 들어온 제품과 경쟁해야 했고 국경선을 넘어 페르샤, 터키, 중국, 만주까지 침투했다. 그러므로 러시아 상인, 기업가들이 몽매적이거나 아둔하며 합리적이고도 근대 자본주의적 경제 생활에 적응하지 못했다는 주장은 전혀 근거 없는 사실이라 볼 수 있다.

둘째, 니콜스크 직물공장의 재무구조에서는 외형상으로는 주식회사 형태를 띠었으나 근본적으로는 가족 자본주의의 특성을 가졌다. 이 같은 재정 구조는 모로죠프家의 회사가 40년간의 유동자본 증식 이후 모로죠프家 기업의 총 자산은 1억 1천만 루블에 달하였다. 이런 재무 구조는 다른 회사가 흉내 낼 수 없는 독특한 재원충당 전략이었다. 그러나 찌모페이는 이런 자산구조에도 불구하고 경영면에서는 엄격히 소유와 분리시키는 전략을 활용하였다. 그는 두 단계의 중앙 집중적인 경영제와 경영업무의 분업화와 이에 따른 책임제 등은 현대적인 비즈니스 즉, 경영자본주의가 채택하는 경영방식과 유사한 것이었다. 찌모페이의 혁신적 전략 중 가장 성공한 부분은 공장 내 설비를 전체적으로 진보적이고 혁신적인 기계식의 방직, 방적, 염색기계로 바꾼 시도였다. 새 기계구입과 기술자 도입을 위해 찌모페이가 기초자산 2분1에 해당되는 600만 루블 이상을 쏟아 부었다는 것은 당시 누구도 흉내내지 못한 경영·자본주의적 특징이었다.

셋째, 모스끄바 사적 기업가들이 스스로의 가치와 역할에 대한 정체감을 발견하고 국가 속에서의 강력한 국민경제의 유토피아를 꿈꾸게 된 계기는 끄림 전쟁 동안 친슬라브주의 인텔리겐치아와 접촉하던 중 발생하였다. 기업가들은 자신의 기업 활동이 서구의 경제적 세력에 대항하여 토착적인 자립 경제력을 강화시키고 러시아 농민과 인민의 복지를 위한 부를 창출한다는 애국적 사명을 수행한다고 확신했다. 특히 이들은 자신들이 농노출신일 뿐만 아니라 지역적으로 서구화된 뻬쩨르부르크의 중앙 정부와 멀리 떨어진 모스끄바와 중부지역에 터전을 둠으로써 진정한 러시아 인민을 대변하는 집단이라고 믿었다. 친슬라브주의 지식인들의 언론, 출판 사업을 재정적으로 후원하면서 이들 기업가들은 특히 경제학 분야에 새 사상을 흡수하였고 정부에 대하여 자신의 목소리를 전할 수 있는 통로를 가질 수 있게 되었다. 정부의 고율 관세 정책 도입, 사적 자본을 허용 할 금융정책 수립, 민간은행 설립의 허용, 사적 자본에 의한 철도 부설 허용 등을 쟁취하기 위해서는 계몽된 지식인이나 관료들과 접촉할 수 있는 기회가 절대적으로 필요하였고 여기에 언론 후원 사업이 결정적으로 기여하였다. 그러나 친 슬라브주의자들과의 교유는 모스끄바 상인이나 기업가들에게 양면적인 영향을 미쳤다. 기업가들은 한편으로는 자본주의적 성장과 경제 발전을 지속적으로 추구하는 사상적 근거를 얻었지만, 다른 한편으로는 서구 부르주아지와는 달리 자유주의적 의회제를 혐오하고, 전제정이 러시아를 구하는 유일한 체제라고 보는 생각에 계속 집착하였다.

넷째, 20세기 초에도 일반적으로 사적 기업가들은 거대자본 축적에도 불구하고, 귀족층, 지식층 그리고 노동자들로부터 사회적 존경이나 인정을 받아내지 못하였다. 기업가들은 일반 대중으로부터 존경이나 인정을 받기 위해 문화와 예술 사업, 자선 활동에 매우 몰두 하였다. 그런데 이들의 문화 후원, 자선 활동의 양상은 19세기 초와 매우 다른 특성을 지녔다. 기업가들은 러시아 민중 예술과 문화 속에 러시아의 본래의 전통과 영혼이 들어있다고 생각하고 예술을 후원하는 것은 바로 구러시아 민족 문화를 부활시키는 애국적 행동으로 자부하였다. 이 같은 세계관에 집착하면서 사적 기업가들은 서구의 영향을 받은 철학, 논리학, 역사, 정치학 등 순수 인문 사회과학 분야는 끝까지 경계하였다.

끝으로, 경제적 유토피아를 내세우면서 팽창한 사적 기업가들의 정체성을 수립하려는의 노력에서 좌절은 1880년대부터 폭발하기 시작한 기업 내 노동 분규에서 시작되었다. 노동 분규는 친 슬라브주의 애국심에 의거한 경제적 유토피아의 한계를 극명하게 드러낸 국면이었다. 러시아 기업가들은 대체로 가족 중심적 기업에서 출발하여 노동자들에 대해 가부장적이며 온정주의적 경영방법을 적용하고 있었기 때문에 자신들이 수탈하고 있다고 전혀 생각하지 않았고 노동자들이 권위에 복종하는 것이 당연하다고 여겼다. 이로서 그들의 친 슬라브주의적 경제적 유토피아를 건설한다는 낭만적 명분은 파업을 위시하여 어떤 형태이든 노동자들의 저항을 전혀 이해할 수 없었고 쉽게 국가와 경찰 및 군대의 개입을 호소하는 방법을 택하였다. 그 대가로 사적 기업가들은 이후 국내에서 발생한 모든 정치적 문제에서 독립적 목소리를 낼 수 없게 되었다. 이에 따라 20세기에 들면서 부국강병을 달성하고 산업대국을 건설해야 한다는 기업가의 유토피아의 꿈은 누구에게도 들리지 않는 메아리로 남겨지게 되었다.

그러나 오늘날까지 비록 소비에트 역사 서술에서 사적 상인·기업가들의 역사가 사라지고 침묵 속에 파묻혀 버렸지만 그들 기업의 성장 과정에 대한 주관적이고도 내면적 이야기는 앞으로 계속 발굴되어야 할 과제임에 틀림없다. 소비에트 정권 시절 니콜스크 직물공장이 있던 쥬에보 마을에는 노동자 파업 주동자였던 모이센코의 동상이 세워져 있었다. 만일 지금 이 동상과 나란히 니콜스크 직물공장의 모로죠프家의 기업가 사바 2세의 동상이 세워진다면, 혁명 이전 러시아의 사회의 완전한 실상의 퍼즐을 풀 수 있는 실마리가 하나 더 생기지 않을까 생각해 본다.

주(注)

제1장 서론

1. 이하 챈들러의 논지에 대해서는 다음의 책들을 참고하라. Alfred D. Chandler, Jr., *Strategy and Structure: Chapters in the History of the Industrial Enterprise* (Cambridge, Mass.: MIT Press, 1962); idem, *The Visible Hand: The Managerial Revolution in American Business* (Cambridge, Mass.: Harvard/Belknap, 1977); idem, *Scale and Scope: The Dynamics of Industrial Capitalism* (Cambridge, Mass.: Harvard/Belknap, 1990).
2. 송충기, "대기업을 통해 본 현대사: 기업사가 알프레드 챈들러," 『역사비평』, 81 (2007 겨울), pp. 210-211.
3. Harold James, *Family Capitalism: Wendels, Haniels, Falcks, and the Continental European Model* (Cambridge, Mass.: The Belknap Press of Harvard University Press, 2006), pp. 6, 21, 377.
4. 배영수, "미국 기업사의 최근 동향: 기업사와 사회사의 접목 가능성," 『서양사연구』, 30 (2003), pp. 32-33, 53-54.
5. 요셉 슘페터, 『경제발전의 이론: 기업가 이윤, 자본, 신용, 이자, 경기순환에 관한 연구』, 박영호 역 (박영률출판사, 2005), pp. 132-133.
6. Duccio Bigazzi, *La storia d'impresa in Italia: Saggio bibliografico, 1980-1987* (Milano: Franco Angeli, 1990), p. 9.
7. Howard H. Stevenson and J. Carlos Jarillo, "A Paradigm of Entrepreneurship: Entrepreneurial Management," *Strategic Management Journal*, 11 (1990), p. 21.
8. 이런 종류의 연구는 일종의 "산업 고고학"이 될 것이다. 가령 이탈리아의 한 지역에 남아 있는 과거 기업들과 기업가들의 흔적을 고고학적으로 탐구한 다음의 책을 참조하라. Giunta regionale del Veneto, *Archeologia industriale nel Veneto* (Silvana Editoriale, 1990).

제2장 미국

1. 안토니오 그람시(Antonio Gramsci)는 이것을 "미국적 변종(variety)으로 헨리 포드의

공장에서 가장 발전된 노동도구와 현재적 생산양식이다."라고 말했다. Antonio Gramsci, Quintin Hoare, *Selections From the Prison Notebooks* (New York : International Publishers Co., 1971), 15권, 15절. 포드주의에 대한 많은 정의가 있지만, 포드주의는 포드 자동차 공장의 생산방식에서 유래했지만 이후 노동과정의 조직, 노동자들의 임금과 소비 수준 향상, 단체 임금 협상, 그리고 국가의 복지정책과 미국인의 사회문화적인 변화 등을 의미한다.

2. Gregory K. Raynor, "Engineering Social Reform : the Rise of the Ford Foundation and Cold War Liberalism, 1908-1956, Ph. dissertation, New York University 2000, 1장 헨리 포드의 유산을 참조할 것.
3. Heather B. Barrow, "The Automobile in the Garden : Henry Ford, Suburbanization, and the Detroit Metropolis, 1919-1941," Phd. dissertation, The University of Chicago, 2005.pp.1-2 참조.
4. 1930년대 5가구 당 1차량을 소지하게 되자, 자동차가 다양한 문화적 충격을 주게 되었다. Frederick L. Allen, *The Big Change : American Transform Itself: 1900-1950,* 프레데릭 알렌, 박진빈역, 빅 체인지(앨피, 2008) ; James Flink, *The Automobile Age* (Cambridge : MIT, 1988) ; David Lewis an Laurence Goldstein, des., *The Automobile and American Culture* (Ann Arbor : University of Michigan, 1983) : John B. Rae, *The Road and the Car in American Life* (Cambridge : MIT, 1971) ; Clay McShane, *Down the Asphalt Path* (New York : Columbia University Press, 1994).
5. 대부분의 공공운송수단에 대한 연구는 철도체계가 자동차나 버스에 의해 대체된다고 주장하고 있다. 이들은 당시 미국의 도시와 근교의 이동수단을 연구하면 거주지와 공장 간의 이동수단은 자동차뿐이었다라고 보고 있다. Charles Cheape, *Moving the Masses : Urban Public Transit in New York, Boston, and Philadelphia, 1880-1912* (Cambridge : Harvard University Press, 1980) ; Jack Schramm, William Hennig, and Tomas Dworman, *Detroit's Street Railways, 1912-1956* (Chicago : Central Railfan's Association, 1980). 그러나 최근의 연구는 이러한 대체가 완전히 실행된 것이 아니라고 주장하고 있다. 말하자면 비록 고속도로와 여러 근교 도로가 증가하고 있었지만 이것을 위한 예산은 주정부의 몫이었고, 철도 공공운송수단은 주로 시 예산으로 집행되었다. 즉 도로가 철도를 대체하고는 있었지만 여전히 철도 운송수단체계가 잘 기능하고 있었고, 근교운송수단으로 훌륭하게 기능을 다하고 있었다고 한다. 그 이유는 대도시 행정부에서 철도에 대해 세금을 부과하지 않았기 때문에 경쟁력이 있었기 때문에, 자가용, 버스, 철도가 혼합적으로 운용되었다고 주장하고 있다. Robert Fogleson, *Downtown, Its Rise and Fall, 1880-1950* (New Haven : Yale University Press, 2001) ; Edward Weiner, *Urban Transportation Planning : An Historical Overview* (Wespotr :

Praeger, 1999) ; A. Victoria Bloomfield and Richard Harris, "The Journey to Work : A Historical Methodology," *Historical Method* 30 (1997), pp.97-109.

6. 포드식 표준생산방식은 다음과 같은 세 가지 기본적인 원칙이 있다. 첫째, 생산품의 표준화, 둘째, 특별 제작된 도구의 사용, 셋째 직접 생산에서 숙련된 노동자의 배제이다. 생산품의 표준화는 기본이며, 도구는 개개 노동자들이 분업에 맞게 만드는데 이것은 아담 스미스의 책에서도 언급되고 있으며, 현대의 개별 단위의 공장에서도 일어나고 있는 현상이다. 또한 자동화 방식으로 숙련된 노동자 대신 비숙련노동자도 충분히 일을 할 수 있게 된다.

7. 미국적 체제는 19세기 초중반의 정치인인 헨리 클레이(Henry Clay)가 주장한 것이었다. 이 내용은 양재열, 『1840년대 미국정치와 지역주의』(서림출판사, 2004) 참조. 1930년대 대공황기에도 미국적 체제가 이어져 내려오고 있었다는 것은 양재열, 『한국인을 위한 미국사』 (혜안, 2005), 191쪽 참조.
8. 이 시기는 철도산업의 전성기였으며, 강철 산업도 카네기의 U.S. Steel 회사 보다 생산량이 1920년에 3배로 늘었다. 주식투자가 왕성하게 일어나고 있었고, 비행기가 발명되었고 화학제품이 인기를 끌기 시작했다. 한편 혁신주의운동으로 부르조아지를 희생시키고 다수 노동자를 살리자는 유럽식 혁명을 통하지 않고도 다수를 살릴 수 있는 미국적인 개혁이 진행 중이었다. 그리고 정치에서 양당제도가 완성되고, 대통령의 권한이 강화되는 일련의 일들이 어울려야 미국적인 체제가 되는 것이다.
9. 1920년대 10년 동안만 철도 승객 수는 어느 정도로 줄었고, 버스 통근 승객 수는 늘어났다. 그러나 자가용 이용자가 아닌 철도나 버스 통근 승객 수는 약간 줄어들지만 여전히 그 수를 유지하고 있다. 통근승객수가 그나마 유지된 것은 도시철도나 근교운행 철도와 버스에 대한 시당국자의 감세 정책 때문이었다. Robert Fogleson, Downtown, Its Rise and Fall, 1880-1950 (New Haven : Yale University Press, 2001), 202-203 ; Edward Weiner, *Urban Transportation Planning : An Historical Overview* (Wesport : Praeger, 1999), 109.
10. 프레데릭 알렌, 박진빈역, 『빅 체인지』, 200.
11. David J. Langum, *Crossing Over the Line : Legislating Morality and the Mann Act* (Chicago : University of Chicago, 1994), p.21, 131. David L. Lewis, "Sex and the Automobile : From Rumble Seats to Rockin' Vain," in *The Automobile and American Culture,* Edited by David L. Lewis and Laurence Goldstein (Ann Arbor : University of Michigan Press, 1983),pp.122-123, David Langum, *Crossing Over the Line,* p.131,286에서 재인용.

제3장 영국

1. Roy Church, *The rise and decline of the British motor industry* (Cambridge : Cambridge University Press, 1995).
2. Lyddon, D., "Workplace Organization in the British Car Industry : A Critique of Jinathan Zeitli," *History Workshop,* 15 (1983).
3. John Minns, *Wealth well-given ; The Enterprise and Benevolence of Lord Nuffield* (Gloucestershire ; Alan sutton Publishing Ltd., 1994), pp.10-11.
4. Peter Hull, *Lord Nuffield : An illustrated life of William Richard Morris, Viscount Nuffield 1877-1963,* 2nd. ed..(Buckinghamshire : Shire Publications Ltd., 2008) p.23.
5. John Minn, *Wealth Well-Given,* p.48.
6. John Minn, *Wealth Well-Given.* pp.55-59.
7. John Minn, *Wealth Well-Given.,* p.57.
8. Tolliday, S., " Management and labour in Britain 1896-1939," in Tolliday, S. and Zeit, J., *The Automobile Industry and its Workers : Between Fordism and Flexibility* (Oxford : Polity, 1986), p.197.
9. *The Economist,* 24 April, 1931 in R. Church and M. Miller, "The British Minor Industry 1922-1938", *British Business History* (vol.4, no.2), p. : John Minn, *Ibid,* p.58.
10. Robert Jackson, *The Nuffield Story,* p.183.
11. John Minn, *Ibid.,* p.242 : Peter Hull, *The Nuffield story,* p.44.
12. Teresa Hayter & David Harvey, *The Factory and the City : The Story of the Cowley Automobile Works in Oxford,* p.72.
13. Greg Lanning, Christine Peaker, Caro Webb, Richard White ed., *Making Cars,* p.59.
14. Arthur Exell, *"Morris Motors in the 1930s Part 1,"* p.51.
15. Robert Jackson, *The Nuffield Story,* p.194.
16. Greg Lanning, Christine Peaker, Caro Webb, Richard White ed., *Making Cars,* p.56.
17. 김명환,「영국 파시즘 연구」,『영국연구 』11호 ,(2004,6), p.156.
18. Teresa Hayter & David Harvey, *The Factory and the City : The Story of the Cowley Automobile Works in Oxford,* p.71.
19. Teresa Hayter & David Harvey, *Ibid.,* p.72.
20. *Ibid.,* p.72.
21. Public Record Office, HLG49/350 : Teresa Hayter & David Harvey, *Ibid.,* P.75 재인용.
22. Peter Hull, *The Nuffield story,* p.38.
23. http://www.gtc.ox.ac.uk/about-gtc/history-and-architecture/the-radcliffe-observatory.html레드 클립 이사회는 남반구의 천체 연구를 위한 더 좋은 장소로서 오염이

덜한 남아프리카 프리토리아(pretoria)로 연구소를 옮길 것을 결정한 후 너필드 경에게 전망대 부지를 매매하였다.

24. R. B. Duthie, "Lord Huffield's benefaction to orthopaedics," in John Minn, *Wealth Well-Given*. p.182.
25. Robert Jackson, *The Nuffield Story,* p.27.
26. http://www.nuffieldfoundation.org/About-the-foundation.
27. J. W. McAnuff, "The Nuffield Foundation," in John Minn, *Wealth Well-Given.,* p.257.
28. J. W. McAnuff, "The Nuffield Foundation," in John Minn, *Wealth Well-Given,* p.261.

제4장 영국

1. http://info.korail.com/mbs/www/subview.jsp?id=www_020108010000 (최종 접속일, 2016년 5월 15일).
2. 잉글랜드는 하나의 지역으로 그리고 영국(Britain)은 국가의 의미로 사용한다는 것을 밝혀두고자 한다.
3. Richard Cavendish, "Richard Trevithick's first steam carriage," *History today* 51 (2001), http://www.historytoday.com/richard-cavendish/richard-trevithicks-first-steam-carriage (최종 접속일, 2016년 5월 5일).
4. Richard Cavendish, "George Stephenson's first steam locomotive," *History today* 64 (2014), http://www.historytoday.com/richard-cavendish/george-stephensons-first-steam-locomotive (최종 접속일, 2016년 5월 5일).
5. Hannah More, *Thoughts on the importance of the manners of the great to general society* (London: Printed for T. Cadell, 2nd edn. with additions, 1788(1788)), p. 97.
6. M. J. D. Roberts, *Making English morals: voluntary association and moral reforms in England, 1787-1886* (Cambridge: Cambridge University Press, 2008(2004)), p. 36.
7. William Pollock, *William Wilberforce* (London: Constable, 1977), p. 60.
8. William Wilberforce, *A practical view of the prevailing religious system of professed Christians, in the higher and middle classes in this country* (London: printed for T. Cadell, jun. and W. Davies, (successors to Mr. Cadell), 1797), p. 298.
9. Thomas Rawson Birks, *Memoir of the Rev. Edward Bickersteth, late rector of Watton, Herts,* vol. 1 (New York, Harper & brothers, 1851), p. 101.
10. Crane Brinton, *English political thought in the nineteenth century* (London: E. Benn, 1949(1933)), p. 298.
11. http://www.saint-george.org.uk/page5.html (최종 접속일, 2016년 5월 6일).
12. http://www.swindonnewtown.co.uk/our-churches/s-marks/a-brief-history-of-st-

marks-church.php (최종 접속일, 2016년 5월 6일).

13. Frank McKenna, *The railway workers, 1840-1970* (London : Faber, 1980), p. 46.

14. http://bloomsbury.org.uk/church/page/a_church_with_two_spires (최종 접속일, 2016년 5월 6일).

15. Edward Walford, *Old and New London,* Vol. 5 (London, 1878), http://www.british-history.ac.uk/old-new-london/vol5 (최종 접속일, 2016년 5월 6일).

16. http://www.suffolkchurches.co.uk/somerley.htm (최종 접속일, 2016년 5월 6일).

17. P. W. Kinsford, *Victorian railwaymen : the emergence and growth of railway labour, 1830-1870* (London : Cass, 1970), p. ⅹⅰⅰ.

18. Richard Price, *Labour in British society : an interpretative history* (London : Croom Helm, 1986), pp. 59-68.

19. R. J. Joby, *The railway builders : builders : lives and works of the Victorian railway contractors* (Newton Abbot : David & Charles, 1983), pp. 58-62.

20. J. Morley, *Complete poetical works of William Wordsworth* (London : Macmillan, 1888), p. 787.

21. Samuel Johnson, *A dictionary of the English language* (London : Knapton, 1755), 'family' 항 참조.

22. Thomas Carlyle, "Shooting Niagara and after?," *Macmillan's magazine,* 14 (1867), p. 332.

23. P. L. Garside, "London and the home counties," in F. M. L. Thompson(ed.), *The Cambridge social history of Britain 1750-1975* vol. 1. *Regions and communities* (Cambridge : Cambridge University Press, 1991), p. 495.

24. 현재 런던에 목적지에 따라 다른 역이 운영되는 것도 그와 같은 사정에서 비롯했던 것이다. 19세기 말 런던에는 빅토리아 역에서는 브라이튼(Brighton), 콘월(Cornwall) 방면은 워털루(Waterloo) 역, 도버(Dover) 쪽은 채링 크로스(Charing Cross) 역, 패딩턴(Paddington) 역에서는 브리스틀(Bristol) 방면으로 열차가 출발하는 등 모두 15개의 역이 있었다.

25. parish는 지역 교회 혹은 본당 등으로 번역할 수 있다. 국내 연구에서는 흔히 교구로 이해되고 있다. 그러나 그것은 오역이라 할 수 있다. 'diocese'가 교구를 의미하기 때문이다. 한편 교구 위의 영역인 관구는 'province'이다. 성공회(Anglican church)의 경우 교구의 대표는 주교(bishop) 또는 감독(episcopate)이고, 지역 교회(parish)의 대표는 사제(priest) 또는 목사(pastor)이다. 웨슬리(John Wesley)는 '나는 온 세계를 나의 담임 사역지로 본다'(I look upon all the world as my parish)는 언급을 남겼다. 그러나 국내에서는 그것은 흔히 '온 세계는 나의 교구이다'로 번역한다. 그러나 웨슬리는 주교가 아니었다. 그렇기 때문에 웨슬리의 언급을 번역하는 과정에 교구를 적용하

면 정확성에 의문이 제기될 수도 있다. 소교구라는 번역 역시 마찬가지이다. 그것 역시 작은 규모의 교구를 의미하기 때문이다.

26. J. W. Diggle, *The Lancashire life of Bishop Fraser* (London: Sampson Low, 1890), p. 247.
27. Alexis de Tocqueville, *Journeys to England and Ireland* (New: Arno Press, translated from the French by George Lawrence and K. P. Mayer, edited by J. P. Mayer, 2003(1979)), p. 82.
28. V. E. Neuburg, "The literature of the streets," in H. J. Dyos and Michael Wolff(eds.), *The Victorian city: images and realities* vol. 1 (London: Routledge and Kegan Paul, 1973), pp. 195.
29. Brian Harrison, *Drink and the Victorians: the temperance question in England, 1815-1872* (London: Faber and Faber, 1971), p. 336.
30. D. W. Barrett, *Life and work among the navvies* (London: Wells Gardner & Co., 1880), p. 17.
31. Harrison, *Drink and the Victorians,* pp. 334-5.

제5장 이탈리아

1. 이 논문은 『역사와 담론』 62집(2012. 4)에 게재된 필자의 논문 "기업가의 사회적 이상: 비토리오 발레타의 경우"를 수정 보완한 것임.
2. Joseph A. Schumpeter, *The Theory of Economic Development: An Inquiry into Profit, Capital, Credit, Interest, and the Business Cycle,* tr. Redverse Opie (Cambridge, Mass.: Harvard University Press, 1961), p. 93. [요셉 슘페터, 『경제발전의 이론: 기업가 이윤, 자본, 신용, 이자, 경기순환에 관한 연구』, 박영호 역 (박영률출판사, 2005), pp. 132-133.]
3. 베버는 프로테스탄티즘의 윤리와 자본주의 정신의 관계를 논하면서 "직업노동에의 헌신을 낳은 구체적인 '합리적' 사고와 삶의 형식"에 내재되어 있는 "비합리적 요소의 근원"을 밝히는 것이 자신의 근본적인 연구 동기라고 천명한 바 있다. 막스 베버, 『프로테스탄티즘의 윤리와 자본주의 정신』, 제2판, 박성수 역 (문예출판사, 1996), p. 58.
4. 오늘날 기업가 역량에 대한 많은 연구들에서 기업가를 움직이는 다양한 심리학적·사회학적 동기들이 강조되고 있다. 그런 점에서 기업가의 동기는 기업사 혹은 기업가적 역량에 대한 연구의 중요한 주제로 정립되어 있는 것처럼 보인다. 가령 스티븐슨(Howard H. Stevenson)과 하리요(J. Carlos Jarillo)는 기업가 역량 연구의 세 가지 핵심 분야가 기업가 활동의 동기(why), 행위(how), 결과(what)라고 명쾌하게 정리했다. Howard H. Stevenson and J. Carlos Jarillo, "A Paradigm of Entrepreneurship: Entrepreneurial Management," *Strategic Management Journal,* 11 (1990), p. 21.

5. Piero Bairati, *Vittorio Valletta* (Torino: UTET, 1983), p. 5; Ernesto Galli della Loggia, "Fiat e l'Italia," *Grande impresa e sviluppo italiano: Studi per i cento anni della Fiat,* a cura di Cesare Annibaldi e Giuseppe Berta (Bologna: Mulino, 1999), pp. 24-25.
6. Rugafiori, "Il manager demiurgo," pp. 189-193.
7. Valerio Castronovo, *Giovanni Agnelli* (Torino: UTET, 1971), p. 197; Giuseppe Berta, "Cooperazione impossibile: La Fiat, Torino e il 'biennio rosso'," *Fiat 1899-1930: Storia e documenti* (Milano: Fabbri, 1991), pp. 240-243. 역사가들은 아넬리가 실제로는 피아트를 포기할 의사가 전혀 없었으면서도, 또 당시 누구도 피아트를 인수할 수 없음을 뻔히 알았으면서도 협동조합화 제안을 내놓았다고 본다. 그러나 아넬리의 손자로서 훗날 피아트를 이끌고 갈 아넬리 3세는 전혀 다르게 증언한다. 그는 역사가들의 해석은 틀렸으며, 실제로 자신의 할아버지는 벨기에에서 새로운 사업을 시작할 것을 진지하게 구상하고 있었다고 주장했다. La Stampa, *La città dell'Avvocato: Giovanni Agnelli e Torino. Storia di un amore* (Torino: Editrice La Stampa, 2008), p. 21.
8. Bairati, *Vittorio Valletta,* p. 69.
9. Archivio Centrale dello Stato, *Segreteria Particolare del Duce/Carteggio Riservato,* scatola 23, busta 4, fascicolo 71/R.
10. Piero Bairati, "Ma il Duce bocciò l'utilitaria," *Il Sole-24Ore,* 27 maggio 1985.
11. Paolo Orano, a cura di, *Nel decennale della Marcia su Roma: Pensieri d'italiani eminenti raccolti* (Roma: Casa Editrice Pinciana, 1932).
12. Rugafiori, "Il manager demiurgo," pp. 195-196.
13. Archivio Storico Fiat, "Appunti sulla crisi: Della tecnocrazia," *Biografia Valletta,* scatola 16, pp. 1-7.
14. 사실, "기술적 진보", "노동", "규율", "민족", "인간적 진보" 등의 개념들은 어떠한 맥락에 놓이느냐에 따라 파시즘 친화적일 수도 있고, 사회주의 친화적일 수도 있다. 이와 관련하여 파시즘 내부에도 '사회주의적' 경향이 존재했다는 사실도 기억해둘 필요가 있다. 그렇다면 발레타의 소부르주아적 출신을 상기시키며 그가 젊은 시절에 "데아미치스 류의 의고적인 사회주의"에 관심이 있었고, 그러한 뿌리에서 자본과 노동의 협력과 "위대한 프롤레타리아"의 이념에 기초한, 발레타 특유의 "민족적 민중주의(populismo-nazionale)"가 나왔다고 보는 시각이 있는 것에 놀랄 필요는 없다. 이 시각에서 보면, 발레타의 사회 이념은 파시즘과도, 사회민주주의와도, 심지어 공산주의와도 일정한 친화성이 있다고 하겠다. 이는 전후 이탈리아에서 기민당이 집권한 가운데 사회민주주의와 공산주의가 큰 정치적 영향을 발휘하는 상황에도 발레타가 유연하게 대응할 수 있었던 이유를 부분적으로 설명해준다. Luciano Baroa, "Le belle idee da sole non bastano," L'Unità, 25 novembre 1954. 이와 비슷한 맥락에서 바이라

티는 발레타의 "민중주의적 민족주의(nazionalismo populista)"를 운위하기도 했다. Bairati, *Vittorio Valletta,* p. 304.

15. Alan Friedman, *Agnelli and the Network of Italian Power* (London : Mandarin, 1989), p. 36.
16. Dopolavoro Fiat, "Provvidenze," *Il Bianco e il Rosso,* 19 aprile 1943.
17. Stefano Musso, "La Fiat di Valletta," *Storia di Torino : Gli anni della Repubblica,* a cura di Nicola Tranfaglia (Torino : Einaudi, 1999), p. 246.
18. Bairati, *Vittorio Valletta,* p. 85.
19. Bairati, *Vittorio Valletta,* p. 158.
20. Musso, "La Fiat di Valletta," p. 249.
21. 이 외에도 발레타와 네가르빌레는 한 차례 더 공개 서한을 주고받았다. 이 때 네가르빌레는 얼마 전에 있었던 이탈리아 공산당 지도자 톨리아티(Palmiro Togliatti)에 대한 암살 미수 사건을 거론하며 문제가 단지 공장 차원의 것이 아니라 "사회정치적 차원"으로 비화되었음을 지적했다. 그러나 발레타는 사회의 법질서를 지키며 공장 규율을 준수하는 것만이 해답이라는 예의 태도를 견지했다. 이에 실망한 네가르빌레는 피아트가 전전에도 그러했듯이 거대한 "지하 감옥"이라고 비난하면서 노동자들의 각성과 연대를 촉구했다. 발레타와 네가르빌레의 지상 논쟁에 대해서는 「루니타 *L'Unità*」 지 1948년 9월1일자, 9월4일자, 9월17일자, 9월19일자 등을 보라. 이 기사들은 Istituto Piemontese Antonio Gramsci(TO)에 소장된 소책자 *La Disciplina nelle fabbriche : Scambio di lettere fra senatore Negarville e professor Valletta* (Torino : Tipografia Popolare, 1948?)에서도 다시 찾아볼 수 있다.
22. Francesca Fauri, "The Role of Fiat in the Development of the Italian Car Industry in the 1950's," *Business History Review,* 70 (Summer 1996), pp. 179, 184.
23. Fauri, "Role of Fiat," p. 185 ; Archivio Storico Fiat, *Fiat : Le fasi della crescita. Tempi e cifre dello sviluppo aziendale* (Torino : Scriptorium, 1996), p. 122.
24. Galli della Loggia, "Fiat e l'Italia," p. 28. 생산주의(produttivismo, productivism)의 개념에 대해서는 논란의 여지가 있을 수 있다. 일반적으로 생산주의는 경제적 생산성의 향상과 경제 성장이 모든 인간 조직과 활동이 겨냥하는 (혹은 겨냥해야 하는) 목표라고 믿는 신조를 말한다. '호모 파베르'의 이상에 기초한 생산주의적 신조는 생산물을 누가 갖느냐의 문제보다는 일단 더 많이, 더 낫게 생산하는 것이 중요하다. 이러한 생산주의적 경향은 특히 후발국의 경우에 우세했고, 종종 민족주의와 결합했다. 가령 1930년대 파시스트 이탈리아에서 무엇보다 강조된 것은 '생산성(produttività)'이었고, 이 '생산성'에 상응하는 당시 나치 독일의 개념이 바로 '업적(Leistung)'이었다. 이러한 맥락을 알면, 갈리 델라 로지아가 "민족적 생산주의"를 운위하는 것도 충

분히 이해할 수 있을 것이다. S. J. Woolf, "Did a Fascist Economic System exist?," *The Nature of Fascism,* ed. S. J. Woolf (New York: Random House, 1968), p. 128.

25. Bairati, *Vittorio Valletta,* p. 314.
26. Nicola Tranfaglia, "L'incerto destino della capitale del miracolo," Tranfaglia, a cura di, *Storia d'Italia,* pp. 15-17.
27. Bairati, *Vittorio Valletta,* p. 269; Musso, "Fiat di Valletta," p. 275.
28. Musso, "Fiat di Valletta," p. 277.
29. Bairati, *Vittorio Valletta,* p. 304.
30. Galli della Loggia, "Fiat e l'Italia," pp. 15, 26-27.
31. Editrice La Stampa, *La città dell'Avvocato,* p. 20.
32. Andrzej Walicki, The *Slavophile Controversy: History of a Conservative Utopia in the Nineteenth-Century Russian Thought,* Hilda Andrews-Rusiecka (Notre Dame: University of Notre Dame Press, 1989), pp. 6-8.

제6장 프랑스

1. 일본과 프랑스, 영국, 서독, 이탈리아 등 유럽의 주요 자동차생산국은 자동차산업의 국민경제상 차지하는 비중이 매우 높은 편인데, 그 중에서도 프랑스의 자동차산업의 비중이 가장 높다. 프랑스 경제가 세계경제에서 차지하는 비중은 1983년을 기준으로 5% 정도인데, 프랑스 자동차산업이 세계자동차산업에서 차지하는 비중은 13%에 달한다. 1981년 프랑스 자동차산업의 고용인원은 65만 4천명으로 제조업전체 고용인원의 12.5%를 차지한다. 이는 일본자동차산업의 제조업상 고용비중 6%, 서독의 비중 11.8% 보다도 높은 수준이며, 프랑스 자동차산업 매출액의 제조업상 비중도 14.0%로 일본과 서독의 동비중 10.5%, 12.2%보다 높다. 자동차 및 동 부품은 프랑스의 주요 수출상품으로서 1983년 자동차산업의 총 상품수출의 11.5%를 차지하였다. 동년 자동차산업의 무역수지는 32억 프랑의 수출초과를 기록하였을 정도로 프랑스 국민경제에 효자 산업이었다. 노희목 외, 『유럽자동차 산업 구조 분석』, 산업연구원, 1986. p. 53.
2. 1974년에는 경영위기에 빠진 시트로엥(Cotroen)사의 자회사인 엠-베르리에(Automobiles M-Berliet S. A.)를 매입하고, 1978년에 정부로부터 22억 프랑의 자금 지원를 받아 엠-베르리에를 사비엠(Saviem)과 합병하여 상용차의 생산과 판매를 담당하는 '르노자동차산업'(Renault Véhicules Industriels: RVI)을 설립하였다. 또한 1979년에는 미국의 맥 트럭회사(Mack Trucks Inc)에 자본을 투자하여 북미지역에서의 판매거점을 확충하였다. 제품으로는 1972년 개발된 르노 생끄(R 5)를 시작으로 저가격대 대중차와 더불어 1970년대 후반부터 고가격대의 르노 뱅(R 20)과 르노 트랑뜨(R 30)계열과 퓌에고(Fuego) 등의 차종을 연이어 개발 생산하여 제품의 다양화하고 생산성의 증

대를 꾀하였다. 1975년 조직이 재검토되어 승용차, 상용차, 금융*서비스, 산업제품의 4개 부문으로 사업부제를 도입하고 자동차관련 부문에 경영자원을 집중하였다.

3. 르노사의 본사 및 공장은 비앙쿠르에 있으며, 프랑스 국내의 6개 공장 외에 벨기에, 스페인, 아르헨티나, 브라질 등 전 세계 10여 개국에서 르노차의 조립이 이루어지고 있다. 1990년 볼보와 상호 주식을 교환하는 제휴를 맺었고 1999년 3월 일본의 닛산자동차를 인수하였다. 2000년 9월 한국의 삼성자동차를 인수하여 본격적인 아시아 시장 공략에 나서고 있다. 현재 소형차 중심의 클리오, 이스케이프, 레귀나 등을 생산하고 있다.

4. 르노는 모델 수의 부족이라는 내부 문제를 가지고 있었다. 대개 신모델이 출시될 때 기존 모델의 재고량은 낮은 가격에 처분되기 때문에 여러 모델을 지닌 기업일수록 모델 교체에 따른 충격을 최소화하면서 적기에 신차를 투입하는 것이 가능하지만, 모델 수가 한정되어 있던 르노로서는 모델교체 때마다 경영에 큰 타격을 받을 수밖에 없는 한계점을 가지고 있었다.
5. 1920년대 당시 프랑스에는 스무개나 되는 자동차 회사들이 저마다 최고가 되려고 심한 경쟁을 하였다. 1930년대 르노, 시트로엥, 푸조, 심카의 4개 업체에 의한 과점체제를 형성하였으나, 1945년에 르노사가 완전 국유화되고 1974년 푸조사가 시트로엥사를 흡수함으로써 프랑스 자동차공업은 2원 체제를 갖추게 되었다.
6. “Loss Estimate By Renault”, *New York Times,* 1985. 5. 1.
7. “Business people; next Renault chief a skilled surgeon”, *New York Times,* 1985. 5. 22.
8. “Renault to Get Aid From French government”, *New York Times,* 1/3/1989.
9. 1990년대 초반 서유럽의 침체로 자동차업계가 어려움을 겪자 프랑스 정부는 자국 자동차산업의 활성화와 노후 차량의 교체를 통한 환경문제 해결을 위해 1993년 초부터 1996년 말까지 총 2회에 걸쳐 폐차 인센티브 제도를 시행하였다. 그 기본 내용으로는 오래 사용한 중고차를 신차로 바꿀 경우 정부에서 차급에 따라 보조금을 차등 지급한다는 것이었다. 이 제도 시행으로 경기침체에도 불구하고 자국 내 판매 증가라는 긍정적인 영향을 가져온 반면, 제도 시행 만료 후 자국 수요의 급감과 이 제도 시행기간 동안 오히려 외국 메이커의 자국 시장 점유율이 상승하는 역효과를 가져오기도 하였다. 여기에다 3년 넘게 실시되어 온 이 제도 때문에 소비자의 수요패턴이 왜곡되어 자동차업체들이 이에 대응하는 데 많은 어려움을 겪었다.
10. 르노사의 민영화에 대한 논의는 1990년대 이후에 줄기차게 있어 왔는데도 그동안 민영화가 정부의 방침과 달리 제대로 진행되지 않았던 이유는 민영화계획에 따라 진행되던 경영합리화조치로 근로자 해고가 대량 발생할 것을 우려한 근로자들의 반발이 거셌기 때문이다. 또한 민영화정책을 볼보와의 흡수·통합과 연계시키려던 방침이 흡수·통합이 무산됨에 따라 민영화계획에 차질을 빚어졌던 데도 기인한다.

11. 예를 들면, 1955년에 3주 유급휴가가 르노에서 실시되었는데, 이 제도는 국회에서 이듬해 통과되었다. 1962년 르노에서 실시된 4주 유급휴가제도는 7년 후에 입법화되었다. 임금을 월급제화 했을 때도 르노는 선도 역할을 하였다(*Le Monde,* 1994. 8. 20).

12. 스웨덴의 자동차회사 볼보가 최종 단계에서 르노와의 합병을 거부하게 된 결정적인 이유는 르노가 국가의 통제 하에 있는 국영기업이었다는 사실에 대한 우려 때문이다(A. Griotteray, *Mieux pirvatiser, Evolution du secteur public en France et en Europe : bilan et perspectives, rapport au Premier ministre* (Paris : La Documentation FranÇaise, 1994), pp.54～55).

13. 박재정, 심창학, 전게보고서, p.19.

14. 1994년 4월경 회사 경영진과 경제부에서 제기된 르노의 부분민영화계획은 정부 측 입장에서 몇 가지 효과를 기대하고 있었다. 우선 정치적으로, 대통령 선거를 몇 달 앞두고 막대한 규모의 민영화를 실시함으로써, 과거 사회의 상징이었던 르노를 '떨이' 매각을 하고 있다는 인상을 주지 않을 것이라는 것이 정부의 판단이었다. 이는 또한 정치적 혹은 노동계의 예상되는 반대를 일시에 와해시키는 구실을 할 것이다. 세 번째로, 국가는 르노 자본의 일부를 계속 소유하는 가운데, 엘프(Elf), 베엔뻬(BNP), 마트라(Matra) 등 전통적인 자동차 업계의 파트너 등과 함께 여전히 핵심 대주주의 역할을 쉽게 할 수 있다는 점이다. 마지막으로 국가는 민영화로 인한 즉각적인 수입을 확보함과 동시에 르노의 이익분배 혜택을 계속 받게 될 것이다.(박재정, 심창학, 전게보고서, 1997, pp.18-20.).

15. 일본경제신문사 (신근수역),『우리는 절대로 망할 수 없다: 퇴출 1순위, 닛산 자동차의 부활 스토리』, 서울: 영·북스, 2001, p. 36. 프랑스정부는 1999년까지 여전히 르노 자산의 44%를 보유하고 있었다. 2001년에는 닛산이 르노의 지분을 15% 차지하게 된 결과 프랑스정부 보유 주식은 25%까지 낮아졌지만 여전히 정부가 경영권을 보유하고 있었다. 그러나 르노는 다른 국영기업들과는 분명한 차이를 보여준다. 경험적으로 르노는 국가소유였을 지라도 일반 민간기업과 마찬가지로 이윤극대화를 추구한 기업이었다. 이것이 가능했던 이유는 프랑스 정부가 르노의 사장을 임명하는 것 이외에는 기업의 경영에 거의 간섭하지 않았기 때문에 르노가 민간기업과 마찬가지로 운영될 수 있었기 때문이다.

16. Merieke Stevens, "Foreign influence on the Japanese automobile industry: The Nissan-Renault mutual learning alliance", *Asia Pacific Business Review,* vol. 14, no. 1, 2008, p. 20 참조. 닛산리바이벌계획(NRP)은 닛산이 처한 위기의 원인으로 명백한 이윤추구 동기 결여, 소비자에 대한 관심부족과 경쟁기업인 토요타에 대한 지나친 관심, 회사의 부서나 상하위직 직원들 사이의 협조 결여, 위기의식 결여 그리고 장기발전계획 결여를 들고 있다.

17. Michel Soto Chalhoub, *op. cit.,* p. 562.

18. 심창학, 「프랑스의 민영화」, 삼성경제연구소편, 『민영화와 한국경제』, 서울, 삼성경제연구소, 1997, pp. 122-161 참조.

제7장 스페인

1. 소비 욕구와 가정생활 중시 풍조, 더 나아가 핵가족 구조 출현 또한 이 포드주의와 관련이 있다. Sharryn Kasmir, *El mito de Mondragón. Cooperativas, política y clase trabajadora en una ciudad del País Vasco* (Txalaparta, 1999), p. 60.

2. 몬드라곤 지명을 딴 몬드라곤협동조합기업(Mondragón Corporación Cooperativa, MCC)은 2008년에 공식 명칭을 몬드라곤(MONDRAGÓN)으로 바꾸었다.
3. 여기서는 관례를 따라 호세 마리아나 혹은 아리스멘디로 약칭한다.
4. Roy Morrison, *We build the road as we travel* (Philadelphia, 1991), pp. 222-229.
5. 윌리엄 F. 화이트, 캐서린 K. 화이트, 김성오 옮김, 『몬드라곤에서 배우자』(나라사랑, 1993), pp. 354-361.
6. 1970년대에는 주로 프랑스 대학교들이 연구를 수행했고 1980년대에는 영국과 미국, 스위스, 이탈리아 대학교에서 박사학위 논문들이 나왔다.
7. 아리스멘디는 연설이나 설교, 강의, 글을 통해 자신의 생각을 밝혔다. 그는 727편의 글을 썼다. 기업 재정, 청년 오락, 인간의 존엄성, 성체 대회, 서구문화의 위기, 프랑스 선거운동 등 그 주제도 매우 다양했다. 그의 사상을 들여다볼 가장 중요한 사료는 협동조합 기관지 《테우(T.U.)》에 실린 글들이다. 잡지명 《테우》는 노동과 단결(Trabajo y Unión)의 첫 글자를 딴 것이다.
8. Joxe Azurmendi, *El hombre cooperativo. Pensamiento de Arizmendiarrieta* (San Sebastián: Caja Laboral Popular, 1984). 이 글에서는 1992년 판(Azatza D. L., 1992)을 참고했다.
9. 이 가운데 화이트 부부(윌리엄 F. 화이트와 캐서린 K. 화이트)의 연구가 대표적이다. 이 연구는 몬드라곤의 역사와 구조는 물론 아리스멘디의 사상을 아우르는 개괄적인 설명을 제공한다. 1990년대에는 몬드라곤에 대한 비판적 접근이 시작되었다. 미국 인류학자 샤린 카스미르는 아리스멘디를 비정치적, 비이념적 인물로 파악하는 전통적 해석에 반기를 들고 그가 새로운 노동자 계급 창설에 착수했다고 분석했다. 더 나아가 이것이 바스크 지역에 보수적이고 관료적인 안정된 중산계급을 만들어내려는 바스크민족당(PNV) 정책의 또 다른 표현이라고 보았다(Sharryn Kasmir, *El mito de Mondragón,* p. 61).
10. L. C. Nuñez, *Opresión y defensa del euskera* (San Sebastián: Txertoa, 1977). 이를테면 1949년과 1950년 그가 건립한 도서관에 바스크어 책이 한 권도 없었다. 그가 바스

크어로 글을 정기적으로 쓰기 시작한 것도 1968년부터다. 그 이전 20여 년간 사용한 바스크어는 짧은 문장 하나밖에 없다(José María Arizmendiarrieta, *Primeras Realizaciones,* I, p. 101).

11. 인격에 최고의 가치를 두는 입장으로 임마누엘 칸트의 인격주의가 제일 유명하다.
12. Carta de Arizmendiarrieta a D. Jesús María de Leizaola (Paris, 19 de julio de 1961) (Archivo Arizmendiarrieta). Joxe Azurmendi, *El hombre cooperativo,* p. 663에서 재인용.
13. José María Arizmendiarrieta, *Formación cooperativa,* I, p. 259. 그는 또 바스크족을 해방하는 중대한 역할이 단결과 연대와 학교의 현장인 협동조합에 있다고 했다(José María Arizmendiarrieta, *Formación cooperativa,* IV, p. 113).
14. 아리스멘디는 근대 사회에서는 사람이 이러한 것들을 위해 봉사하고 있고 따라서 사회가 무질서하다고 보았다. 사회의 무질서가 워낙 광범해서 코페르니쿠스 혁명은 서서히 진행되어야 한다고 했다. 혁명은 오직 구체적인 변혁을 통해서 이루어지는데 그 사례로 "기술 진보, 혁신 정신, 교육과 노동의 기회균등, 새로운 기업 창업, 노동 의료와 위생관리 배려" 등을 들었다. 이것이 인간과 인간의 필요를 중심으로 하는 새로운 질서를 수립하는 데 필요한 목표들이라고 했다. José María Arizmendiarrieta, *Formación cooperativa,* II, pp. 144-145.
15. 집이 부족해 두세 가구가 한 집에 사는 경우가 무려 100여 건에 달했다.
16. Emmanuel Mounier, *Manifiesto al servicio del Personalismo* (Madrid: Taurus, 1965), p. 60.
17. Larraitz Altuna Gabilondo (coord.), *La experiencia cooperativa de Mondragón. Una síntesis general* (Mondragón: Lanki, 2008), p. 39.
18. José María Arizmendiarrieta, *Formación cooperativa,* I, pp. 124-125.
19. 이를 정관과 내규(Estatutos Sociales y Reglemento de Régimen Interior)라고 부른다. Jesús Larrañaga, *Don José María Arizmendiarrieta y la experiencia cooperativa de Mondragón* (Litografía Danona, S. Coop., 1981), pp. 138-144.
20. 스페인이 유럽경제공동체에 참여하는 변화를 앞두고 몬드라곤 협동조합은 1984년에 구조개혁을 단행했다. 그 결과 몬드라곤 협동조합그룹을 출범시키고 각 협동조합 대표들로 구성되는 그룹 회의를 조직했다. 제2차 회의는 1989년 12월 1일과 2일에 열렸다.
21. 매달 지급하는 급여는 직위와 직접 관련된 고정급과 직업적 수행과 관련된 성과급으로 구분된다. 배당으로 1년 동안 협동조합이 거둔 순이익의 30~70퍼센트를 분배한다.
22. Joxe Azurmendi, *El hombre cooperativo,* p. 768.
23. 아리스멘디는 "우리가 만들어내는 상품을 협동조합의 본질과 다른 체제가 지배하는 시장에 내보낸다. 우리는 수요와 공급의 법칙, 독점, 상업협정, 통화 변동, 국제정치의

압박을 받는다"고 말했다. José María Arizmendiarrieta, *Formación cooperativa,* IV, p. 81.

24. José María Arizmendiarrieta, *Formación cooperativa,* IV, pp. 107, 132, 201. 몬드라곤 협동조합운동과 에타의 관계는 별도의 연구가 필요한 주제이다.
25. 샤린 카스미르는 몬드라곤 협동조합원들을 면담하고서 이에 대해 부정적인 결론을 내렸다(Sharryn Kasmir, *El mito de Mondragón*). 하지만 이에 대해서는 좀 더 연구가 필요하다고 본다.

제8장 독일

1. 1949년 출간되어 1961년에 개정이 된 게오르크 지멘스(Georg Siemens)의 『전기기술의 길』(Weg der Elektrotechnik)은 전기공업의 급속한 발전과 건설을 배경으로 1945년까지의 '지멘스가의 역사'에 대해서 서술하였다. 하지만 이 글은 기술사적인 측면에서 서술되어 창업자 지멘스의 창업이념이나 기업사상과 같은 분야는 물론이고 경영학이나 사회사적인 측면을 다루지는 못하였다. 이러한 연구경향은 1972년 지그프리트 폰 바이어(Siefrid von Weiher)와 헤버트 괴첼러(Herbert Gortzeler)의 의해 서술된 글 『길과 작용』(Weg und Wirken)과 1994년 베른하르트 플레트너(Bernhard Plettner)에 의해 나온 『전기기술의 모험』(Abenteuer Elektrotechnik) 역시 전기공업의 역사에 관한 것으로 기술적인 문제제기와 해결에 중점을 두었다. 그 외에도 기술사적인 측면보다 지멘스의 기업가적 중요성을 다루고 있는 빌프리트 펠덴키르헨(Wilfried Feldenkirchen)이 연구한 『베르너 폰 지멘스-발명가 그리고 국제적 기업가』(Werner von Siemens-Erfinder und internationaler Unternehmer)가 있다. 베르너 폰 지멘스의 복지정책에 대해서는 이미 오래전에 연구가 단편으로 진행되었다. Karl Burhenne, Werner Siemens als Sozilalpolitiker(München: C.H.Beck,1932)
2. 프로이센의 국왕 빌헬름 3세는 철도건설의 계획에 대해 "포츠담(Potsdam)에 몇 시간 빨리 도착하든지 늦게 도착하든지 나에게는 별로 이익 될 것이 없다고 생각한다."고 말해 그 당시 연방국가 영주들의 무관심을 대변하고 있다. 정해본,『독일근대사회경제사』(지식산업사, 1990), p.113.
3. 1840년 초에는 주로 근거리 철도건설이 주를 이루었다. 뮌헨(München)~아우크스부르크(Augusburg), 라이프치히(Leipzig)~마데부르크(Magdeburg), 하이델베르크(Heidelberg)~만하임(Mannheim), 프랑크푸르트(Frankfurt am Main)~마인츠(Mainz), 본(Bonn)~쾰른(Köln), 베를린(Berlin)~쾨텐(Köthen), 베를린~프랑크푸르트(Frankfurt am Oder), 뒤셀도르프(Düsseldorf)~엘버펠트(Elberfeld), 쾰른~아헨(Aachen)이 먼저 건설되었다. 1840년 중반부터 원거리 철도건설이 이루어져 베를린~함부르크(Hamburg), 베를린~쾰른 사이에 장거리 철도운행이 실시되었다.

4. 도로 1km당 1톤의 화물운임이 은1.8g에서 2.2g이었던 반해 철도는 0.2g에 불과했다. 그리고 운송속도도 도로로 1개월 걸리는 거리가 15시간으로 단축되었다. 정해본,『독일 근대사회경제사』, p.115.
5. 독일 공업화의 시작을 정확하게 언제부터 볼 것인가? 라는 질문에 학자들은 다양한 대답을 제시하고 있다. 독일 공업화 이전의 원시공업화에 대한 다양한 견해와 함께, 무엇을 공업화의 기준으로 볼 것인가에 이르기 까지 다양한 의견이 제시되고 있다. 하지만 대부분의 학자들은 독일의 공업화는 아무리 늦어도 19세기 중반에 시작된 것으로 파악하고 있다.
6. 프로이센 광산법의 주된 내용은 바로 광산의 민영화였다. 1850년 이전 6개의 탄광회사는 모두 국영기업 이었다. 하지만 광산법이 시행된 후 20개의 새로운 민영탄광회사가 설립되어, 서로 자유경쟁의식 속에서 생산, 수송, 관리, 판매를 실시함에 따라서 이전보다 더 많은 생산이 가능하게 발전할 수 있었다.
7. 원래 이름은 베르너 지멘스(Werner Siemens)였다. 1888년 독일 전기산업의 선구자적인 공로를 인정받아 프로이센 귀족작위를 황제 프리드리히 3세로부터 받아 베르너 폰 지멘스로 불리게 된다.
8. 1876년 지멘스 회사 매출액의 79%는 약전류 생산품-무전기, 전화기, 철도경보장치이었고, 계량기 생산은 18%를 차지했으며 마지막으로 발전기와 전구를 포함한 강전류 생산품은 겨우 3%에 불과했다.
9. 1879년 베를린 박람회에서 세계최초로 전차를 선 보였고, 2년 뒤 베를린 시내에 노면전차를 운행했으며, 1880년에는 엘리베이터를 개발하였다. 1882년에는 베를린 시내를 개량된 아크등을 설치하여 불을 밝혔다.
10. 베르너 폰 지멘스는 1850년 프랑스와 벨기에의 학술기구를 통한 새로운 시도는 학문적으로 인정을 받았지만 기업적인 성공으로 연결시키지는 못했다. 그리고 베르너의 동생 칼 지멘스가 1851년 프랑스 파리에 지사를 건설하려고 했지만 독일과 프랑스 사이의 정치적인 긴장으로 인하여 결국 포기하고 말았다.
11. 칼 지멘스(Carl Siemens)는 1855년 5만 탈러를 받고 회사에서 손을 뗀 법무위원 요한 게오르그 지멘스를 대신하여 지멘스 & 할스케의 동업자가 된다. 그는 회사 사업자금의 5분의 1 지분을 가지게 된다.
12. 1882년 1월 1일 베르너 폰 지멘스의 아들 아놀드(Arnold)가, 1884년에는 둘째 아들 빌헬름(Wilhelm)이 기업의 공동소유자로 들어오게 된다.
13. 총 6만 탈러의 기금으로 형성된 이 연금제도는 지멘스 가문의 삼형제가 5만 탈러를 그리고 할스케가 1만 탈러를 부담하였다. 이 연금제도에 대한 첫 구상은 1868년에 이미 있었음을 베르너 폰 지멘스가 1868년 7월 18일 동생 칼에게 보낸 편지로 알 수 있다.
14. 지멘스의 사내 연금제도는 1911년 이후, 국가적 차원의 연금이 실시되면서 점차로 줄

어들어 결국 국가연금제도로 대처되었다.

제9장 러시아

1. 소비에트시대 기업가에 관한 주요한 대표적 연구는 다음과 같다. P. A Berlin, *Russkaia burzbuaziia v staroe i novoe vremia.* (Moscow, 1922), V. S. Diakin, *Russkaia burzhuaziia i tsarizm v gody pervoi mirovoi voiny(1914-1917)* (Leningrad, 1967) ; V. la. Laverychev, *Krupnaia burzbuaziia v poreformennoi Rossii, 1861-1900.* Moscow, 1974, ; I. F. Gindin.. "Russkaia burzhuaziia v period kapitalizma, ee razvitie i osobennosti." *Istoriia SSSR,* no. 2 (1963), pp. 57-80 ; no. 3, (1963), pp. 37-60.
2. 그 당시 작가들은 급성장하는 상인이나 기업가들의 모습에 놀라워하면서도 하나같이 부정적인 이미지로 그려내었다. 예를 들면, 안톤 체홉의 <3년>, V. 네미르쵸프의 <짜르의 은행>, P. 보보르릐낀, <키타이 고르도>에서는 하나같이 상인의 이미지를 경멸적으로 그리고 있었다. I. F. Gindin, "Russkaya burzhuazhiia…" *Istoriia SSSR,* no. 2. (1963), Jo Ann Ruckman, *The Moscow Business elite : A Social and Cultural Portrait of Two Generations, 1840-1905* (Dekalb, 1984) ; (1984), p. 8. 재인용.
3. Jo Ann Ruckman, *op. cit.*; W. Brumfield, Boris Anan'ch and Iurii Petrov, eds., *Commerce in Russian Urban Culture, 1861-1914* (Princeton Univ. Press, 2001) ; Thomas C. Owen, *Capitalism and Politics in Russia : A Social History of the Moscow Merchants, 1855-1905* (Cambridge, 1981) ; Alfred J. Rieber, *Merchants and Entrepreneurs in Imperial Russia* (Chapel Hill, Univ. of North Carolina Press, 1982) ; W. Brumfield, *The Origins of Modernism in Russian Architecture* (Berkeley, and LA. 1991) ; C. Goldberg, "The Association of Industry and Trade, 1906-17 : The Success and Failure of Russia's Organized Businessmen," Ph. d. Diss., Michigan Univ. 1974,
4. Roy Robson, *Old Believers in Modern Russia* (Dekalb, Northern Illinois Univ. Press, 1995) ; Jo Ann Ruckman,, *The Moscow Business Elite : A Social and Cultural Portrait of Two Generations, 1840-1905* (Dekalb, 1984) ; Anton Beliajeff, "The Rise of the Old Orthodox Merchants of Moscow, 1771-1894," Ph. D.., Diss., Syracuse University, 1975.
5. Vladimir Riabushinskii,, "Kupechestvo moskovskoe." *Den'russkogo rabenek* 18, (April 1951) : 168-89 ; Valentine T. Bill, *The Forgotten Class : The Russian Bourgeoisie from the Earliest Beginning to 1900,* New York, 1959. pp. 25-27.
6. 앨버트 허쉬먼, 김승현 역, 『열정과 이해관계 : 고전적 자본주의 옹호론』 (나남, 1994), pp. 25-27. 허쉬먼은 근대 서구의 정신사에서 상업행위가 금전추구와 같은 탐욕과 이익욕으로 경멸할 것이 아니라 이해관계를 합리적으로 찾으려는 솔직한 인간 본성에

의거한 열정이며, 이 열정은 놀라운 조화와 질서를 갖고 오는 존경스러운 미덕으로 받아들이는 변화를 철학적으로 검토하였다.

7. 당시 이 건물은 오늘날 Gum 백화점의 전신이었다.

8. S. Glover, "Savva Mamontov and the Mamontov Circle, 1870-1905," 1971., pp. 154-55. Mir iskusstva (예술세계운동) 잡지는 기업가들의 후원에 의해 1885년에 시작되어 1920년대까지 지속되었다.

9. 1 verst=약 1.067km

10. 1 제샤찐=약 1 헥타르

11. 이 시기의 생산성은 350만 루블에서 590만 루블로 168%증가하였고, 이윤율은 1860년의 2.98%가 1866년 26.9%, 1864년 24.03%, 1869년 21.71% 1870년 4.3%, 1871년 15.8%로 변했다.

12. Alfred J. Rieber, "The Moscow Merchants and the Public Press, 1858-1868", *Jarbucher für Geschichte Osteuropas,* 25, (1975), pp. 1-2.

13. Thomas C. Owen, *op. cit.,* (Cambridge, 1981), p. 34, 1840년대 러시아 인텔리켄치야들 사이에서 후진 러시아의 미래 개혁를 위한 방법에 관한 사상적 대 논쟁이 일어났는데 그것은 서구주의자들과 친 슬라브주의자들 사이의 논쟁이었다. 친 슬라브주의자들은 원래 1830년대 말부터 모스끄바 대학생들 사이에서 독일 낭만적 민족주의 운동의 영향 하에 발생하여 그 후 끼레브스끼, 호미아꼬프, 악사꼬프 등에 의해 계승되었다.

14. Thomas C. Owen, *Capitalism and Politics in Russia: A Social History of the Moscow Merchants, 1855-1905* (Cambridge, 1981), pp. 35-36. 경찰은 이들의 모임을 예의 주시하였는데 초대받은 참석자 84명중 27명이 거상과 기업가들이었다. *Ibid.,* p. 37.

15. Thomas C. Owen, *Dilemma of Russian Capitalism: Fedor Chizov and Corporate Enterprise in the Railroad Age* (Harvard Univ. Press, 2005), p. 29: F. Chizov, *Diary,* Mar. 22, 1857.

16. Thomas C. Owen, *op. cit.,* (2005), pp. 48-51, 당시 빼쩨르부르크의 최고 명망있는 경제학자였던 이봔 버나드스끼는 관세보호에 반대하는 글을 『경제법령』*(Ekonomicheskii ukazatel)*에 게재했다. 이에 용기를 내어 모스끄바 기업가였던 치죠프는 모스끄바 대학교의 경제학교수인 이봔 밥스뜨에게 서한을 띄워 『산업소식』*(Vestnik promyshlennosti)*에 국내외의 산업분야에 관한 각종 소식과 정보를 게재해 줄 것을 간청하는 글을 썼다. 밥스뜨는 곧 긍정적 답신을 보냈고, 경제학 분야의 탁월한 학술적인 재능을 이 잡지에 쏟아부어주었다. 매우 흥미있게도 그는 모스끄바 대학교에서 석사학위를 받고 고전고대그리스 시대 정치가에 대한 글을 썼다. 또 1851년 그는 박사학위논문으로서 "1720년 존 로우의 미시시피 거품경제와 파산"에 대해 글을 썼다. 밥스

뜨는 카잔대학교에서 6년간 정치경제학과 통계학 교수로 봉직하다가 다시 버나드스끼를 이어 모스끄바 대학교로 부임했다.

17. 그는 과학, 예술, 교육, 경제적 발전을 높이 평가했고, 시장개혁, 철도부설, 그리고 은행의 설립을 강조했다. 모스끄바 상인들의 보호를 승인하기보다는 그는 대외경계심이 강한 러시아인들을 비웃었다. 또 그는 시민사회의 성공을 칭찬하고 특히 법적 절차와 법과 질서에 의한 체제를 높이 평가했던 것이다. 독점이나 특권 그리고 특정 신분에 대한 특별한 대우로부터 자유로운 시장을 철도, 은행, 산업조직의 성장에 필수요건으로 보았다. 무엇보다도 그는 민족주의자로서 러시아의 미래에 대한 신념을 갖고 있었다. 그는 농노제가 러시아 경제발전의 최대의 장애라고 비판하고 전제 정부가 사유권을 소홀히 하며, 희귀한 자원을 낭비하고 낡은 신분제 특권를 유지하고 있는 것을 비난했다.

18. 이때 수집한 미술품은 1917녀 볼셰비끼 혁명이후 예레미따쥬 박물관에 매각되거나 기부되었다.

19. 뜨레쨔고프는 음악협회에서 N. 루빈스타인을 만나 친구가 되었고, 마몬또프는 챠이꼬프스끼와 교유하였으며, 바르바라 모로죠프 부인은 <러시아 소식>지의 편집장의 부인이 되었다.

20. Stuart Glover, *op. cit.,* pp. 104-05. 안톤 골스끼는 <폭군 이반>의 세밀한 모습을 묘사하여 유명해졌다. 그는 또 로마 총독의 재판대 앞에 선 예수의 모습을 마치 헐벗고 굶주리고 있는 러시아 인민의 표정으로 묘사했다. 레삔은 <배끄는 러시아 농민>의 모습을 그려 인민의 비탄을 재현했으며 수리꼬프와 바스네쵸프는 아브람쩨프에서 교회를 건축할 때 러시아 목조건물 양식을 복구하였다.

21. 모로죠프의 공장에서의 파업은 러시아 노동운동의역사의 전환점에 해당되었기 때문에 특히 많은 연구가 이루어졌다. Peter I. Kabanov, and R. K. Erman, *Morozovskaia Stachka 1885 goda: possobie dlia uchitellei* (Moscow, 1963); Vladimir I. Nevsky, ed., *Morozovskaia stachka 1885* (Moscow, 1925); A. M. Pankratova and V. M. Sokolov "Predshestvenitsa Morozovskaia stachka, "*Istoricheskii arkhive,* vol. 7, (1951). *Morozovskaia Stachka 1885-1935 gg., Sbornik statei, dokumentov i vospominaniia* (Moscow, 1935); "Rech's S. T. Morozova," *Moskovskie vedomosti,* 16, aug., 1893.; P. I., Liashchenko, *Istoriia narodnogo khoziaistvo SSSR,* vol. 2, *Kapitalizm,* 3rd. ed., (Moscow, 1952).; V. la. Laverychev, *Krupnaia burzbuaziia v poreformennoi Rossii, 1861-1900.* (Moscow, 1974); Tugan-Baranovsky, Mikhail Ⅰ. *The Russian Factory in the 19th Century.* Translated by Arthur Levin and Claora S. Levin. (Homewood, Illinois, 1970), pp. 308-342

22. Thomas C. Owen, *Capitalism and Politics in Russia: A Social History of the Moscow*

Merchants, 1855-1905 (Cambridge, 1981), p. 131.

23. 1894-1904년 사이 비떼는 대독일 무역에 부분적으로 관세 인하정책을 시행하였으나 모스끄바 기업가들은 전반적으로 꽤 안정된 관세율을 유지하였고 이 덕택으로 순이익을 지속적으로 증가하였다.
24. 중부지역에서 노동자와 생산량은 80%, 모스크바만 23% 뻬제르부르크는 9%에 해당되었다. Liashchenko, P. I. *A History of National Economy* (1952), p. 481.
25. 1905년 5월 13일 사바는 갑자기 비극적 죽음을 택하였는데 사실은 타살의 의혹이 일부 남아 있다. 그의 죽음의 근본 원인이 신경쇠약 탓이었는지 볼셰비키에 의한 회사 공격에 대한 협박 탓이었는지 아직은 명확하게 밝혀지지 못하고 있다. Пак Б. И. “Савва Тимофеевич Морозов” *История СССР* (1980) с.132-133.
26. 이정희, 「1905년 혁명이후 상인·기업가 엘리트의 정치적 등장과 정체의식: ‘국가두마’에서 참여를 중심으로, 1905~1914」『서양사론』 2012.
27. Петров Ю.А., “Личные состояние Морозовых - Тимофеевичей, *Труды юбилейной сс.* 35-36. 그녀의 재산은 찌모페이가 남겨준 것의 몇 배가 되었다. 그것은 남편이 남긴 영지 80만 루블, 모스크바 시내의 저택 24만 루블, 니콜스크공장의 주식 700만 루블 이외 1600만 루블 어치의 국채, 은행의 어음, 정부은행과 사립인행 심지어 베를린의 독일 은행에서 발행하는 채권이 포함되었다. 그러나 이 모든 유가증서는 1917년 10월 혁명으로 휴지조각이 되었다.

참고문헌

제1장

Bigazzi, Duccio, *La storia d'impresa in Italia*: *Saggio bibliografico, 1980-1987* (Milano: Franco Angeli, 1990).

Chandler, Jr., Alfred D., *Strategy and Structure*: Chapters in the *History of the Industrial Enterprise* (Cambridge, Mass.: MIT Press, 1962);

Chandler, Jr., Alfred D., *The Visible Hand*: *The Managerial Revolution in American Business* (Cambridge, Mass.: Harvard/Belknap, 1977)

Chandler, Jr., Alfred D., *Scale and Scope*: *The Dynamics of Industrial Capitalism* (Cambridge, Mass.: Harvard/Belknap, 1990).

Harold James, *Family Capitalism*: *Wendels, Haniels, Falcks, and the Continental European Model* (Cambridge, Mass.: The Belknap Press of Harvard University Press, 2006).

Stevenson, Howard H. and J. Carlos Jarillo, "A Paradigm of Entrepreneurship: Entrepreneurial Management," *Strategic Management Journal*, 11 (1990).

배영수, "미국 기업사의 최근 동향: 기업사와 사회사의 접목 가능성," 『서양사연구』, 30 (2003),

송충기, "대기업을 통해 본 현대사: 기업사가 알프레드 챈들러," 『역사비평』, 81 (2007 겨울).

요셉 슘페터, 『경제발전의 이론: 기업가 이윤, 자본, 신용, 이자, 경기순환에 관한 연구』, 박영호 역 (박영률출판사, 2005).

제2장

Ford, Henry, Crowther, Samuel, *Edison as I Know Him*, (New York: Cosmopolitan Book Corporation, 1930)

Ford, Henry, Crowther, Samuel, *My Life and Work*, (Garden City, New York: Garden City Publishing Company, 1922)

Ford, Henry, Crowther, Samuel, *Today and Tomorrow*, (Garden City, New York: Doubleday, Page & Company. 1926)

Gramsci Antonio, Hoare Quintin, Selections From the Prison Notebooks (New York: International Publishers Co., 1971)

Halberstam, David. "Citizen Ford" *American Heritage* 1986 37(6): 49–64

Jardim, Anne. *The First Henry Ford: A Study in Personality and Business Leadership* (Boston: MIT Press, 1970)

Lacey, Robert. *Ford: The Men and the Machine* (New York: Little Brown, 1986)

Nevins, Allan ; Frank Ernest Hill, *Ford: The Times, The Man, The Company*, (New York: Charles Scribners' Sons, 1954)

Nevins, Allan; Frank Ernest Hill. *Ford: Decline and Rebirth, 1933–1962*. (New York: Charles Scribners' Sons, 1962)

Aglietta M., "Shareholder Value and Corporate Governance: A Comment and Some Tricky Questions?" *Economy and Society*, 29 (2000)

Antonio J. Robert, Bonanno Alessandro, "A New Global Capitalism? From 'Americanism and Fordism' to 'Americanization-Globalization'" *American Studies* 41 (2000)

Baldwin, Neil; *Henry Ford and the Jews: The Mass Production of Hate*, (Public Affairs, 2000)

Barrow B. Heather, "The Automobile in the Garden: Henry Ford, Suburbanization, and the Detroit Metropolis, 1919-1941," Phd. dissertation, The University of Chicago (2005)

Batchelor, Ray. *Henry Ford: Mass Production, Modernism and Design* (Manchester: Manchester University Press, 1994)

Bonin, Huber et al. *Ford, 1902–2003: The European History* 2 vol (Paris, 2003) (비평논문: Holden, Len. "Fording the Atlantic: Ford and Fordism in Europe" *Business History* 47/1 (Jan 2005), 122–127

Brinkley, Douglas. "Prime Mover". *American Heritage* 2003 54(3): 44–53.

(Model T에 대해)

Bryan, Ford R. *Beyond the Model T: The Other Ventures of Henry Ford* (Detroit: Wayne State University Press, 1990)

Cox Robert, Production, Power, and World Order: Social Force in the Making of History (New York: Columbia University Press, 1987)

Daniel M. G. Raff and Lawrence H. Summers, "Did Henry Ford Pay Efficiency Wages?". *Journal of Labor Economics* 5(4) (1987), 57-86

Foust, James C. "Mass-produced Reform: Henry Ford's Dearborn Independent" *American Journalism*, 14(3), 1997: 411-424.

Jacobson, D. S. "The Political Economy of Industrial Location: the Ford Motor Company at Cork 1912-26." *Irish Economic and Social History* 1977 4: 36-55 (포드와 아일랜드 정책)

Kandel, Alan D. "Ford and Israel" *Michigan Jewish History* 39 (1999), 13-17. 그의 사업과 인류애)

Kraft, Barbara S. *The Peace Ship: Henry Ford's Pacifist Adventure in the First World War* (New York: Macmillan, 1978)

Lewis, David L. "Working Side by Side" *Michigan History* 1993 77(1): 24-30. (포드가 흑인을 대량으로 고용한 이유)

Mandell Nikki, *The Corporation as Family: The Gendering of Corporate Welfare, 1890-1930* (Chapel Hill: University of North Carolina, 2002)

Pietrykowski, Bruce. "Fordism at Ford: Spatial Decentralization and Labor Segmentation at the Ford Motor Company, 1920-1950" *Economic Geography* 71(4) (1995), 383-401

Raynor K. Gregory, "Engineering Social Reform: the Rise of the Ford Foundation and Cold War Liberalism, 1908-1956, Ph. dissertation, New York University (2000)

Reich, Simon "The Ford Motor Company and the Third Reich" *Dimensions*, 13 (2) (1999): 15-27

Roediger, David, ed "Americanism and Fordism - American Style: Kate Richards O'hare's 'Has Henry Ford Made Good?'" *Labor History* 29(2) (1988), 241-252 (1916년 사회주의자들의 포드 찬양)

Segal, Howard P. "'Little Plants in the Country' : Henry Ford's Village Industries and the Beginning of Decentralized Technology in Modern America" *Prospects* 13 (1988), 181-223. (포드가 창설한 19개의 목가적 은둔처로서의 농촌 작업장)

Tedlow, Richard S. "The Struggle for Dominance in the Automobile Market : the Early Years of Ford and General Motors" *Business and Economic History* 17 (1988), 49-62

Thomas, Robert Paul. "The Automobile Industry and its Tycoon" *Explorations in Entrepreneurial History* 6(2) (1969), 139-157 (포드가 미국사에 그다지 큰 영향을 끼치지 않았음을 주장하고 있음)

Wilkins, Mira and Frank Ernest Hill, *American Business Abroad* : *Ford on Six Continents*, (Detroit : Wayne State University Press, 1964)

Williams, Karel, Colin Haslam and John Williams, "Ford versus 'Fordism' : The Beginning of Mass Production?" *Work*, *Employment & Society*, 6 (4), 517-555 (1992) (포드의 유연성과 지속적인 개선의 실행에 대하여)

구춘권, "화폐적 축적의 자립화 : 포드주의의 위기와 국제 금융시장의 팽창," 한국정치학회 『한국정치학회보』, 34집 (2001),

프레데릭 L. 알렌, 박진빈역, 『빅 체인지』 (앨피, 2008)

헉슬리 올더스, 이덕형역, 『멋진 신세계』, (문예출판사, 1998)

레이시 로버트, 김진성역, 『헨리 포드』 (성원 : 1986)

브와이에 로베르, 김진엽역, 『자본주의 위기론』 (논장 : 1988)

양재열, 『1840년대 미국정치와 지역주의』(서림출판사, 2004)

양재열, 『한국인을 미국사』 (혜안, 2005)

제3장

Andrew, P.W.S. and Brunner, E., *The Life of Lord Nuffield* (Oxford, 1955).

Alfred D. Chandler, *Scale and Scope* : *The Dynamics of industrial Capitalism*, (Cambridge Massachusetts : The Belknap Press of Harvard University Press, 1990).

Greg Lanning, Christine Peaker, Caro Webb, Richard White ed., *Making Cars* : *A history of Car making in Cowley*(London : Routledge & Kegan Paul,

1985)

Jackson Robert, *The Nuffield Story*, (FrederikMuller Limited., 1964)

John Minns F. *Wealth Well-Given: The Enterprise and Benevolence of Lord Nuffield*, (New Baskerville: Alan Sutton Publishing Ltd., 1994)

Kenneth Richardson, *The British Motor Industry 1896-1939*, (London: Unwin Brothers Ltd., 1977)

Peter Hull, *Lord Nuffield: An illustrated life of William Richard Morris, Viscount Nuffield 1877-1963*, 2nd. ed..(Buckinghamshire: Shire Publications Ltd., 2008)

Teresa Hayter&David Harvey, *The Factory and the City: The Story of the Cowley Automobile works in Oxford* (London: Mansell, 1994)

Arthur Excell, " Morris Motors in the 1930s: Part 1", *History Workshop Journal*, 1978(issue.6), pp.52-78.

Arthur Excell, "Morris Motors in the 1940s", *History Workshop Journal, 1980*(issue.9), pp. 90-115.

김명환, 「파시즘 연구」, 『영국연구』 11호 (2004, 6).

배영수, 「미국 기업사의 최근동향」, 『서양사연구』 vol.30 (2003), pp.29-62.

성락선, 「슘페터, 경제발전 그리고 기업가의 역할」, 『경제학 연구』, vol.53 (no.4, 2005), pp.147-171.

재단 연구회역, 『재단이란 무엇인가』 (서울: 아르케, 2002)

이영석, 「전쟁, 공황, 영국 노동계급의 경험, 1914-1945」, 『전남사학』 11집 (전남사학회, 1997)

제4장

Birks, Thomas Rawson, *Memoir of the Rev. Edward Bickersteth, late rector of Watton, Herts*, vol. 1, New York, Harper & brothers, 1851.

Barrett, D. W., *Life and work among the navvies*, London: Wells Gardner & Co., 1880.

Bebbington, David, *Evangelicalism in modern Britain: a history from the 1730s to the 1980s*, London: Routledge, 1998.

Belchem, John, *Industrialization and the working class: the English experi-*

ence, 1750-1990, Aldershot: Scolar Press, 1990.

Briggs, Asa, *The Age of improvement, 1783-1867*, Harlow: Longman, 2000, 2nd edn, 2000(1959).

Brinton, Crane, *English political thought in the nineteenth century*, London: E. Benn, 1949(1933).

Carlyle, Thomas, *Latter-day pamphlets*, London: Chapman and Hall, 1850.

______, "Shooting Niagara and after?," *Macmillan's Magazine*, 14 1867.

Coleman, Terry, *The railway navvies: a history of the men who made the railways*, London: Hutchinson, 1965.

Daunton, M. J., *Progress and poverty: and economic and social history of Britain 1700-1850*, Oxford: Oxford University Press, 1994.

Diggle, J. W., *The Lancashire life of Bishop Fraser*, London: Sampson Low, 1890.

Garside, P. L., "London and the home counties," in Thompson, F. M. L., ed., *The Cambridge social history of Britain 1750-1975* vol. 1. *Regions and communities*, Cambridge: Cambridge University Press, 1991.

Halévy, Elie, *History of the English people in 1815*, trans. E.I. Watkin and D.A. Baker, London: Penguin, 1924.

Harrison, Brain, "Pubs," in Dyos, H. J. and Wolff, Michael, eds., *The Victorian city: images and realities* vol. 1, London: Routledge and Kegan Paul, 1973.

Harrison, Brian, *Drink and the Victorians: the temperance question in England, 1815-1872*, London: Faber and Faber, 1971.

Harrison, J. F. C., *Learning and living 1760-1960: 1960: a study in the history of the English adult education movement*, London: Routledge and Paul, 1961.

Harrison, J. F. C., *The early Victorians, 1832-1851*, London: Weidenfeld and Nicolson, 1971.

Hill, Bridget, *Women, work, and sexual politics in eighteenth-century England*, Oxford: Basil Blackwell, 1989.

Hilton, *The age of atonement: the influence of evangelicalism on social and economic thought, 1785-1865*, (Oxford : Clarendon Press, 1988.

Joby, R.J., *The railway builders : builders : lives and works of the Victorian railway contractors*, Newton Abbot : David & Charles, 1983.

Johnson, Samuel, *A dictionary of the English language*, London : Knapton, 1755.

Kingsford, P. W., "Labour relations on the railways, 1835-75," *Journal of Transport History*, 1 1953-4.

Kinsford, P.W., *Victorian railwaymen : the emergence and growth of railway labour, 1830-1870*, London : Cass, 1970.

McKenna, Frank, *The railway workers, 1840-1970*, London : Faber, 1980.

Mitchell, Sally, *Daily life in Victorian England*, London : Greenwood Press, 1996.

More,Hannah, *Thoughts on the importance of the manners of the great to general society*, London : Printed for T. Cadell, 2nd edn. with additions, 1788(1788).

Morley, J., *Complete poetical works of William Wordsworth*, London : Macmillan, 1888.

Morrison, Cotter J., *The service of man : an essay toward in the religion of future*, London : K. Paul, Trench & Co., 1903.

Neuburg, V. E., "The literature of the streets," in Dyos H. J., and Wolff, Michael, eds, *The Victorian city : images and realities* vol. 1, London : Routledge and Kegan Paul, 1973.

Place, Francis, *The autobiography of Francis Place, 1771-1854*, edited with an introduction and notes by Mary Thale, London : Cambridge University Press, 1972.

Pollock, William, *William Wilberforce*, London : Constable, 1977.

Price, Richard, *Labour in British society : an interpretative history*, London: Croom Helm, 1986.

Roberts, M. J. D., *Making English morals : voluntary association and moral reforms in England, 1787-1886*, Cambridge : Cambridge University Press, 2008(2004).

Schlossberg, Hebert, *The silent revolution and making of Victorian England*, Columbus: Ohio State University Press, 2000.

Simmions, Jack, "The power of the railway," in Dyos, H. J. and Wolff, Michael, eds., *The Victorian city: images and realities* vol. 1, London: Routledge and Kegan Paul, 1973.

Smiles, Aileen, *Samuel Smiles and his surroundings*, London: Robert Hale, 1956.

Taine, Hippolyte, *Notes sur l'Angleterre* (1872), trans. Edward Hyams, London: Thames & Hudson, 1957.

Thompson, F.M.L., *The rising of respectable society: a social history of Victorian Britain, 1830-1900*, Cambridge; Cambridge University Press, 1988.

Tocqueville, Alexis de, *Journeys to England and Ireland*, New: Arno Press, translated from the French by George Lawrence and K. P. Mayer, edited by J. P. Mayer, 2003(1979).

William Wilberforce, *A practical view of the prevailing religious system of professed Christians, in the higher and middle classes in this country*, London: printed for T. Cadell, jun. and W. Davies, (successors to Mr. Cadell), 1797.

Wolffe, John, *The Expansion of Evangelicalism: the Age of Wilberforce, More, Chalmers and Finney*, Nottingham: Inter-Varsity Press, 2006, 이재근 (역), 『복음주의 확장』 서울: 사) 기독교문서선교회, 2010.

오주환, "영국 중산 계급의 형성," 노명식교수 고희 · 퇴임기념논총간행위원회, 『시민계급과 시민사회: 비교사적 접근』 서울: 한울, 1993.

이영석, 『다시 돌아본 자본의 시대』 서울 :조합공동체 소나무, 1999.

제5장

Archivio Storico Fiat. *Fiat: Le fasi della crescita. Tempi e cifre dello sviluppo aziendale*. Torino: Scriptorium, 1996.

Bairati, Piero. *Vittorio Valletta*. Torino: UTET, 1983.

Berta, Giuseppe. "Cooperazione impossibile: La Fiat, Torino e il 'biennio rosso'." *Fiat 1899-1930 : Storia e documenti*. Milano : Fabbri, 1991.

Berta, Giuseppe. *Conflitto industriale e struttura d'impresa alla Fiat 1919-1979*. Bologna : Mulino, 1998.

Brandes, Stuart D. *American Welfare Capitalism, 1880-1940*. Chicago : University of Chicago Press, 1970.

Castronovo, Valerio. *Giovanni Agnelli*. Torino : UTET, 1971.

De Luna, Giovanni. "*Storiografiat*." *Belfagor*. 4 (1984).

Fauri, Francesca. "The Role of Fiat in the Development of the Italian Car Industry in the 1950's." *Business History Review*. 70 (Summer 1996).

Friedman, Alan. *Agnelli and the Network of Italian Power*. London : Mandarin, 1989.

Galli della Loggia, Ernesto. "Fiat e l'Italia." *Grande impresa e sviluppo italiano : Studi per i cento anni della Fiat*. a cura di Cesare Annibaldi e Giuseppe Berta. Bologna : Mulino, 1999.

La Stampa. *La città dell'Avvocato : Giovanni Agnelli e Torino. Storia di un amore*. Torino : Editrice La Stampa, 2008.

Musso, Stefano. "La Fiat di Valletta." *Storia di Torino : Gli anni della Repubblica*. a cura di Nicola Tranfaglia. Torino : Einaudi, 1999.

Orano, Paolo, a cura di. *Nel decennale della Marcia su Roma : Pensieri d'italiani eminenti raccolti*. Roma : Casa Editrice Pinciana, 1932.

Romiti, Cesare. *Questi anni alla Fiat : Intervista di Giampaolo Pansa*. Milano : Rizzoli, 1988.

Rugafiori, Paride. "Il manager demiurgo." *Studi Storici*. Anno 26 (gennaio-marzo 1985).

Tranfaglia, Nicola. "L'incerto destino della capitale del miracolo." *Storia di Torino : Gli anni della Repubblica*. a cura di Nicola Tranfaglia. Torino : Einaudi, 1999.

Walicki, Andrzej. *The Slavophile Controversy : History of a Conservative Utopia in the Nineteenth-Century Russian Thought*. tr. Hilda Andrews-Rusiecka. Notre Dame : University of Notre Dame Press, 1989.

Woolf S. J. "Did a Fascist Economic System exist?" *The Nature of Fascism*. ed.

S. J. Woolf. New York : Random House, 1968.

베버, 막스. 『프로테스탄티즘의 윤리와 자본주의 정신』. 제2판. 박성수 역. 문예출판사, 1996.

슘페터, 요셉. 『경제발전의 이론 : 기업가 이윤, 자본, 신용, 이자, 경기순환에 관한 연구』. 박영호 역. 박영률출판사, 2005.

제6장

Angelescu, Georgiana, *Une analyse du processus d'apprentissage organisationnel dans un contexte spécifique : la gestion de projet (étude de cas sur l'entreprise Dacia-groupe Renault)*, thèse de doctorat, 2007.

Besanko, D., Dranove D. and Stanley, M., *Economics of strategy*, Somerset, NJ ; John Wiley and Sons, 2000.

Boyer, Robert et Freyssenet, Michel, *Les modèles productifs*, Paris : Éd. la Découverte, 2000.

Chalhoub, Michel Soto, "A partial equilibrium game theory model : Application to the partial privatization and competitiveness of Renault S. A.", *International Journal of Public Administration*, vol. 30, 2007.

Clément, Vincent, La *Mutuelle Renault : entre idéaux et réalités*, Boulogne-Billancourt : Société d'histoire du Groupe Renault, 2005.

Datamonitor, March 2004.

Dauliac, Jean-Pierre, Marie-Claire Lauvray, Patrick Lesueur … et al., *L'aventure automobile Renault*, Paris : Hachette collections, 2004.

Donnelly, Tom, *Renault 1985-2000 : from bankruptcy to profit*, Caen : IAE Caen Basse-Normandie, 2004.

Fonda, D., "He did so well, Let's give him two CEO jobs", *Time Magazine*, Dec. 1, 2003.

Haberbeck Baptista, Tatiana. *Les enjeux stratégiques de l'industrie automobile face à la globalisation du marché : étude de cas pratiques : l'internationalisation comme un axe stratégique : les cas de PSA et Renault, thèse de doctorat*, Université Panthéon-Sorbonne (Paris), 2005.

Jacquillat, B., Desétatiser, Libertés-2000, Paris, 1985.

Jean-Pierre Laurent, PDG de Renault Espagne, "Renault Espagne est vraiment compétitif", *Les Echos*, 25 avril 2010.

Le *Figaro*, "Carlos Ghosn, Nous savons remettre en question", 21 février 2001.

Le Maître, Claude, *Renault: un siècle de création automobile*, Boulogne-Billancourt : ETAI, DL 2003.

Le *Monde*, "Renault réorganise sa production européenne et ferme son usine belge", 1 mars 1997.

Les Echos, "Avec Nissan, Renault devient le quatrième constructeur mondial", 29 mars 1999.

Les Echos, "Renault -Nissan ventes totales en hausse de 8% l'année dernière", 3 février 2005.

Monin, Philippe, *Entre fusions & acquisitions et alliances stratégiques: Renault-Nissan et Air France-KLM comme formes organisationnelles hybrides d'avant-garde*, Ecole de management (Lyon). Écully: EM Lyon, 2005.

Renault Group, *Renault Annual Report*, nine years in Review, 1996-2004.

Renault Group, *Renault Group Profile*, *Financial Report*, Paris: Renault Group Corporate Publication, 2001.

Schweitzer, Louis, *Mes années Renault: entre Billancourt et le marché mondial*, Paris: Gallimard, 2007.

Tuppen, John, *France under recession*, New York, State University Plaza, 1988.

김시경, 「유럽공기업의 민영화정책에 관한 연구-프랑스를 중심으로」, 『한일경상논총』, 제 23집.

노희목 외, 『유럽자동차 산업 구조 분석』, 산업연구원, 1986.

르노삼성자동차 공식기업 블로그.

삼성경제연구소, 『일본기업의 위기극복사례』, 2001.

전현중, 『유럽경제통합과 유럽자동차생산기업의 세계화 전략』, 2004.

김선아, 「프랑스 자동차 산업의 합리화: 르노사를 중심으로」, 『프랑스사연구』, Vol.- No.9, 2003.

김현일, 「프랑스 대기업가 루이 르노」, 『서양사론』, No.75, 2002.

안상욱, 「초국적 기업과 EU 소규모 국가 산업기반의 안정성: 르노와 벨기에 사례를 중심으로」,『유럽연구』 Vol.29 No.1, 2011.

은은기,「닛산의 회생에 있어서 르노자동차의 역할과 성과」,『서양사학연구』, Vol.24 No.-, 2011.

은은기,「르노자동차회사의 글로벌화 기반 구축」,『인문연구』, Vol.- No.60, 2010.

이남석,「르노삼성자동차를 통한 르노와 삼성의 동태적 협력과정: 르노삼성자동차는 삼성이 될 수 있을까?」,『상품학연구』, Vol.31 No.4, 2013.

이재철,「세계화와 초국적 기업의 생산 네트워크: 르노(Renault) 자동차 분석」,『사회과학연구』, Vol.17 No.2, 2010.

제7장

송충기,「대기업을 통해 본 현대사: 기업사가 알프레드 챈들러」『역사비평』, 81 (2007 겨울)

안토니오 그람시, 이상훈 옮김,『그람시의 옥중수고 I』 (거름, 1999)

요셉 슘페터, 박영호 역,『경제발전의 이론관한 연구』 (박영률 출판사, 2005)

윌리엄 F. 화이트, 캐서린 K. 화이트, 김성오 옮김,『몬드라곤에서 배우자』 (나라사랑, 1993)

Agirreazkuenaga, J., "Prentsa euskaraz: 1936 eko gudaldian eta lehen Euskal Gobernuaren garaina," *Jakin*, 56 (1989)

Altuna Gabilondo, Larraitz (coord.), La experiencia cooperativa de *Mondragón. Una síntesis general* (Mondragón: Lanki, 2008)

Arejolaleibar, J., Dn. *José Maria Arizmendiarrieta eta euskara*, inédito (Archivo Arizmendiarrieta)

Arizmendiarrieta, José María, *Obras completas* (Caja Laboral Popular, s/f)

Asua Batarrita, B., *Educación y trabajo en la sociedad industrial del País Vasco: la Eskoloa Politeknikoa Jose Maria Arizmendiarrieta en el Grupo Cooperativo Mondragón*, tesis (Universidad del País Vasco/ Euskal Herriko Unibertsitatea, 1988)

Azurmendi, Joxe, *El hombre cooperativo. Pensamiento de Arizmendiarrieta* (Azatza D. L., 1992)

Beltza, *El nacionalismo vasco* (*de 1876 a 1936*) (Hendaye: Mugalde, 1974)

Benham, L. and Ph. Keer, *How Diverse Organizations Survive: A case study of the Mondragon Cooperatives* (St. Louis, Missouri: Center for the Study of American Business, Washington University, 1986)

Chopeitia, C. A., *Una aproximación al cooperativismo mundial y Experiencia de Mondragón*, tesina-sin indicación de año ni centro de estudios

Corcuera, J., *Orígenes, ideología y organización del nacionalismo vasco 1876-1904* (Madrid: Siglo XXI, 1979)

Escudero, M. y J. Villanueva, *La autonomía del País Vasco desde el pasado al futuro* (San Sebastián: Txertoa, 1976)

Fusi, Juan Pablo, *El PSOE y el problema vasco*, Historia 16, Núm. 1 (mayo 1976)

____, *Política obrera en el País Vasco 1880-1923* (Madrid: Turner, 1975)

____, *El problema vasco en la II República* (Madrid: Turner, 1979)

Gutiérrez Márquez, A., *The creation of Industrial Cooperatives in the Basque Country: A Case Study* (Division of the Social Sciences, Department of Anthropology, University of Chicago, 1985)

Hansen, G. B. and A. Hidalgo, *The Mondragon Worker Cooperatives: An Example of Successful Community Economic Development*, Tesina (Utah State University, 1987)

Heffner, R., *Mondragon: Study for an Industrial Development Plan* (Graduate School of Architecture and Urban Planning, UCLA, 1986)

Heising, P., *Das Kooperativ-Experiment von Mondragon. Entstehung una Entwicklung des Kooperativ-Komplexes und dis Formen der Partizipation in der Leitung* (Universidad de Göttingen, 1987)

Kasmir, Sharryn, El mito de *Mondragón.* Cooperativas, *política y clase trabajadora en una ciudad del País Vasco* (Txalaparta, 1999)

Larrañaga, Jesús, *Don José María Arizmendiarrieta y la experiencia cooperativa de Mondragón* (Litografía Danona, S. Coop., 1981)

Maritain, J., *Humanisme intégral* (Paris: Aubier, 1968)

Milbrath, R. S., *Institutional Development and Capital Accumulation in a Complex of Basque Worker Cooperatives*, tesis (University of Michigan, 1986)

Molina Aparicio, Fernando, *Fagor Electrodomésticos (1956-2006). Historia de una experiencia cooperativa* (Mondragón: G. Santamaría, 2006)

Morrison, Roy, *We build the road as we travel* (Philadelphia, 1991)

Mounier, Emmanuel, *Manifiesto al servicio del Personalismo* (Madrid: Taurus, 1965)

Nuñez, L. C., *Opresión y defensa del euskera* (San Sebastián: Txertoa, 1977)

Ormaechea, José María, *El Hombre que yo conocí* (Mondragón: Fundación Gizabidea, 1986)

Oyarzabal, A., *Don José María Arizmendiarrieta visto por sus condiscípulos* (Ikasbide, 1989)

Pérez de Calleja, A., *Arizmendiarrieta el hombre de acción* (Mondragón: Fundación Gizabidea, 1989)

Solozabal, J. J., *El primer nacionalismo vasco* (Madrid: Tucar, 1975)

Urbina, F., "Formas de vida en la Iglesia en España," en *Iglesia y Sociedad en España 1939-1975* (Madrid: Ed. Popular, 1977)

제8장

Feldenkirchen, W. ed., *Werner von Siemens*-Lebenserinnerungen, 2008.

Feldenkirchen, *Wilfried Werner von Siemens-Erfinder und internationaler Unternehmer*, 1997.

Haller, M. *Wettbewerb versus Versorgung*, Freie universitaet Berlin, 1994.

Liebig, S. *Gerechtigkeitsvorstellungen und Unternehmenskultur: Befunde zu den Bedingungen von Rerechtigkeitsbeurteilungen in Unternehmen, in: Industrielle Beziehungen*, Jg. 2, Heft 4. 1995.

Plettner, Bernhard, *Abenteuer Elektrotechnik*, 1994.

Schein, E. H. *Organizational Culture and Leadership: A Dynamic View*, New York 1985.

Siemens, Georg "Weg der Elektrotechnik"

Stadler, Christian, *Unternehmenskultur bei Royal Dutch/shell*, Siemens und DaimlerChrysler, 2004.

von Weiher Siefrid, *Herbert Gortzeler*, *Weg und Wirken*, 1972.

김건우, 나인호,「19세기 독일전기 산업의 창조적 기업가: 베르너 폰 지멘스의 기업정신과 경영방식」『서양사학연구』(2012).

박명준, 사회적 영웅의 탄생, 이매진, 2011

송충기,「기업가 전기에서 새 역사분과로: 독일 기업사의 발전과 전망」『서양사론』83 (2004).

제9장

Аристов И. В. *Никольское начальное училище при фабриках Товарищества Никольской Мануфактура <Саввы Морозова сын и К.>* (Орехово, 1906)

Берлин, П. А. *Русская буржуазия в старое и новое время* (Moscow, 1922)

Воронкова С. В. *Россиская промышленность в начале XX в, источники и методы изучения* (Moscow, 1996)

Боткина, А. П., *Павел Михаилович Третьяков в жизни и искустве* (Moscow, 1951)

Боханов, А. Н. *Крупная буржуазия России, Конце XIX в.-1914 г.* (Moscow, 1992)

Боханов, А. Н. *Коллекционеры и меценаты в России* (Moscow, 1989)

Буршкин, Павел, *Москва Купеческая* (New York, 2004)

Горький М., *Савва Морозов.**

Ерманскй, А., *Крупнная буржуазия до 1905 года. Общественное Движение в начале XX го века* (Moscow, 1970)

Коган, Д., *Мамонтовский кружок* (Moscow, 1970)

Лаверычев В. Я., *Крупная буржуазия в пореформенной России 1861-1900* (Moscow, 1974)

Лизунов, В. С., *Тезисы докладов и выступлении и научно-практической конференции 'Купцы Морозовы российские предприниматели и меценаты'* (Orekhovo Zuevo, 1997)

Лизунов, В. С., *Морозов и Москва* (Москва, 1998)

Мартова, Л., П. Маслова, П. Кабанов, и Р. К. Ерман, *Морозовская стачка 1885 года, пособие для учителей* (Moscow, 1963)

Морозова Т. П. & Поткина И. В. *Савва Морозов* (Moscow, 1998)

Морозова, М. А. (Михаил Юрев) *Карл Пятуи и эго время* (Moscow, 1894)

Морозова, М. А. *Moi pis'ma* (4 декабря 1893 года-15 мая 1894) (Moscow, 1895)

Морозов С. Т. *Мой дед умер молодым. Документальная повесть* (Moscow, 1992)

Петров, ю. А. *Династия Рябушинских* (Moscow, 1997)

Поткина И. В. и Т. П. Морозова, *Савва Морозов* (Moskva, 1998)

Поткина И. В. *На Олимпе делового успеха. Никольская мануфактура Морозовых. 1797-1917* (Москва, 2004)

Сеф, С. Е. *Буржуазия в 1905 г.: По неизданным архивным материалам* (Москва, 1926)

Щукин П. И. *Воспоминания из истории меценатства в России* (Moscow, 1997)

Bill, Valentine T. *The Forgotten Class: The Russian Bourgeoisie from the Earliest Beginning to 1900* (New York, 1959)

Brower, Daniel R., *The Russian City between Tradition and Modernity, 1850-1900* (Berkeley and LA, 1990)

Brumfield, William C., Boris Anan'ch and Iurii A. Petrov, eds., *Commerce in Russian Urban Culture, 1861-1914* (Princeton Univ. Press, 2001)

Chandler A. D., *Scale and Scope. The Dynamics of Industrial Capitalism* (Cambridge, 1990)

Chandler A. D., *The Visible Hand. The Managerial Revolution in American Business* (Cambridge, 1977)

Guroff, Gregory and Fred V. Carstensen eds., *Entrepreneurship in Imperial Russia and the Soviet Union* (Princeton, 1983)

Owen, Thomas C. *Capitalism and Politics in Russia: A Social History of the Moscow Merchants, 1855-1905* (Cambridge, 1981)

Owen, Thomas C., *The Corporation under Russian Law, 1800-1917: A Study in Tsarist Economic Policy* (Cambridge, 1991)

Owen, Thomas C., *Russian Corporate Capitalism from Peter the Great to Perestroika* (New York, 1995)

Owen, Thomas C., *Dilemma of Russian Capitalism: Fedor Chizov and Corporate Enterprise in the Railroad Age* (Harvard Univ. Press, 2005)

Robinson, Roy, *Old Believers in Modern Russia* (Dekalb, Illiois, 1995)

Polunin, Vladimir *Three Generations: Family Life in Russia, 1845-1902*, trans., A. F. Birch-Jones (London, 1957)

Rieber, Alfred J., *Merchants and Entrepreneurs in Imperial Russia* (Chapel Hill, Univ. of North Carolina Press, 1982)

Ruckman, Jo Ann, *The Moscow Business Elite: A Social and Cultural Portrait of Two Generations, 1840-1905* (Dekalb, 1984)

Thurston, Robert, *Liberal City, Conservative State: Moscow and Urban Crisis, 1906-1914* (Oxford, 1987)

Troyat, Henry, *Daily Life under the Last Tsar* (Stanford Univ. Press, 1959)

Tugan-Baranovsky, Mikhail I. *The Russian Factory in the 19th Century.* Translated by Arthur Levin and Claora S. Levin (Homewood, 1970)

West, James L. and Iurii A. Petrov, eds., *Merchant Moscow-Images of Russia's Vanished Bourgeoisie* (Princeton, 1998)

Анненский, Н., "Всероссииский торгово-промышленный сьезд" *Русское богатство*, no. 9 (1896), pp. 141-62.

Аверино, С. К. "Русский самородок - С. И. Мамонтов" *Возрождение*, no. 9(1950), pp. 102-5.

Боханов, А. Н., "Савва Морозов," *Вопросы истории* no. 4 (April, 1989), pp. 69-84.

Гиндин, И. Ф. "Русская буржуазиа в периоде капитализма, её развитие и особенности" *История СССР* no. 2 (1963), 37-60, no. 3 (1963), pp. 37-60.

Гиндин, И. Ф, "О некоторых особенностях экономической и соцальной структоры российского капитализма в начале XX в." *История СССР*, no. 3 (1966), 49-52.

Давидченко, С. В. и Е. Н. Савиновой, "*Воспоминания З. Г. "Морозовой-Рейнбот*'" Публикация *Арерграфической* С. В. Давиденко, ежегоддник (Moscow, 1998)

Ерманскии, О. А., "Крупная буржуазия да 1905 года," *Общественное движение в России* vol. 2, pt. 2, 313-348.

Иванова, Л. В, Торографи владении Морозовых в Москве, *Труды первой научнопрактической конференции 'Морозовы и их роль в Истории России'* (Морозовские чтения) (Ногинск, 1996), pp. 66. 67.

Керов, В. В., "Т. С. Морозов, Идея собственности в старо-обрядческом предпринимательстве," Лизунов, В. С. *Морозовы и Москва* (Moscow, 1998)

Куприянова. Л. В. "Морозовы и общество для содействия Русской промышленности и торговле," *Первые Морозовские чтения*

Мамонтова Н. Н., "Сергей Тимофеевич Морозов и Московский кустарны и Музей", *Труды Первой научно-практицвской конференции "Морозовы и их роль в истории России" Морозовские чтения* (Ногигск. 1996)

Морозова, И. С. Привилегии в текстильной промышленности России// *Труды Перовой научно-практической конференции Морозовы и их роль в истории России*, Морозовские чтения (Ногигск. 1996)

Пак Б. И. "Савва Тимофеевич Морозов" *История СССР* (1980) 6.

Поткина, Ирина В., "Морозовы-промышленники и общественные деятели," Лизунов, В. С. *Морозовы и Москва* (Moscow, 1998)

Рябушинсий, Владимир П., "Купечество московское," *День Русского ребенёк*, 18 (April, 1951), pp. 168-189.

Ульянова, Г. Н, "Женшиы семьи Морозовы. Благотворительность как семейная традиция," *Первые Морозовские чтения* (1996)

Anan'ich, Boris, V., "The Economic Policy of the Tsarist Government and Enterprise in Russia from the End of the Nineteenth through the Beginning of the Twentieth Century," Guroff, Gregory and Fred V. Carstensen eds., *Entrepreneurship in Imperial Russia and the Soviet Union* (Princeton, 1983), pp. 125-139.

Beliajeff, Anton, "The Rise of the Old Orthodox Merchants of Moscow, 1771-1894," Ph. D. Syracuse University, 1975.

Bill, Valentine T., "The Morozovs," *The Russian Review*, 14:2, 1955. pp. 109-

116.
Browman, Linda, "Seeking Salvation: Moral Economies and Management at the Morozov Mills, 1885-1895'" *Social History*, 28:3 (October, 2003), pp. 323-345.
Gately, Michael O., "The Development of the Russian Cotton Textile Industry in the Pre-revolutionary Years, 1861-1913," Ph. D. Diss., Univ. of Cincinati, 1965.

Ginsburg, Michael. "Art Collectors of Old Russia. The Morozovs and the Shchukins." *Apollo*, n.s. 98, no. 142 (1973), pp. 470-85.
Owen, Thomas C., "The Moscow Merchants and the Public Press, 1858-1868", *Jarbücher für Geschichte Osteuropas*, 25 (1975), pp. 1-20.
Pennar Karen, "Daily Life among the Morozovs," West and Petrov, *Merchant Moscow: Images of Russia's Vanished Bourgeoisie* (Princeton, 1998)
Rieber, Alfred J. "The Moscow Entrepreneurial Group: The Emergence of a New Form in Autocratic Politics." *Jahrbücher für Geschichte Osteuropas* 25 (1977), 1-20, 174-99
Ulianova, Galina, "The Charitable Activities of Moscow Banks, "Brumfield, W. Carft, Boris Anan'ch and Iurii A. Petrov, eds., *Commerce in Russian Urban Culture*, 1861-1914 (Princeton Univ. Press, 2001), pp. 59-78.
West, J., "Old Believers and New Enterpreneurs: Old Belief and Entrepreneurial Culture in Imperial Russia," Brumfield, W. Carft, Boris Anan'ch and Iurii A. Petrov, eds., *Commerce in Russian Urban Culture*, 1861-1914 (Princeton Univ. Press, 2001), pp.79-89.
이정희, "19세기 모스끄바 상인, 기업가 계층의 성격에 관한 일 고찰-정치 적 자유주의 성장의 한계," 대구사학 104집, 2011. 8.
이정희, "1905년 혁명이후 상인·기업가 엘리트의 정치적 등장과 정체의식 '국가두마'에서 참여를 중심으로, 1905~1914 " 서양사론, Vol. 114.
이정희, "모스크바 모로조프家의 직물기업의 성장, 1873-1905", 대구사학, 114호, 2014. 2.

<2-1> 헨리 포드 (1863-1847) : www.google.com.

<2-2> Model T : www.google.com.

<2-3> 거대한 주차장 : www.google.com.

<2-4> 니먼 마커스 백화점 : www.google.com.

<2-5> 풍요로운 교외주택 : www.google.com.

<2-6> Mann Act : David J. Langum, *Crossing over the line : Legislating Morality and the Mann Act* (University of Chicago Press, 1994)

<3-1> Morris Minor 모델을 타고 있는 Sir William Morris, 후일 Lord Nuffield
(출처 : http://www.dailymail.co.uk/travel/article-2187267/Nuffield-Place-National-Trust-Unlocking-secrets-Mr-Morris-Motors-country-home.html#ixzz4JcGNGYnc)

<3-1> The Morris Motors symbol mark
(출처 : http://www.carlogos.org/Car-Logos/Morris-automobile-logo-images-Morris-his.html)

<3-2> 2차 대전후 MG Factory의 옥스퍼드셔 아빙턴 작업장
(출처 : http://www.oldclassiccar.co.uk/mg_abingdon.htm)

<3-3> 옥스퍼드대학 의과대학발전의 초석이 된 모리스가 기증한(1934년) 레드클리프전망대
(출처 : https://en.wikipedia.org/wiki/Radcliffe_Observatory(너필드 의학연구소))

<3-4> 너필드 경의 제안으로 창설된 옥스퍼드의 Nuffield College
(출처 : https://www.nuffield.ox.ac.uk/Alumni/Documents/Winter%20 2013.pdf)

<3-5> 너필드 재단의 상징

(출처 : https://theconversation.com/uk/partners/nuffield-foundation)

<3-6> Lord Nuffield, 1938년 너필드 자작 수여받음

출처 : http://artuk.org/discover/artworks/william-morris-18771963-lord-nuffield-55747

<4-1> 1897년 '나 잡아봐라'(Catch-me-who-can) 일러스트레이션

(출처 : https://commons.wikimedia.org/wiki/File : Trevithick%27s_steam_circus.jpg#/media/File : Trevithick%27s_steam_circus.jpg).

<4-2> 1829년에 제작된 '로켓호' (the Rockets)모습

(출처 : https://www.gettyimages.com/detail/news-photo/the-rocket-george-stephensons-steam-locomotive-which-won-news-photo/113453357)

<4-3> 1821년, 1845년 런던에서 역마차와 기차로 시간별로 도달할 수 있는 지역

(출처 : M. J. Daunton, *Progress and poverty : an economic history of Britain 1700-1850* (Oxford : Oxford University Press, 1994), pp. 308-9.)

<4-4> 윌버포스(William Wilberforce)

(출처 : http://www.emersonkent.com/speeches/abolition.htm)

<4-5> 1840년, 1852년 잉글랜드의 철도망

(출처 : M. J. Daunton, *Progress and poverty : an economic history of Britain 1700-1850* (Oxford : Oxford University Press, 1994)

<4-6> 피토(Sir Samuel Morton Peto)

(출처 : http://groupspaces.com/RiverWaveneyTrust/item/1018999)

<4-7> 세인트 팬크라스(St. Pancras)역

(출처 : https://en.wikipedia.org/wiki/St_Pancras_railway_station)

<5-1> "피아트의 제 1노동자" 비토리오 발레타(가운데)

(출처 : Archivio Storico Fiat)

<5-2> 피아트의 창업자 조반니 아넬리와 그의 손자 잔니 아넬리(1940)

발레타는 이 두세대를 연결시켜준 피아트의 "집사"였다.

(출처 : Wikipedia)

<5-3> 피아트 실용차의 대표 주자인 '토플리노 500' 시리즈의 '벨베데레'

(출처 : Wikipedia)

<5-4> 피아트의 3세대 기업가 “변호사” 잔니 아넬리 (출처 : Wikipedia)

<5-5> “뜨거운 가을” 시기 파업에 돌입한 노동자들 (출처 : Wikipedia)

<6-1> Renault Type GP광고 포스터 (출처 : Street-Wheels)

<6-2> 루이 르노 (출처 : https://en.wikipedia.org/wiki/Louis Renault)

<6-3> 르노 4CV(1947) (출처 : https://en.wikipedia.org/wiki/Louis Renault)

<7-1> 몬드라곤 전경 (출처 : 몬드라곤기업 홈페이지)

<7-2> 몬드라곤 로고 (출처 : 파고르 엘렉트로니카 홈페이지)

<7-3> 아리스멘디 신부 (출처 : https://en.wikipedia.or/wiki/Arismendi

<7-4> 조합원 투표 (출처 : 몬드라곤기업 홈페이지)

<7-5> 몬드라곤 지배구조 (출처 : JINBO.NET)

<8-1> 지멘스 로고 (출처 : http://de.wikipedia.or/wiki/Siemens)

<8-2> 전기산업근로자 수(1875-1907)
(출처 : http://de.wikipedia.or/wiki/Siemens)

<8-3> 베르너 폰 지멘스 (출처 : http://de.wikipedia.or/wiki/Siemens)

<8-4> 지멘스-할스케 회사의 종업원 수(1847-1892)
(출처 : http://de.wikipedia.or/wiki/Siemens)

<8-5> 지멘스 전기회사 (출처 : http://de.wikipedia.or/wiki/Siemens)

<9-1> 19세기 모스크바 시장과 상인모습 (출처 : 뜨레쨔꼬프 미술박물관)

<9-2> 도시 근교의 정기시장 직물수공업자 상인의 모습
(출처 : *Gosudarstvennaia Tret'iakovskaia galereia*, Moskva, 2003)

<9-3> 19세기말 구교도 출신의 모스크바 상인의 모습
(출처 : Buryshkin, Pavel, *Moskva kupechestva*, New York, 1954)

<9-4> 기업가 마몬또프가 지은 아브람쩨프의 예술작업실
(출처 : 뜨레쨔꼬프 미술박물관)

<9-5> 재정후원받은 이동화가전람회 회원들
(출처 : 뜨레쨔꼬프 미술박물관)

찾아보기(인명)

ㅈ

ㅊ

ㅋ

찾아보기(용어)

ㅅ

ㅇ